CATALOGUE

D'UNE

COLLECTION TRÈS-IMPORTANTE

D'OUVRAGES HISTORIQUES

PROVENANT DES BIBLIOTHÈQUES RÉUNIES

DE FEU M. HIVER (DE BEAUVOIR)

Président à Bourges

ET DE FEU M. BARRIÈRE

Éditeur des Mémoires relatifs à la
RÉVOLUTION FRANÇAISE

HISTOIRE DES RELIGIONS — HISTOIRE ANCIENNE
HISTOIRE DE FRANCE — TOPOGRAPHIE — HISTOIRE DES PROVINCES
NOBLESSE — BLASON — BIBLIOGRAPHIE — BIOGRAPHIE
HISTOIRE ÉTRANGÈRE — AMÉRIQUE

RÉVOLUTION FRANÇAISE

EN VENTE A PRIX MARQUÉS

PARIS
ERNEST GOUIN, LIBRAIRE
QUAI DES AUGUSTINS, 25

1872

Tous les ouvrages sont garantis complets et en bon état, sauf indication contraire.

Le prix des articles envoyés doit être soldé aussitôt réception en un mandat de poste, ou en timbres-poste de 25 cent. pour les petites sommes.

Le port des articles demandés est toujours à la charge des clients, même pour les volumes expédiés par la poste dont l'affranchissement doit être remboursé intégralement.

―――――――

Les livres dont le lieu d'impression n'est pas indiqué sont imprimés à Paris; pour les autres villes, les noms sont indiqués en toutes lettres ou en abréviations connues.

CATALOGUE

D'UNE COLLECTION TRÈS-IMPORTANTE

D'OUVRAGES HISTORIQUES

I. HISTOIRE DES RELIGIONS.

HISTOIRE DES PAPES. — INQUISITION. — ORDRES RELIGIEUX. ÉGLISE RÉFORMÉE.

1. Cérémonies religieuses de tous les peuples du monde, représentées par Bernard Picart, avec une explication historique et des dissertations curieuses. *Amst.*, 1735, 11 vol. in-fol. cart. non rognés (*légèrement tachés d'eau*).   120 »
2. Histoire générale des cérémonies, mœurs et coutumes religieuses de tous les peuples du monde, représentées en 243 fig. dessinées et gravées par Bern. Picard, avec des explications de l'abbé Banier. *Paris*, 1741, 7 vol. in-fol. rel. v. Condition médiocre.   60 »
3. Traité de la puissance du pape sur les princes séculiers. *Cologne, P. Marteau.* 1687, pet. in-12, v. br.   2 »
4. Histoire de la lutte des papes et des empereurs de la maison de Souabe, de ses causes et de ses effets par De Cherrier. *Paris*, 1841, 4 vol. in-8, br.   10 »
5. Opus insigne cui titulum fecit autor DEFENSOREM PACIS, quod quæstionem illam jam olim controversam, DE POTESTATE PAPÆ ET IMPERATORIS excussissime tractet, profuturum Theologis, Jure consultis, in summa optimarum litterarum cultoribus omnibus. Scriptum quidem ante annos ducentos, ad LUDOVICUM CÆSAREM ex ill. Bavariæ ducum familia progenitum, at nunc in lucem primum

editum, perquam castigate et diligenter. *S. l. n. d. (Imp. probablement à Bâle en* 1521) in-fol. v. f. fil.   40 »

> Marsile de Padoue, auteur de cet ouvrage, a été l'un des plus zélés défenseurs de l'autorité des princes en la personne de l'empereur Louis de Bavière, et ce traité qui est fort curieux est aussi recherché. — Très-rare, il n'a pas été signalé par Brunet; nous le trouvons seulement dans Peignot : Dictionnaire des livres condamnés au feu. — L'exemplaire est très-beau.

6. Vie et pontificat de Léon X par Will. Roscoe, trad. de l'anglais par Henry. *Paris,* 1808, 4 vol. in-8, port. v. rac.   6 »

7. Histoire des différens entre le pape Paul V et la république de Venise ès années 1605-1607, trad. de l'ital. 1688, in-8, v. m.   3 »

8. Gersoniana. Histoire ecclésiastique du temps pendant lequel Gerson a vécu, tirée de l'édition de Gerson de 1706, donnée par M. Dupin, et traduite par l'abbé Lécuy, abbé général de Prémontré, in-4, cart.   8 »

> Manuscrit portant l'ex libris de l'abbé Lécuy, on y a joint deux lettres autographes du même.

9. Vie du pape Clément XIV (Ganganelli) par Carraccioli. 1775, in-12, v.   1 50

10. Histoire de la papesse Jeanne, fidèlement tirée de la diss. latine de Spanheim. *Cologne,* 1695, in-12, front. gr., v. br.   3 50

11. Crimes des papes, depuis saint Pierre jusqu'à Pie VI, par Lavicomterie. *Paris,* 1792, in-8, fig. dem.-rel.   5 »

12. Le saint, sacré et universel Concile de Trente, trad. de latin en franç. par Gentian Hervet, chanoine de Reims. *Paris, Rob. le Fizelier,* 1584, in-8, v. m., bel exemplaire.   10 »

13. Instructions et missives des Roys très-chrétiens de France et de leurs ambassadeurs et autres pièces concernant le concile de Trente. *S. l.* 1608, pet. in-8, vél. 4 »

14. Llorente, histoire critique de l'Inquisition d'Espagne. *Paris,* 1818, 4 vol. in-8, port. br.   20 »

15. Histoire de l'Inquisition et de son origine (par J. de Marsollier). *Cologne, P. Marteau.* 1697, in-12, v. 4 »

16. Histoire des Inquisitions, origine et progrès de ces tribunaux (par l'abbé Goujet). *Cologne,* 1759, 2 vol. in-12, cart. non rognés.   8 »

17. Histoire des Inquisitions, origine et progrès de ces tribunaux. *Cologne*, 1759, 2 vol. in-12, fig. v. m. 6 »
18. Historia della sacra Inquisitione composta dal R. P. Paolo Servita. *In Serravalle*, 1638, in-4, vél. 8 »
   Aux armes de P. de Villars, archevêque de Vienne.
19. Lucerna inquisitorum hæreticæ pravitatis R. P. Bern. Comensis ord. predicatorum. *Venetiis*, 1596, in-4, vél. 10 »
20. Mémoires de Gaudens de Luques, prisonnier de l'inquisition. *Amst.*, 1754, 2 vol. in-12, v. f. 5 »
21. Histoire des Confesseurs des empereurs, des rois et des princes, par Grégoire. 1824, in-8, br. 3 »
22. Saint Augustin. De l'ouvrage des moines, rendu en notre langue par Camus, év. de Belley. *Rouen*, 1633, in-8, vél. 3 »
23. Essai philosophique sur le monachisme (par Linguet). 1775, in-8, dem.-rel. 3 »
24. Histoire des Chanoines, recherches historiques et critiques, par Chaponel, chan. de Sainte-Geneviève. 1699, in-12, v. 3 »
25. Histoire de l'origine de toutes les religions qui jusques à présent ont été au monde, avec l'origine des ordres religieux et militaires, trad. de l'italien de Paul Morise. 1578, in-8, vél., bel ex., reliure moderne. 15 »
26. Cleri totius romanæ Ecclesiæ subjecti, seu pontificiorum ordinum omnium omnino utriusque sexus, habitus, artificiosissimis figuris, etc. *Francofurti*, 1585, in-4, vél. 50 »
   Contenant 103 figures gravées sur bois par Jost Amman.
27. Helyot. Histoire des ordres monastiques religieux et militaires et des congrégations séculières de l'un et l'autre sexe, qui ont été établies jusqu'à présent. *Paris*, 1721, 8 vol. in-4, v. f. 145 »
28. Histoire des ordres religieux de l'un et de l'autre sexe, avec les figures de leurs habits gravez par Schoonebeck. *Amst.*, 1695, 2 part. en 1 vol. in-8, vél. 30 »
   Exemplaire en grand papier.
29. Courte description des ordres des femmes et filles religieuses avec les figures de leurs habits gravées par Schoonebeck. *Amst.*, 1700, pet. in-8, vél. 15 »

30. Histoire des ordres religieux et des congrégations régulières et séculières, par Hermant. *Rouen, 1710*, 4 vol. in-12, v. br. 8 »

    Avec le catalogue de toutes les maisons et couvents de France.

31. Réponse aux demandes d'un grand prélat touchant la hiérarchie de l'Église, et la juste défense des privilégiés et des religieux par Franç. de Fontaine. *Au Pont-à-Mousson*, 1625, in-12, vél. 6 »

32. Christophoro Gomez. Elogia societatis Jesu. *Antv.* 1677, in-4, v. br. 10 »

33. La Vérité défendue pour la religion catholique en la cause des Jésuites contre le plaidoyé d'Ant. Arnaud, par François des Montaignes. *Tolose, Vve Colomiez*, 1595, in-8, vél. 15 »

    Curieux et rare, bel exemplaire.

34. Plaidoyé sur lequel a été donné, contre les jésuites, l'arrêt du 16 oct. 1597, *Imp. à Paris, et à la Haye chez Alb. Henry*, 1597, in-4, non rel. 3 50

35. Réponse de Réné de Lafon, pour les religieux de la comp. de Jésus au plaidoyé de Simon Marion en l'arrêt donné contre iceux le 16 oct. 1597. *Villefranche*, 1599, pet. in-8, vél. 5 »

36. Avis de ce qu'il y a à réformer en la compagnie des jésuites présenté au pape par le P. Hernando de Mendoça, 1615, pet. in-8. 5 »

    Ensemble plusieurs lettres des Indes-Orientales écrites par des PP. Jésuites.

37. Le Jésuite défroqué ou les ruses de la société. *Rome (à la sphère)*, s. d. pet. in-12, front. gr. v. éc. fil. tr. dor. 6 »

38. Les Jésuites mis sur l'eschafaut pour plusieurs crimes capitaux par eux commis dans la province de Guyenne, par P. Jarrige, ci-devant jésuite. *S. l.* 1677, pet. in-12, dem.-rel. v. f. 5 »

39. Rétablissement des Jésuites et de l'éducation publique (par l'abbé de Fontenay, ex-Jésuite). *Emmerik*, 1800, in-8, br. 2 »

40. Recueil sur les Jésuites. 1759-1764, 18 vol. in-12, v. m. 10 »

    Extraits des assertions dangereuses et pernicieuses, etc., 4 vol. — Mémoires pour servir à l'Histoire générale des Jés. — Avis paternels d'un militaire à son fils jésuite. — Requêtes au Roi contre les Jés., 1761, 2 vol. — Appel à la raison, des écrits et libelles contre les Jés., 1762. — Mémoires concernant l'institut de la doctrine, etc. — Les Jésuites criminels de lèse-majesté. — Assertions soutenues, enseignées, etc. — Hist. de la Conspiration contre le roi de Portugal. — Procès de Lioncy, contre la Société. — Divers arrêts, etc., etc.

41. Port-Royal. 6 vol in-12, rel. 8 »

Mém. pour servir à l'histoire de Port-Royal, par Fontaine, 1736, 2 vol. — Nouvelle histoire abrégée, 1786, 2 vol. — Relation de la captivité de la mère Angélique de Saint-Jean, 1711. — Avertissement sur les prétendues rétractations des religieuses, 1711. — Hist. abrégée, 1708. — Réponse des religieuses aux religieux. — Pièces concernant les religieuses. — Lettres au card. de Noailles. — Gémissement d'une âme touchée de la destruction de P. R.

42. Apologie pour les religieuses de Port-Royal. *S. l.* 1665, in-4, v. br. 8 »

43. Thiers (J.-B.). Traité des superstitions selon l'Ecriture Sainte, les sentiments des SS. Pères et des théologiens. 1712, 4 vol. in-12, v. br. 10 »

44. Recherches sur les miracles, par Fréret. *Londres*, 1773, in-12, v. 2 50

45. Discours ecclésiastiques contre le paganisme du Roy-Boit et des Rois de la fève, par Deslions. 1664, pet. in-12, dem.-rel. v. 3 50

46. Mémoires pour servir à l'histoire de la fête des fous qui se faisait autrefois dans plusieurs églises, par du Tilliot. *Genève*, 1751, pet. in-8, v. m., bel exempl. 6 »

Nombreuses figures fort curieuses.

47. Mém. pour servir à l'hist. de la fête des fous, etc. *Lausanne*, 1751, in-12, fig. dem.-rel. taché. 3 »

48. Historia flagellantium de recto et perverso flagrorum usu apud christianos. 1700, in-12, dem.-rel. v. f. non rogné (*Petit*). 8 »

49. Religion réformée. Edits et déclarations du roy, 1622-1623, 4 pièces pet. in-8. 4 »

Déclaration portant défense à ceux de la rel. réf. qui se sont contenus en son obéissance de s'en départir, ny abandonner leurs maisons, etc. — Edits de pacification, etc.

50. Recueil d'édits, déclarations et arrêts du conseil au sujet de ceux de la religion prétendue réformée. 1714, in-12, v. 2 50

51. Au Roy, sur le fait de l'Edit de pacification, *s. l. n. d.*, pet. in-8, caractères gothiques. 12 »

52. Des sectes et hérésies de notre temps, composé premièrement en latin par Stanislas Hozie, évêque de Varmie en Pouloigne et nouvellement mis en français. *Paris, Vascosan,* 1561, in-8, vél. (*qq. mouillures*). 8 »

53. Relation de l'estat de la religion, et par quels desseins et artifices elle a été forgée et gouvernée, etc., par Sandis. *Genève,* 1626, in-8, vél. 15 »
   Première édition, rare.

54. Discours en forme de dialogue, ou histoire tragique de l'origine, cause et progrez des troubles et différens qui durent encore aujourd'huy meuz par Luther, Calvin et leurs partisans contre l'Eglise catholique, trad. du latin de Guil. Lindau, évêque allemand, par René Benoit-Angevin. 1566, in-8, vél. 20 »
   Bel exemplaire en reliure moderne.

55. Histoire ecclésiastique des Églises réformées, recueillie en quelques vallées de Piémont, autrefois appelées Églises vaudoises, commençant dès 1160, finissant en 1643, par Pierre Gilles. *Genève,* 1644, in-4, mar. vert, fil. tr. dor.
   Très-bel exemplaire relié par Chambolle.

56. L'Anti-Christ et l'anti-papesse, par Florimond de Raemond. 1599, in-4, vél. 10 »

57. Le Mystère d'iniquité, c'est-à-dire, l'histoire de la papauté; par quels progrès elle est montée à ce comble, et quelles oppositions les gens de bien lui ont fait de temps en temps, par Ph. de Mornay. *Saumur, Portau,* 1611, in-fol. v. 18 »

58. La Cabale des réformez tirée nouvellement du puits de Democrite (par Reboul). *Montpellier, chez le libertin imprimeur juré de la sainte réformation,* 1597. — Apologie de Reboul sur la Cabale, etc. *Montpellier,* 1597, in-8, vél. (*Mouillé*). 18 »

59. Les Trois conformitez, assavoir l'harmonie et convenance de l'Eglise romaine avec le paganisme, judaïsme et hérésies anciennes, par Franç. de Croy G. Arth., *s. l.* 1605, in-8, v. f. 18 »

60. Pourparlé entre Jean Gigord, ministre de la parole de Dieu et Pierre Coton de la comp. de ceux qui se disent jésuites. *Montpellier,* 1608, pet. in-8, dem.-rel. v. f. 12 »

61. La Chasse de la beste romaine, où est recherché et évidemment prouvé que le pape est l'ante-christ, par G. Thomson, pasteur à la Chastegneraye. *Larochelle, Phil. Albert*, 1612, in-8, v. m. 20 »

62. Histoire du grand et admirable royaume d'Antangil, incogneu jusques à présent à tous historiens et géographes, par J. D. M. G. T. *Saumur, Th. Portau*, 1616, in-8, dem.-rel. avec carte. 12 »

Vendu 30 fr. vente Veinant.

63. Ample considération de la sagesse de Dieu au gouvernement du monde, par S. G., ministre de la parole de Dieu en l'église de Genève. *Genève, Chouet*, 1623, pet. in-8, vél. 6 »

64. Accroissement des eaux de Siloé pour esteindre le feu du purgatoire et noyer les satisfactions humaines et les indulgences papales, par P. Dumoulin. *Genève*, 1614, pet. in-8, dem.-rel. (*Mouillures.*) 5 »

65. Traité de la paix de l'âme et du contentement de l'esprit, par Pierre Dumoulin. *Lahaye*, 1720, pet. in-8, rel. 4 50

66. Traité de la paix de l'âme et du contentement de l'esprit, par P. Dumoulin. *Amst.*, 1729, pet. in-8, vél. 6 »

67. Dialogue sur la descente de Jésus-Christ aux enfers, contre les missionnaires, par Ch. Drelincourt. *Genève*, 1664, in-8, vél. 8 »

68. Le Triomphe de l'Eglise sous la Croix ou la Gloire des martyrs, par Ch. Drelincourt. *Genève, de Tournes*, 1670, in-8, vél. 6 »

69. Les Consolations de l'âme fidèle contre les frayeurs de la mort, par Ch. Drelincourt. *Genève*, 1695, in-8, vél. 6 »

70. Mosis Amyraldi de Secessione ab ecclesiæ Romana deque ratione pacis inter Evangelicos in religionis, negotio constituendæ disputatio. *Salmurii*, 1647, in-8, vél. 5 »

71. Sermons sur divers textes de l'Ecriture Sainte, par Michel le Faucheur, ministre du saint Evangile. *Genève, P. Chouet*, 1660, in-8, vél. 6 »

72. Mémoires pour servir à l'histoire des réfugiés fran-

çois dans les États du Roi, par Erman et Reclam. *Berlin*, 1782, tom. 1 à 4, in-8. br. 20 »

<small>C'est une histoire des familles françaises qui se réfugièrent dans les Etats de Brandebourg après la révocation de l'édit de Nantes. On y trouve leurs généalogies, états de service dans les armées et leurs diverses fonctions. Cet ouvrage est extrêmement rare. Un exemplaire des 9 volumes vient de se vendre tout récemment plus de 200 francs.</small>

73. Histoire des sectes religieuses qui sont nées, se sont modifiées et se sont éteintes dans les diverses contrées du globe, par Grégoire. 1828, 6 vol. in-8, br. 20 »

74. Creuzer. Les Religions de l'antiquité considérées dans leur formes symboliques et mythologiques, trad. de l'allemand par Guigniaut. *Paris*, 1825, et années suiv. 9 vol. in-8, br. 50 »

<small>Il manque à cet exemplaire le tome 2 3e partie, et le tome 3, 3e partie ; l'atlas est bien complet.</small>

75. Histoire critique de Manichée et du manichéisme par de Beausobre. *Amst.*, 1734, 2 vol. in-4, v. 30 »

76. Histoire des anabaptistes, contenant leurs doctrines et les troubles qu'ils ont causez depuis 1521, jusques à présent (par le père Catrou). *Amst*, 1700, in-12, fig., bel ex. 5 »

77. Refutatio compendiosa erronei ac detestandi libri de Prae-Adamitis auth. J. B. Morino. *Parisiis apud authorem venalis*, 1656, in-12, mar. rouge à doubles filets, tr. dor., anc. rel. 15 »

<small>Très-bel exemplaire réglé ; l'ouvrage est dédié à Jacques Charreton de la Terrière, dont il porte l'ex-libris gravé à l'intérieur.</small>

78. L'histoire du Schisme, blasphèmes, erreurs, sacriléges, homicides, incestes et autres impiétez des Donatiens, escrite en latin par Optat, évêque Milevitain environ l'an 380, et mis en franç. par Pierre Viel, doct en théol. *Paris, Fed. Morel.* 1564, in-8, vél. (*Bel exemp. quoique taché d'eau.*) 12 »

II. HISTOIRE ANCIENNE.

HISTOIRE GRECQUE. — HISTOIRE ROMAINE. — ARCHÉOLOGIE. — NUMISMATIQUE.

79. Tablettes chronologiques de l'histoire universelle depuis la création du monde jusqu'en 1775, par Lenglet Dufresnoy. 1778, 2 vol. pet. in-8, v. f. fil.   5 »

80. Description de l'univers, par Manesson Mallet. *Paris*, 1683, 5 vol. gr. in-8, v. Condition médiocre.   15 »

    Contient un grand nombre de costumes des différents peuples, et des vues de villes.

81. Traité des différentes sortes de preuves qui servent à établir la vérité de l'histoire, par le P. Griffet. *Liége*, 1769, in-12, br.   3 »

82. La Chronologie des anciens royaumes, qui contient ce qui s'est passé en Europe, jusqu'à la conquête de la Perse par Alexandre le Grand, par Newton, 1728, in-4, v. m. fil., armoiries.   4 50

83. Géographie ancienne abrégée, par d'Anville. 1768, 3 vol. in-12, cartes, v. m.   4 50

84. Josèphe (Flavius). Histoire des Juifs, trad. par Arnauld d'Andilly. *Bruxelles*, 1738, 5 vol. pet. in-8, br. *non rogné*.   15 »

    Nombreuses figures à mi-pages par Van Orley; l'ex. a quelques taches et cassures.

85. Histoire des Juifs depuis Jésus-Christ jusqu'à présent pour servir de contin. à l'histoire de Josèphe, par Basnage. *Lahaye*, 1716, 15 tom. en 8 vol. in-12, v. br.   25 »

86. La République des Hébreux et les antiquitez judaïques, par Basnage. *Amst.*, 1705 et 1713, 5 vol pet. in-8, fig. v. br.   10 »

87. Histoire des Juifs par Prideaux. *Amst.*, 1722, 5 vol. in-12, br.   8 »

88. Theologia Judæorum Ant. Jos. de Voisin burdigal. 1647, in-4, v. br.   3 »

89. Les Juifs d'Occident, recherches sur l'état civil, le commerce et la littérature des Juifs au moyen âge, par Beugnot. 1824, in-8, br.   5 »

90. Histoire de Thucydide trad. du grec par Levesque. 1795, 4 vol. in-8, veau gr. fil. rel. de Simier. 8 »

91. Voyage dans la Grèce, par Pouqueville. *Paris, Didot*, 1820, 5 vol. in-8, fig. et cartes, v. ant., fers à froid (*Rel. de Simier*). 18 »

92. Histoire de la régénération de la Grèce, comprenant les événements de 1740 à 1824, par Pouqueville. *Paris, Didot*, 1825, 4 vol. in-8, cartes et portr. dem.-rel. v. (*Hering et Muller*). 12 »

93. Joan. Meursii Miscellanea Laconica sive variarum antiquitatum laconicarum. *Amst.*, 1661, in-4, vél. 4 »

94. Histoire romaine de Tite-Live trad. en français par Guérin. *Paris*, 1770, 10 vol. in-12, v. gran. fil. 15 »
Bel exemplaire relié par Simier.

95. Histoire romaine éclaircie par les médailles, par Schulz. 1783, in-8, v. m. avec planches. 10 »

96. Salluste, Jules César, Paterculus et Florus, œuvres complètes, avec la traduction française par Nisard. 1858, gr. in-8, br. 6 »

97. Histoire de la République romaine dans le cours du VIIe siècle, par Salluste, trad. par le président de Brosses. *Dijon*, 1777, 3 vol. in-4, port. cartes et figures, dem.-rel 12 »
Exemplaire en grand papier.

98. Tacite, traduction complète, par l'abbé de la Bletterie. *Paris*, 1779, 7 vol. in-12, veau granit dent. *Rel. de Simier.* 15 »

99. Suétone Tranquille, de la vie des douze Césars, traduit par Georges de la Boutière, Autunois. *Lyon, Jean de Tournes*, 1569, in-4, vél. 6 »
Titre richement encadré, grandes lettres ornées et portraits.

100. Histoire des Empereurs romains depuis Auguste jusqu'à Constantin, par Crevier. 1824, 9 vol. in-8, br. 20 »

101. Romanorum Imperatorum Pinacotheca, cura et labore Lud. Smids. *Amst.*, 1698, in-4, fig. et médailles, rel. en vél. 4 »
Exemplaire offert par l'auteur au bourgmestre Six, l'ami de Remorandt.

102. Historia Augusti et Tiberii edente Dieterichio. —

Historia Caligulæ et Tib. Claudii, edente Dieterichio. *Giessae Hassorum. S. d.* (Vers 1640) in-4, vél. 4 »

103. De Initio imperii Severi Alexandri Aug. dissertatio. *Florentiæ*, 1715, in-4, br. 1 50

104. Dissertatio hypatica seu de consulibus Cæsareis ex occasione inscriptionis forojuliensis Aureliani augusti, auctore R. P. Ant. Pagi. *Lugduni*, 1682, in-4, vél., bel ex. 5 »

105. Dissertatio de potestate dictatorum populi romani. *Lugd. Bat.*, 1732, in-4, vél. 3 »

106. Pauli Merulæ Antiquitates romanorum, de sacrificiis, sacerdotibus, legibus, comitiis, et præmiis quæ militiam sequebantur. *Lugd. Bat.*, 1686, in-4, fig. vélin. 6 »

107. De Ritibus Romanarum, aut. Nieupoort. *Utrecht*, 1747. pet. in-8, fig. vél. doré. 2 50

108. Antiquitatum romanorum Pauli Manutii liber de legibus. *Parisiis*, 1557, — de legibus populi romani liber, Franc. Hotomani autore. *Basileæ*, 1557, in-8, vél. 2 50

109. Alberti Rubeni Petri Pauli F. De re vestiaria veterum. *Antverpiæ, Plantin,* 1665, in-4, fig. velin. 4 »

110. Oct. Ferrarrii de re vestiaria. *Patavii*, 1654, in-4, 30 fig. v. br. 6 »

111. Lampe, de cymbalis veterum. *Ultrajecti*, 1703, pet. in-12, fig. vél. 2 50

112. Magius de tintinnabulis — id. de Equuleo. *Amst.*, 1664, pet. in-12, fig. vél. 3 »

113. Balduinus de calceo antiquo et Nigronius de caliga veterum. *Amst.*, 1667, pet. in-12, fig. vél. 3 »

114. Spanheimii, Orbis romanus, seu ad constitutionem Antonini Imp. de qua Ulpianus leg. XVII digestis de statu hominum exercitationes duæ. *Lipsiæ*, 1728, in-4, dem.-rel. 3 »

115. Histoire des grands chemins de l'Empire romain par Bergier. 1622, in-4, vél. (*2 feuillets refaits à la plume*).
 10 »

116. Mémoires militaires sur les Grecs et les Romains d'après le texte de Polybe ; l'analyse de la campagne de César en Afrique, etc., par Guischardt. *Lahaye*, 1758, 2 vol. in-4, v. m., nomb. planches. 5 »

117. Dissertation sur le culte que les Grecs et les Romains ont rendu à Antinoüs, et à Comus, dieu de la joie, des festins et des bals, par de Riencourt. 1723, gr. in-4, br. 3 50

118. Histoire des Vestales, avec un traité du luxe des dames romaines (de leur cœffure et du fard dont elles se servaient, de leurs habillements), par l'abbé Nadal. 1725, in-12, v. m. 4 50

119. Sabine, ou matinée d'une dame romaine à sa toilette à la fin du 1er siècle de l'ère chrétienne, par Bœttiger. 1813, in-8, fig. br. 10 »

120. Le palais de Scaurus, description d'une maison romaine, par Merovir, prince des Suèves. 1822, in-8, br. avec fig. (*mouillé*). 5 »

121. Découverte de la maison de campagne d'Horace, ouvrage utile pour l'intelligence de cet auteur, et qui donne occasion de traiter d'une suite considérable de lieux antiques, par l'abbé Capmartin de Chaupy. *Rome*, 1767, 3 vol. in-8, rel. 12 »

122. Le Banquet des savants d'Athénée; traduction de Lefèvre de Villebrune. 1789, 5 vol. in-4, cart. 40 »

Exemplaire en grand papier vélin. — Recherches curieuses sur les banquets, les aliments et la cuisine des anciens.

123. L'Enfer des peuples anciens, leurs dieux, leurs cultes, leurs temples et leurs attributs, par Delandine. 1784, 2 vol. in-12. 5 »

124. Winkelmann. Histoire de l'art chez les anciens. *Paris*, 1802, 3 vol. in-4, v. f. rel. fatiguée. 65 »

La meilleure édition de ce livre estimé; l'exemplaire est très-beau intérieurement.

125. De l'usage des statues chez les anciens (par l'abbé de Guasco). *Bruxelles*, 1768, in-4, v. f. fil. tr. dor. 8 »

Bel exemplaire, contenant 12 planches.

126. Mémoire sur la musique des anciens, par l'abbé Roussier. 1770, in-4, v. m. 4 »

127. Histoire du commerce et de la navigation des anciens (par Huet). 1716, in-12, v. br. 4 »

128. Usage des postes chez les anciens et les modernes (par Lequien de Neuville). 1730, in-12, v. br. 4 »

429. OEuvres diverses de J. J. Barthélemy. 1828, 2 vol. in-8, br. 4 »

Du Butin chez les anciens. — Voyage en Italie. — Traité des médailles. — Les ruines de Palmyre et de Balbec. — Les antiquités d'Herculanum. — Des médailles de Marc Antoine.

130. L'utilité des voyages, qui concerne la connaissance des médailles, inscriptions, statues, bas-reliefs, peintures antiques, manuscrits, etc., par Baudelot de Dairval. 1693, 2 tom. en 1 vol. in-12, fig. v. 5 »

131. Résumé complet d'archéologie, par Champollion Figeac. 1825, 2 tom. en 1 vol. in-24, dem.-rel. 3 »

132. Mémoires lus à la Sorbonne dans les séances du comité des travaux publics et des sociétés savantes (Archéologie). 1867, gr. in-8, fig. br. 3 »

133. Dictionnaire des antiquités grecques et romaines accompagné de 2,000 gravures d'après l'antique par Ant. Rich, trad. de l'angl. par Chéruel. *Paris*, 1859, in-8, à deux col. dem.-rel. mar. 7 »

134. Recherches sur les monumens cyclopéens ou pelasgiques, par Petit-Radel. *Paris, Imp. Royale*, 1841, gr. in-8, fig. br. 5 »

135. Antiquités étrusques, grecques et romaines, gravées par David, avec les explications de d'Hancarville. *Paris*, 1785, 5 vol. in-4, v. rac. fil. tr. d. 35 »

Contenant 360 figures tirées au bistre, quelques-unes assez scabreuses avaient d'abord été masquées à l'encre et découvertes depuis par un lavage qui a légèrement décoloré certaines parties ; de plus 2 planches ont été refaites à la main.

136. Montfaucon. L'antiquité expliquée et représentée en figures. *Paris*, 1722, 10 vol. gr. in-fol, cart. non rogné. 120 »

Exemplaire en grand papier. Cet ouvrage contient 976 planches.

137. Revue de la Numismatique française dirigée par Cartier et de la Saussaye. *Blois*. De l'origine, 1836 à 1846, 10 années en livraisons. 150 »

Manquent les n°s 2 et 4. 1844.

138. Revue Numismatique publiée par Cartier et de la Saussaye. *Blois*. De l'origine, 1836 à 1855 incl. 20 vol. gr. in-8, br., plus la table, 1 vol. 200 »

139. Traité élémentaire de Numismatique ancienne, grecque et romaine, par Gérard Jacob Kolb. 1825, 2 vol. in-8, fig. Notice sur la rareté des médailles antiques, leur

valeur et leur prix, d'après Pinkerton et Lipsius, par Jacob, 1828, in-8. 15 »

140. Henr. Lotichii Glareani patricii Claronensis liber de asse et partibus ejus. *Basilœ*, 1551, in-fol. vél. 6 »

<small>Exemplaire interfolié et littéralement couvert de notes du XVIe siècle.</small>

141. Trattato delle monete e valuta loro, di Guil. Budeo. *Fiorenza Giunti*, 1562, pet. in-8, vél. 4 »

142. Traité historique des monnaies de France depuis le commencement de la monarchie, par Leblanc. *S. l.* 1690, in-4, nomb. planches, v. br., bel exemplaire. 65 »

143. Des monnayes, augment et diminution d'icelles, par Fr. Grimaudet, d'Angers. 1623, in-8, vél. 6 »

<small>Dans le même vol. : Du droit des dixmes, des usures, du retrait lignager, des causes qui excusent le dol.</small>

144. Traité des monnoyes, de leurs circonstances et dépendances, par Boizard. 1711, 2 vol. in-12, fig. v. br. 4 »

145. Essai sur les monnaies, ou réflexions sur le rapport entre l'argent et les denrées. 1746, in-4, v. 8 »

<small>La seconde partie traite des variations arrivées dans le prix de diverses choses pendant le cours des cinq derniers siècles.</small>

146. Recherches sur la valeur des monnoies, et sur le prix des grains, avant et après le concile de Francfort. 1762, in-12, v. m. 3 »

147. Imitations des monnaies au type esterlin frappées en Europe pendant les XIIIe et XIVe siècles, par Chautard. *Nancy*, 1871, gr. in-8, br. 36 planches. 20 »

<small>Tiré à 150 exemplaires.</small>

148. Discours sur les médalles et gravures antiques, principalement romaines, par Le Pois. *Paris, Mamert Patisson*, 1579, in-4, vél. 25 »

<small>Volume rare, la figure du feuillet 146 est intacte, et l'exemplaire quoique taché d'eau est beau et grand de marge.</small>

149. Médailles. Mélanges et catalogues, 30 br. in-8, la plupart avec planches. 12 »

<small>Description des médailles du cabinet de Magnoncour, par de Longpérier 1840. — Catalogue des médailles de M. le marquis de Beauveau (vers 1750) 3 p. in-4°. — Lettre sur les monnaies qui avaient cours en Provence aux XIVe et XVe siècles par Arbaud, 1851. — Notice sur une découverte de monnaies picardes, recueillies et décrites par Rigollot, 1841. — Médailles romaines du musée Calvet d'Avignon, 1840. — Monnaies de Philippe II, par Chalons, 1844. — Découvertes</small>

de monnaies du moyen âge au Puy, par Aymard, 1839. — Essai sur la numism. rémoise, par Werley, 1862. — Etudes historiques sur les monnaies et le monnoyage des Romains, par Berry, 1852. — Revue du cabinet des médailles, par Lelewell, 1838. — Choix de médailles antiques du cabinet de Blaremberg à Odessa, 1822, et catalogue des ventes Comarmond, Delbecq, Le Barbier-Arnoux, Lenig, de Steenhuyse, etc., etc.

150. Recueil sur les monnayes, pet. in-8, dem.-rel. v. f. 10 »

Contenant : Des monnayes, augment et diminution d'icelles, par Grimaudet d'Angers. *Paris, de Marnef*, 1586. — Arrest du conseil d'Etat portant attribution aux généraux subsidiaires et gardes des monnaies des procèz et différens, etc. 1636. — Tariffe pour servir dans les réductions des monnoyes, etc. 1636. — Edit du Roy sur le cours des monnayes, 1636.

151. Catalogue des poinçons, coins et médailles du musée monétaire. 1833, in-8. 3 »

152. Description des pierres gravées du feu baron de Stoch, par Winckelmann. *Florence*, 1760, in-4, v. m. 6 »

153. Recueil de pierres antiques dessinées et gravées, par l'évêque de Gravelles. 1770, 2 vol. in-4, dem.-rel. non rog. 205 planches. 12 »

154. Description des principales pierres gravées du cabinet du duc d'Orléans. *Paris*, 1780, 2 vol. in-fol. dem.-rel. 40 »

Nombreuses planches et jolis culs-de-lampe dessinés par Saint-Aubin.

III. **HISTOIRE DE FRANCE.**

A. ORIGINE DES FRANÇAIS, MŒURS, USAGES.

155. Origines gauloises, celles des plus anciens peuples de l'Europe puisées dans leur vraie source, par La Tour d'Auvergne Corret. *Hambourg*, 1801, in-8, port., dem.-rel. 4 50

156. Histoire de la Gaule, par Serpette de Marincourt, 1822, 3 vol. in-8, demi-rel., non rog. 6 »

157. Histoire de la Gaule méridionale sous la domination des conquérants germains, par Fauriel. 1836, 4 vol. in-8, dem.-rel., bas. non rog. 28 »

158. Les antiquités et histoires gauloises et françaises, recueillies par le prés. Fauchet. *Genève*, 1611, in-4, vél. bel ex. 18 »

> Avec deux traités des origines des dignitez et magistrats de France, chevaliers, armoiries et héraux, ensemble des armes et instruments desquels les François ont anc'ennement usé en leurs guerres.

159. Trésor de recherches et antiquitez gauloises et françoises, par Borel. 1655, in-4, v. 12 »

160. Les antiquités de la nation et de la monarchie françoise, par Le Gendre. 1741, in-4, v. m. 5 »

161. Histoire critique de l'établissement de la monarchie françoise dans les Gaules, par Dubos. 1742, 2 vol. in-4, v. m. 8 »

162. Histoire de l'ancien gouvernement de la France, par Boulainvilliers. *Lahaye*, 1727, 3 vol. in-12, v. 5 »

163. Le Conseil de Pierre de Fontaines, ou traité de l'ancienne jurisprudence française, publié d'après un man. du XIIIe siècle, par Marmier. 1846, in-8, br. 4 »

164. Histoire de la vie privée des Français, depuis l'origine de la nation. *Paris*, 1782, 3 vol. in-8, v. m. 12 »

> Ces trois volumes traitent tout particulièrement de l'histoire des aliments, de la cuisine, et des banquets solennels du moyen âge.

165. Quel fut l'état des personnes en France, sous la première et la seconde race de nos rois, par l'abbé de Gourcy. 1789, in-8, br. 4 »

166. Histoire des conditions et de l'état des personnes en France et dans la plus grande partie de l'Europe (par Perreciot). *Londres*, 1790, 5 vol. in-12, dem.-rel. 8 »

167. Recherches sur l'origine de l'esclavage religieux et politique du peuple en France (par de Pommereul). *Londres*, 1783, in-8, br. 3 »

168. Recherches sur les prérogatives des dames chez les Gaulois, sur les cours d'amour, etc., par le prés. Rolland. 1787, in-12, dem.-mar., non rog. 5 »

169. Histoire des modes françaises ou révolutions du costume en France, depuis l'étab. de la monarchie. *Amst.*, 1773, in-12, dem.-rel. 3 »

170. Lenoir. Monuments des arts libéraux, mécaniques et industriels de la France, depuis les Gaulois jusqu'au

règne de François Ier. *Paris*, 1840, gr. in-f°, cart.,
45 planches. 20 »

171. Les anciennes tapisseries historiées, texte par Ach.
Jubinal, gr. in-fol. oblong, rel. 60 »

> Cette édition particulière, détachée du grand ouvrage intitulé : *Les anciennes tapisseries historiées*, n'a été tirée qu'à 100 exemplaires, et contient : Tapisseries de Berne, 12 pl. — Beauvais, 12 pl. — Le Louvre, 3 pl. — Reims, 10 pl. — Dijon, 6 pl. — D'Aulhac et d'Aix, 12 pl. — De Valenciennes, du château d'Harouë et de Dusommerard, 6 pl. — De la Chaise-Dieu, 32 pl. — Nancy, 6 pl.

172. Le moyen âge et la renaissance, par Lacroix et Séré.
Paris, 1848, 5 vol. in-4, demi-rel. 350 »

> Cet intéressant ouvrage nous donne l'histoire et la description des mœurs et usages, du commerce et de l'industrie, des arts, des sciences, de la littérature et des beaux-arts en Europe. Il est rempli de figures noires et coloriées. Exemplaire de souscription.

173. Les Arts au moyen âge et à l'époque de la Renaissance, par Paul Lacroix. *Paris, Didot*, 1869, gr. in-8,
br., figures en chromo-lithographie. 20 »

174. Gailhabaud. L'architecture du Ve au XVIIe siècle,
et les arts qui en dépendent. *Paris*, 1858, 4 vol. gr.
in-4, et atlas in-fol., demi-rel. mar. *bel exemplaire.*
Atlas colorié. 260 »

B. HISTOIRE GÉNÉRALE.

175. Sommaire de l'histoire des François, par Nicolas
Vignier de Bar-sur-Seine, avec un traité de l'origine,
estat et demeure des François. *Paris, Séb. Nivelle*, 1579,
in-fol. v. br. 8 »

> Cette histoire finit à la mort de Louis XII, elle est pleine de recherches et d'actes tirez des trésors de diverses églises. — Il serait à désirer (dit Dupleix dans la Préface de son *Histoire de France*) qu'il se fût arrêté à écrire plus amplement notre histoire, et qu'il eût été catholique, car on remarque en ses écrits plusieurs traits de religionnaire.

176. L'histoire de France, par Bernard de Girard, seigneur du Haillan. *S. L. (Genève), par Pierre de Saint-André*, 1580, 2 vol. in-8, vél. 12 »

> Très-bel exemplaire. Cette histoire s'arrête à la fin du règne de Charles VII.

177. Les Grandes chroniques de France, selon qu'elles
sont conservées en l'église de Saint-Denis, en France,

publiées par Paulin-Paris. *Paris, Techener*, 1836, 6 vol. in-8, demi-rel. mar. bleu (*Closs*). 30 »

<small>Ces chroniques vont jusqu'en 1461.
On ne peut trop recommander à l'attention de la jeunesse studieuse les savants prolégomènes, si riches de documents curieux, de faits ignorés et d'aperçus entièrement neufs, dont M. Paulin Paris a doté son édition, d'après les manuscrits de la Bibliothèque royale. Leber.</small>

178. Histoire nationale de France, d'après les documents originaux, par Amédée Gouet. *Paris*, 1864-1868, 5 vol. in-8, br. 15 »

<small>Contenant tome Ier. Gaulois et Francs. — 2e. Temps féodaux. — 3e. Tiers-État. — 4e. Guerre des Princes. — 5e. Renaissance (jusqu'en 1515).</small>

179. Pauli Æmylii de rebus gestis Francorum. *Parisiis, Vascosan*, 1544, in-fol. v. 8 »

180. Pauli Æmylii de rebus gestis Francorum libri, chronicon de iisdem regibus à Pharamundo usque ad Henricum II. *Parisiis, Vascosan*, 1548, in-8, vél. 4 »

181. Histoire et chronique des choses les plus mémorables depuis la création du monde, jusques à Henri III, par Jean Carion. *Paris, Nic. Bonfons* (1574), in-16, v. br. 6 »

182. De l'Estat et succès des affaires de France, par Bernard de Girard, seigneur du Haillan. *Genève*, 1609, in-8, vél. 6 »

<small>La seconde partie contient l'histoire des comtes et ducs d'Anjou depuis Geoffroi Grisegonelle.</small>

183. De l'Estat et succès des affaires de France, ensemble une sommaire histoire des seigneurs et ducs d'Anjou, par Girard du Haillan. *Paris*, 1573, in-16, mar. r. fil. tr. dor., anc. reliure. 6 »

<small>Un des plus curieux ouvrages sur l'histoire de France; l'auteur y explique la mission politique de Jeanne d'Arc.</small>

184. Inventaire général de l'histoire de France, depuis Pharamond jusqu'en 1640, par Jean de Serres. *Paris*, 1640, in-fol. demi-rel. avec portraits. 10 »

<small>Le texte de Jean de Serres, protestant, finit à la mort de Charles VI. il a été continué par Jean Montlyard, ministre de la même religion, jusqu'en 1606, ensuite par Th. Godefroy et autres.</small>

185. Histoire générale de France, depuis Pharamond jusqu'en 1643. L'état de l'Église et de l'Empire, et les mémoires des Gaules depuis le déluge, par Scipion Du-

pleix. *Paris*, 1634-1640, 7 part. en 4 vol. in-fol. dem.-rel. 20 »

186. Histoire de France, par Mezeray. *Paris*, 1685, 3 vol. in-fol., portraits, v. br. 25 »

> Cette édition est beaucoup plus exacte que la première, et de plus, elle est continuée jusqu'à la mort d'Henri IV; elle est augmentée de trois livres de l'origine des François et d'un sur l'état et la conduite des Eglises dans les Gaules jusqu'au règne de Clovis.

187. Chronyk van Vrankryk door den heer Mezeray. *Amst*., 1685, 2 vol. in-4, vél., bel exemplaire. 12 »

> Les nombreux portraits que renferme cette édition ayant leur verso blanc peuvent être utilisés pour tout autre texte. On y trouve deux belles planches, bien gravées, de la Saint-Barthélemy et de l'assassinat d'Henry IV.

188. Histoire de France, depuis l'établissement de la monarchie française, par le P. Daniel. *Paris*, 1755, 17 vol. in-4, cart. non rog. 40 »

> Cette édition, qu'aucune autre ne peut remplacer, contient outre les savantes dissertations du P. Griffet, qui sont cataloguées dans la Bibliothèque historique de la France, la suite du chap. Ier du *Testament politique de Richelieu*, intitulée : *Succincte narration de toutes les grandes actions du Roy* tirée des manuscrits de la Bibliothèque du Roi, plusieurs pièces importantes de Guron, du marquis de Schomberg, du marquis d'Effiat et du cardinal de Richelieu; et le recueil des principaux traités de paix du règne de Louis XIV. P. LACROIX.

189. Histoire de France depuis le commencement de la monarchie jusqu'à Louis XIV, par l'abbé Velly, Villaret et Garnier. 1770-1786, 17 vol. in-4, v. rac. 30 »

> Bel exemplaire auquel ont été ajoutés les portraits de la suite dite d'Odieuvre, le tome 16 se compose de la table, le 17e, de l'avant Clovis.

190. Les vrais portraits des rois de France, par Jacques de Bie, enrichis des vies des rois, par H. de Coste, religieux. 1636, in-fol. v. br. fil. 15 »

191. Figures de l'histoire de France, dessinées par Moreau, précédées du discours sur l'hist. de France de Dingé. *Paris, Renouard*, s. d., in-4, dem.-rel. 164 planches.
18 »

C. COLLECTIONS DE CHRONIQUES ET MÉLANGES HISTORIQUES.

192. Collection des mémoires relatifs à l'histoire de France depuis la fondation de la monarchie jusqu'au

XIII⁰ siècle, avec une introduction, des suppléments, et des notes par Guizot. *Paris*, 1823, 31 vol. in-8 br.
130 »

193. Collection complète des mémoires relatifs à l'histoire de France depuis le règne de Philippe Auguste jusqu'en 1763 avec des notices et des observations sur chaque ouvrage, par Petitot et Monmerqué. *Paris*, 1819, 131 vol. in-8, dem.-rel., veau non rogné. 650 »

194. Collection des mém. relatifs à l'hist. de France, par Petitot. *Paris, Foucault*, 1822, tom. 1 à 26, 1ʳᵉ série, in-8, br. 50 »

<small>Villehardouin. — Joinville. — Duguesclin. — Christine de Pisan. — Boucicaut. — Pierre de Fenel. — Mém. sur Jeanne d'Arc. — Olivier de la Marche. — Commines. — Jean de Troyes. — Villeneuve. — La Trémouille. — Bayard. — Dubellay. — Monluc. — Saulx Tavannes.</small>

195. Collection des mémoires relatifs à l'hist. de France, par Petitot. *Paris*, 1822, tomes 1 à 18, 2ᵉ série, br. 40 »

<small>Sully, 9 vol. — Richelieu. — Jeannin. — D'Estrées. — Pont-Chartrain.</small>

196. Collection des meilleures dissertations, notices et traités relatifs à l'hist. de France, composée en grande partie de pièces rares, etc., par Leber. *Paris*, 1826-1842, 20 vol. in-8, br. 80 »

<small>Un des peu nombreux et rares exemplaires tirés en papier vélin, qui n'ont pas été mis dans le commerce.</small>

197. Archives curieuses de l'histoire de France depuis Louis XI jusqu'à Louis XVIII. Collection de pièces rares et intéressantes, telles que chroniques, mémoires, pamphlets, lettres, vies, testaments, exécutions, sièges, batailles, massacres, entrevues, fêtes, cérémonies funèbres, etc., publiées d'après les textes conservés à la bibliothèque royale et accompagnées de notices par Cimber et Danjou. *Paris*, 1834, 27 vol. in-8, br.

198. Recueil de plusieurs choses mémorables; in-fol., bas. 100 »

<small>Manuscrit sur papier, 193 feuillets écriture de la fin du XVI⁰ et du commencement du XVII⁰, c'est-à-dire à peu près contemporain des faits relatés; nous ignorons s'il est inédit en tout ou en partie. Il contient les pièces suivantes : Mémoires touchant les cérémonie. — Les dernières lettres escriptes par feu Mgr le Chancelier de l'Hospital peu auparavant son decedz au Roy Henry troisiesme et à la feue Royne mère, 1573. — Lettre de M. de Montmorency à Messieurs ses frères lorsqu'il estoit en prison, 1573. — Lettre du marquis de</small>

Dampville au dit sieur de Montmorency estant prisonnier au boys de Vincennes, 1576. — Lettre de Mgr de Nemours à Mgr le duc d'Alençon, frère du Roy. — Lettre de Mgr le duc d'Anjou au Roy. — Autre lettre de lui aux gouverneurs des provinces et villes de ce royaume pour laisser librement passer ses troupes en Flandres, 1583. — Lettre du feu sieur de La Noue aux Estats de Flandres. — Testament de feu Monseigneur frère du Roy. 1584. — Déclaration faite par feu Mgr le cardinal de Bourbon en l'an 1585. — Advis de ce qui a esté faict en Angleterre par M. de Bellievre et de ce quy s'y est passé sur les affaires de la ROYNE D'ESCOSSE es mois de novembre et décembre 1586 et janvier 1587. — Propositions faictes à ladite royne d'Angleterre par ledit sieur de Bellièvre sur le subject de la royne d'Escosse. — Deuxiesme proposition faite le 6 janvier 1587. — Les derniers propos tenus par ladite dame, royne d'Escosse, despuis quelle fut admonestée à la mort jusques alheur d'icelle, 1567. 23 ff. — Remontrances faites au roy d'Espagne pour prétexte d'entreprendre la guerre et envahir le royaume d'Angleterre, 1588. — Lettre de M. de Villeroy au roy de Navarre pour le ramener à rechercher la bonne grâce du Roy et penser à la perte qu'il fait de l'estat de France attendu les emotions d'iceluy advenues le 12 mai 1588. — La charge et créance donnée à M. le cardinal de Gondy allant devers Sa Sainteté en l'an 1588. — Advis de M. de Villeroy à M. du Mayne tost après la mort du feu roy, 1589. — Supplication et advis au Roy de se faire catholique, 1590. — Récit faict au duc de Savoye par Pingarolle de l'estat des affaires de France en l'an 1590. — Lettre du Père Jhesuiste aux Eschevins d'Orléans sur le subject des divisions d'icelle, 1591. — Lettre du prince de Parme au roy d'Espagne sur le subject des affaires de ce royaume, 1592. — Lettre de l'évesque de Plaisance au prince de Parme, 1592. — Lettre de M. de Senlis, 1592. — La charge et créance données au père Mathurin Acquarius par ceux de la Sorbonne de Paris, 1592. — Lettre de M. de Villeroy à M. de Bellièvre, 1593. — Remonstrances faites à M. de Mayenne 1593. — Déclaration faite par Mgr de Mayenne, 1589. — Manifeste de M. de Vitry à la noblesse de France, 1594. — Lettre de M. le légat à M. de la Chartre, 1594. — Déclaration et ouverture de la guerre contre le roy d'Espagne, 1595. — Lettre du Roy aux habitants de quelques villes de Languedoc sur la révolte de M. de Joyeuse, 1595. — Requeste présentée au Roy par les habitants de Marseille, 1597. — Procès du mareschal de Biron, 1602.

199. Recueil de diverses pièces curieuses, 1710, in-fol., veau fauve. 100 »

Manuscrit composé de 527 ff. sur papier; il provient de la bibliothèque Rohan-Soubise dont il porte les pièces d'armoiries sur le dos de la reliure.

Il contient entre autres les pièces suivantes : Lettre du duc de Vendôme au Roy; prophétie pour l'année prochaine; lettre écrite de Gennes à M. de Torcy à la naissance du duc de Bretagne; harangue du parlement de Grenoble à M. de Villars; pyramide élevée à la gloire de Mgr l'évêque de Chartres; pourquoi et quand les ducs de Savoye furent traitées d'Altesse royale; pourquoi et quand la maison d'Autriche a pris ce nom; quand la maison de Médicis fut reconnue en France; comment François Ier perdit l'empire;

pourquoy et quand les Rois d'Angleterre ont pris le titre de Roys de France; comment le comté de Tyrol a passé dans la maison d'Autriche; Mémoires sur différentes choses que m'a contées l'archevêque d'Aix dans différents séjours que j'ay faits avec lui ; réflexions que l'on croit de Saint-Evremont sur les affaires de Savoye; Mémoires sur les causes et circonstances de la mort du maréchal de Créquy, de M. de Seignelay, et de M. de Louvois; Mémoire sur ce qui a fait l'établissement solide de Henry de Lorraine, comte d'Harcourt; Mémoire sur l'exil de Mlle Chouin; Mémoire de M. de Ruvigny pour M. le duc de Savoye, etc. etc.

On y trouve aussi quelques pièces facétieuses : Répertoire des rolles des opéras et comédies qui se jouent; loterie de pièces antiques, rares et curieuses; origine des poches des RR. PP. Capucins, avec leur usage; parodie des remerciements de l'Académie; Plan du fort Cornaro dans la marche d'Encosne, etc., etc.

200. Recueil de plaidoyez et harangues des plus illustres politiques de nostre temps, 1618, in-8, vél. 10 »

Pour les archers de Papegaut de la ville de Saumur contre Henry des Champs. — Lettre de M. de Pibrac sur le voyage que fit la reine mère en Poictou. — Testament du duc d'Anjou. — Harangue de M. de Pibrac pour le roi de Navarre lorsque la reyne sa femme fut volée au Bourg-la-Reine. — M. Du Plessis Morné priant le Roy de prendre protection de ceux de la religion après qu'il fut catholique. — Procès et exécution de Thomas Morus. — Harangue du Roy à Messieurs de Paris, après qu'il eut failly l'entreprise d'Arras, etc., etc.

201. Plaidoyez de Simon Marion. 1609, in-8, dem. rel. 8 »

Sur l'impression des missels, bréviaires, heures et journaux. — Sur l'impression des Œuvres de Senèque, revues par Muret. — Pour l'immunité des livres. — Sur la vérification des lettres du gouvernement du Lyonnais, Beaujolais et Forets, à M. de Nemours. — Pour le comte de Laval sur la mouvance du comté Quintin. — Pour le comte de Monlaur, marquis de Naubec, etc., etc.

202. Recueil de plaidoyez notables de plusieurs anciens et fameux advocats, 1611. pet. in-8, vél. 8 »

Intéressant recueil dédié à M. Marescot, cons. du Roy; il contient entre autres pièces : l'arrêt donné contre Jacques Cœur, argentier du Roy, en 1453. — Plaidoyé devant François Ier touchant le comté d'Eu. — Plaidoyé tendant à faire ressortir au bailliage d'Auxerre le Pays de Donziois et baronnies adjacentes. — En la cause des quarteniers de Paris contre le Prévot des marchands. — Touchant les marques et priviléges des imprimeurs, etc., etc.

203. Traittez concernant l'histoire de France : sçavoir la condamnation des templiers, l'histoire du schisme et quelques procès criminels, par Dupuy. 1654, in-4, port. v. br. 6 »

204. Mémoires historiques, critiques et anecdotes des reines

et régentes de France (par Dreux du Radier). *Amst.*, 1782, 6 vol. in-12, br. 10 »

<small>Chaque article biographique de ces mémoires est une dissertation aussi savante que judicieuse et impartiale.</small>

205. Mémoires historiques, critiques et anecdotes des reines et régentes de France (par Dreux du Radier). 1808, 6 vol. in-8, bas. 15 »

206. Les Galanteries des rois de France (par Vannel). *Cologne P. Marteau.* 1752, 2 tom. en 1 vol. in-12, v. 6 »

207. Amours et galanteries des rois de France, Mém. hist. sur les concubines, maîtresses, etc., jusqu'au règne de Charles X, par Saint-Edme, 1833, 3 vol. in-12, dem.-rel. 7 »

208. Mémoires de Brantôme. *Leyde, J. Sambix, à la sphère,* 1699, 10 vol. pet. in-12, v. br. 15 »

<small>Contenant : les dames illustres, 1 vol. — Les dames galantes, 2 vol. — Les capitaines français, 4 vol. — Les capitaines étrangers, 2 vol. — Les duels, 1722, 1 vol.</small>

209. Œuvres de Brantôme. *Londres,* 1779, 15 vol. in-12, br. non rognés. 30 »

<small>Très-belle édition, considérablement augmentée, revue, accompagnée de remarques et distribuée dans un meilleur ordre que les précédentes.</small>

210. Œuvres complètes de Brantôme, accompagnées de remarques historiques et critiques. *Paris, Foucault,* 1822, 8 vol. in-8., br. neuf. 60 »

<small>Cette édition s'ajoute à la collection des mémoires publiés par Petitot et Monmerqué, n° 193.</small>

211. Œuvres complètes de Brantôme publiées par Buchon, 1855, 2 vol. gr. in-8 à 2 col. br. 12 »

212. Petri Pithoei opera, sacra, historica, miscellanea. 1609, in-4, v. br. 8 »

<small>Mémoires des comtes héréditaires de Champagne et de Brie. — Les libertés de l'Eglise gallicane. — Harangue faite à Agen à l'ouverture de la chambre de justice, et autres pièces la plupart en latin.</small>

213. Les Œuvres d'Estienne Pasquier, contenant les recherches de la France, son plaidoyé pour le duc de Lorraine, etc. *Amst.*, 1723, 2 vol. in-fol. v. m. 20 »

<small>Les lettres sont peut-être encore plus importantes pour notre histoire que les *Recherches*, plus connues.</small>

214. Les Recherches de la France, par E. Pasquier. 1665, in-fol., port., v. br. 10 »

215. Defence pour Estienne Pasquier contre les impostures et calomnies de France. Garasse, 1624, pet. in-8, v. f. 6 »

216. Mélanges historiques et critiques sur l'hist. de France (par Damiens de Gomicourt). *Amst.*, 1768, 2 vol. in-12 v. m. 6 »

Ce recueil fut supprimé par arrêt du Parlement; il contient : Diss. sur les maires du palais des rois mérovingiens. — Sur Ursin, auteur de la vie de S. Léger, évêque d'Autun. — Sur la véritable cause de la suppression de la dignité de connétable. — La surprise d'Amiens par les Espagnols en 1597 et la reprise de cette ville par Henri IV, etc., etc.

217. Mélanges d'histoire et de littérature par Vigneul Marville (Bonaventure d'Argonne, chartreux). 1725, 3 vol. in-12 v. br. 15 »

Recueil curieux et intéressant presque entièrement composé de dissertations relatives à l'histoire de France et qui ne sont pas inférieures à celles de l'abbé Lebeuf. Voici l'énoncé de quelques chapitres : Origine et privilèges du royaume d'Yvetot. — Origine du papier et du parchemin timbré. — Remarques sur l'étymologie du nom de Bordeaux. — Remarques sur la rivière de Garonne et les mots de Gironde. — Bizarrerie des modes et usages. — Ancienneté des carrosses. — Etat des sciences sous Charlemagne. — Remarques sur la Pucelle d'Orléans. — Eclaircissements sur le mont Valérien, etc.

218. Récréations historiques, critiques morales et d'érudition, avec l'histoire des fous en titre d'office (par Dreux du Radier). 1767, 2 vol. in-12 v. 8 »

Erreur du Prés. Henault sur ce qu'il prétend qui se passa au convoi de Charles IX. — Jugement sur Diane de Poitiers. — Passion du cardinal de Richelieu pour Marion de Lorme. — Le chevalier de Rohan : incertitude sur le jour de sa mort et le nom de ses complices. — Ordre chronologique des seigneurs d'Anet. — Description de la façade du château d'Anet. — Chronologie des seigneurs de Châteauneuf en Thimerais. — Origine de l'expression *courir l'esguillette*. — Femmes publiques ont autrefois formé en France un état autorisé. — Fous en titre d'office de nos rois, etc., etc.

219. Curiosités historiques, ou recueil de pièces utiles à l'hist. de France et qui n'ont jamais paru. *Amst.*, 1759, 2 vol. pet. in-12 v. m. 5 50

Discours des rangs et préséances. — Duel des ducs de Beaufort et de Nemours. — Dernières paroles de M. de Fabert, décédé à Sedan. — Procès criminel fait au cadavre de Jacques Clément, etc.

220. Mémoires historiques et critiques sur divers points de l'hist. de France, par Mezeray (publ. par Camuzat). *Amst.*, 1732, 2 tom. en 1 vol. in-12, v. br. 5 »

Le mémoire intitulé *Judicium Francorum* qui se trouve dans le tome 2 et qui n'est pas de Mezeray, a fait condamner l'ouvrage au feu par divers Parlements de France. P. LACROIX.

221. Anquetil. L'Esprit de la ligue, L'Intrigue du cabinet, Louis XIV, sa cour et le régent. *Imp. de Didot*, 1816, 6 vol. in-8, dem.-rel. veau. 12 »

Bel exemplaire relié par Bibolet.

222. Rulhière. Œuvres posthumes. *Paris*, 1819, 6 vol. in-8, port., veau fauve, fers à fr., dos orné, rel. de *Simier*. 30 »

Contient l'histoire de l'anarchie de Pologne ; des éclaircissements sur les causes de révocation de l'édit de Nantes ; des anecdotes sur le duc de Richelieu, le comte de Vergennes, des contes, épigrammes et poésies.

223. Œuvres posthumes de Rulhière. 1792, in-12, dem.-rel. v. f. 4 »

Contenant un tableau esquissé de la fermentation qui agite actuellement l'empire Ottoman, la Russie et la Pologne, et des anecdotes (scandaleuses) sur le duc de Richelieu.

224. Comédies historiques, par Rœderer. 1827, in-8, dem.-rel. 6 »

Le marguillier de Saint-Eustache (1414). — Le fouet de nos pères ou l'éducation de Louis XII. — Le diamant de Charles-Quint. — La mort de Henri IV.

225. Mémoires historiques, politiques, critiques et littéraires, par Amelot de la Houssaye. *Amst.*, 1737, 3 vol. in-12, v. m. 4 »

226. Annuaire historique universel de Lesur. *Paris*, 1818 à 1848, 30 vol. in-8. 40 »

. L'année 1844 manque : les 8 premiers volumes sont reliés, les autres brochés.

D. HISTOIRE PARTICULIÈRE DE CHAQUE RÈGNE.

1. DE L'ORIGINE JUSQU'A CHARLES VIII. 1498.

227. L'histoire des François de saint Grégoire, évêque de Tours, de la trad. de Michel de Marolles, abbé de Villeloin. 1668, 2 vol. in-8, v. br. avec fermoirs. 10 »

228. Gregorii Turonici historiæ Francorum lib. X.

Basileæ, 1568, in-8, vél. aux armes de Claude Chanleu.
8 »

229. Aimoini monachi, Historiæ Francorum. *Parisiis, Wechel.* 1567, in-8, vél. 4 »

230. Rob. Gaguini, Annales Francorum. *Lugduni*, 1524, in-fol., vél. 6 »
<small>Exemplaire quelque peu piqué des vers, il provient de doubles vendus de la Bibliothèque de Bourges. Cachets.</small>

231. Études sur l'histoire, les lois et les institutions de l'époque mérovingienne, par de Pétigny. *Paris*, 1851, 3 vol. in-8, br. 10 »

232. Des antiquitez de la maison de France et des maisons Mérovingienne et Carlienne, par Le Gendre. 1739, in-4, v. m. 6 »

233. Anastasis Childerici Francorum regis, sive thesaurus sepulcralis Tornaci Nerviorum effossus, et comm. illust. auctore Chiffletio. *Antv., Plantin*, 1655, in-4, fig. vél.
8 »

234. Histoire de la décadence de l'empire après Charlemagne, par le P. Maimbourg. 1679, in-4, mar. r. fil. tr. dor., anc. rel. 10 »

235. Déclin de la maison de Charlemagne faisant la suite des Antiquitez françoises, par Cl. Fauchet. 1602, in-8, vél., bel ex. 12 »

236. Histoire de la véritable origine de la troisième race des rois de France, composée par le duc d'Espernon et publiée par Deprade. 1679, in-12, v. br. 3 »

237. Du lieu de naissance de Godefroi de Bouillon, par l'abbé Barbe. 1855, gr. in-8, br. 1 50

238. Anecdotes de la cour de Philippe Auguste, par Mlle de Lussan. 1738, 6 vol. in-12, v. m. 5 »

239. Histoire de l'empire de Constantinople sous les empereurs françois, par Geoffroy de Villehardouin, avec la suite tirée du manuscrit de Philippe Mouskes, évêque de Tournay, publiée par Dufresne. *Paris, Imp. royale*, 1657, in-fol., v. m., aux armes de Richelieu (*Ex. mouillé*).
20 »

240. Histoire de Jean de Brienne, roy de Jérusalem et

empereur de Constantinople (par Lafitau). 1727, in-12, v. br.   3 »

241. La vie de saint Louis, par l'abbé de Choisy. *Paris, Cl. Barbin*, 1689, in-4, v. br.   6 »

242. Mémoires de Jean, sire de Joinville, sénéschal de Champagne, témoin oculaire de la vie de saint Louis, roy de France, avec la généalogie de la maison de Bourbon. 1666, pet. in-12, v. br.   4 »

<small>Cette édition reproduit le texte publié en 1547 par Ant. de Rieux, sur un manuscrit trouvé à Beaufort, dont l'éditeur réforma le style. BAZIN.</small>

243. Mém. de Jean, sire de Joinville, ou hist. et chronique du roy saint Louis, publiées par Francisque Michel. 1858, in-12, br. fig.   2 50

244. Saint Loüis à Sens. Esquisse de son règne, par le baron Chaillou des Barres. *Auxerre*, 1852, gr. in-8 br.   1 »

245. Histoire de Suger, abbé de Saint-Louis, ministre d'Etat sous Louis le Jeune. 1721, 3 vol. in-12, v. br.   4 50

246. Coup d'œil philosophique sur le règne de saint Louis, par Manuel. *Paris*, 1788, in-8, dem.-rel.   3 50

247. Histoire de France depuis Clovis jusqu'à la mort de Louis IX, par Serpette de Marincourt. 1841, 3 vol. in-8, dem.-rel., non rogné.   7 »

<small>Avec le tableau des institutions et des mœurs des temps barbares et du moyen âge.</small>

248. Assises du royaume de Jérusalem (textes français et italien), conférées entre elles, ainsi qu'avec le droit romain, les lois des Francs, les lois barbares, les capitulaires et les établissements de saint Louis, par Victor Foucher. *Paris*, 1840, 2 vol. in-8, br.   8 »

<small>Tome 1er, 1re et 2e parties. Contenant : assise des bourgeois, le pledéant, le playdoier, règles de la bataille pour meurtre, et ordenements de la court du vesconte.</small>

249. Recherches historiques sur la principauté française de Morée et ses hautes baronnies, par Buchon. *Paris*, 1845, 2 vol. gr. in-8, br. — Nouvelles recherches, etc., vol. 1er, partie première, vol. 2, partie première.   10 »

<small>Il manque vol. II, partie 2e.</small>

250. La France au temps des Croisades, recherches sur

les mœurs et les coutumes, par le vicomte de Vaublanc. *Paris, Techener*, 1844, 4 vol. in-8, dem.-rel.   25 »

<small>Ouvrage très-complet sur cette époque remarquable; les détails de la vie privée, les mœurs du temps y sont décrits de main de maître.</small>

251. La France au temps des Croisades, recherches sur les mœurs et coutumes des Français aux XIIe et XIIIe siècles, par le vicomte de Vaublanc. *Paris*, 1844-49, 4 vol. in-8, br.   20 »

252. Histoire des demelez du pape Boniface VIII avec Philippe le Bel, par Ad. Baillet (mise au jour avec des pièces servant de preuves, par le P. Lelong). 1718, in-12, v. m. fil.   3 50

253. Histoire de Philippe de Valois et du roi Jean, par l'abbé de Choisy, 1688, in-4, v. br.   8 »

<small>La vie de S. Louis m'a jetée dans la lecture de Mezeray; j'ai voulu voir les derniers rois de la seconde race; et je veux joindre Philippe de Valois et le roy Jean, qui est un endroit admirable de l'histoire, et dont l'abbé de Choisy a fait un livre qui se laisse fort bien lire. (Extrait d'une lettre de Mlle de Sévigné, 5 janv. 1689.)</small>

254. Histoire de Bertrand du Guesclin, connétable de France, par Guyard de Berville. 1767, 2 vol. in-12, v. m.   3 »

255. Histoire de Charles V, roi de France, par l'abbé de Choisy. 1689, in-4, v. br.   6 »

<small>A la fin se trouve un curieux inventaire, extrait d'un man. de la bibl. du Roy, de tous les joyaulx, couronnes, chapaulx, vaisselle estans es chasteaulx, hotels et oratoires dudit seigneur, en ses chasteaulx de Melun, Vincennes, Louvre, Saint-Germain, hôtel Saint-Pol à Paris, etc.
Ce livre est orné de quelques vignettes, l'une desquelles représente le roy Charles V faisant bâtir les tours de la Bastille.</small>

256. Histoire de Jean de Boucicaut, mar. de France, et de ses mémorables faicts du règne des roys Charles V et Charles VI jusques en l'an 1408, mise en lumière par Th. Godefroy. 1620, in-4, v. br.   12 »

257. Les plaintes et doléances des Estats de France, faites au roy Charles VI par l'Université de Paris, avec les ordonnances sur ce faites et non encore imprimées. *Paris, Guil. Bichon*, 1588, in-8, v. m. (lég. *piqué sur la arge de devant*).   5 »

258. Mémoires pour servir à l'hist. de France et de Bourgogne, contenant un journal de Paris sous Charles VI et

Charles VII, le meurtre de Jean sans Peur. 1729, in-4,
v. m. 15 »

Ces mémoires ont été recueillis par Dom des Salles, bénédictin et mis au jour par Delabarre. — Dans le Journal de Paris se trouvent des détails sur la jeunesse, la vie et la mort de Jeanne d'Arc.

La seconde partie de 316 pages contient les estats des maisons et officiers des ducs de Bourgogne, enrichis de notes historiques très-intéressantes pour un grand nombre d'illustres familles.

259. Jacques Cœur et Charles VII, ou la France au XVe siècle, étude par Ch. Clément. *Paris*, 1853, 2 vol. in-8, fig. br. 5 »

260. Histoire de Jeanne d'Arc, par l'abbé Langlet du Fresnoy. *Amst.*, 1775, 3 part. en 1 vol., in-12, dem.-rel. 5 »

261. Histoire de Jeanne d'Arc, surnommée la Pucelle d'Orléans, tirée de ses propres déclarations, de 144 dépositions de témoins oculaires, et des manuscrits de la Bibl. du roi et de la Tour de Londres, par Lebrun des Charmettes. *Paris*, 1817, 4 vol. in-8, port. et fig., dem.-rel. 12 »

262. Les Œuvres de Me Alain Chartier, secrétaire des rois Charles VI et VII, contenans l'histoire de son temps, le Curial, l'Espérance, le Quadriloge et autres pièces, édit. donnée par And. du Chesne. 1617, in-4, v. br., bel ex. 40 »

263. Les Œuvres de Me Alain Chartier. *Paris*, 1617, in-4. v. br. 30 »

264. Chronique des ducs de Bourgogne, 1407-1469. Œuvres historiques inédites de sire George Chastellain, publiées par Buchon. 1837, gr., in-8, à 2 col. dem.-rel. 6 »

265. Histoire des ducs de Bourgogne de la maison de Valois, 1364-1477, par de Barante. *Paris*, 1837, 12 vol. in-8, fig. et cartes, dem.-rel. défraîchie. 30 »

Bonne édition. Cet intéressant ouvrage appartient à la nouvelle école historique qui se rapproche beaucoup de la manière de notre excellent chroniqueur Froissart.

266. Histoire de Louis XI et des choses mémorables de 1460 à 1483, autrement dite la Chronique scandaleuse, *s. l., imprimée sur le vray original.* 1611, in-8, vél. mauv. condit. 5 »

Par Jean de Troyes, greffier de l'Hôtel-de-Ville de Paris.

267. Histoire de Louis XI, par Varillas. 1689, 2 vol. in-4, v. br. 10 »

Les ouvrages de Varillas ont été beaucoup trop décriés en réaction du succès qu'ils ont eu dans leur nouveauté. Varillas commit de graves erreurs parce qu'il écrivait de mémoire, mais il avait prodigieusement lu, et souvent il emprunta à des manuscrits du temps, surtout à des correspondances secrètes, les faits les plus curieux qu'on a injustement taxés de faussetés. Ainsi je me suis assuré qu'il connaissait l'immense collection de Béthune. P. LACROIX.

268. Histoire de Louis XI, par Duclos. 1745, 4 vol. in-12, v. br., portrait. 8 »

Cette histoire a été copiée sur celle de l'abbé Legrand, qui est restée manuscrite à la bibliothèque du Roi : c'est aussi dans les portefeuilles de cet historien que Duclos a puisé les pièces justificatives de son 4º volume, pièces excellentes qui manquent la plupart à la grande édition des Mémoires de Commines publiés par Lenglet du Fresnoy. P. LACROIX.

269. Discours historique sur le caractère et la politique de Louis XI, par un citoyen de la section du Théâtre français. *Paris, an II de la liberté*, in-8, dem.-rel. 3 50

Avec cette épigraphe : *Il n'y a rien qui pousse tant à la vertu que l'horreur du vice.*

270. Histoire de Charles VIII, par Varillas. 1691, in-4, v. br. 6 »

271. Histoire de Charles VIII, roy de France, par Guil. de Jaligny et autres historiens du temps, le tout recueilly par Godefroy. *Paris, Imp. royale*, 1684, in-fol., v. br. 25 »

Aucun de ces historiens n'a été réimprimé malgré le petit nombre des mémoires particuliers du règne de Charles VIII. P. LACROIX.

272. Mémoires de Phil. de Commines. *Paris*, 1615, in-fol. vél., *lég. mouill et piqûres*. 10 »

273. Mémoires de Commines, revus sur plusieurs man. du temps et enrichis de notes par Godefroy, augmentés par Lenglet du Fresnoy. *Londres*, 1747, 4 vol. in-4, v. m. 40 »

Au nº 1843 du catalogue de M. de Boze, on trouve indiqué un ex. de cette édition, dans lequel il y a une dédicace singulière à M. le maréchal de Saxe et cinquante portraits (par Odieuvre), qui ne s'y trouvent pas toujours. — Notre ex., très-beau de condition, possède cette dédicace et les portraits.

2. LOUIS XII ET FRANÇOIS Ier. 1498-1557.

274. Histoire singulière du roy Louis XII, père du peuple, faicte au parangon des règnes et gestes des autres roys, par Cl. de Seissel, évêque de Marseille. *Paris, Corrozet,* 1558, pet. in-8, vél. 8 »

<small>L'auteur est mort évêque de Turin en 1520; son ouvrage est écrit en forme de panégyrique, qui roule sur le parallèle de ce roi avec ses prédécesseurs, il les dégrade pour relever la gloire de son héros. Quoiqu'il ait demeuré longtemps à la cour, son style se ressent encore de son pays, qui était le Bugey, d'un endroit appelé Seissel. Il rapporte dans cette histoire des faits très-curieux.</small>

275. Histoire de Louis XII, par Varillas. 1688, 3 vol. in-4, v. br. 10 »

<small>Cette histoire ne contient pas d'autre pièce originale que *l'appointement fait avec les Suisses devant Dijon, l'an* 1513. P. Lacroix.</small>

276. Histoire de Louis XII. *Paris,* 1755, 3 vol. in-12, port. v. m. 6 »

<small>Par Jacques Tailhé, prêtre de Villeneuve d'Agénois. C'est le premier historien qui se soit servi de la Chronique d'Humbert de Velay, de celle de Jacques Gohory, de la partie inédite de J. d'Auton, et du procès-verbal du divorce de Louis XII. P. Lacroix.</small>

277. Lettres du roy Louis XII et du cardinal Georges d'Amboise (publiées par Jean Godefroy). *Bruxelles, Foppens,* 1772, 4 vol. in-12, port. v. f. fil. 6 »

278. Chroniques de Jean d'Auton, publiées pour la première fois en entier d'après les mss. de la Bib. du roi, avec des notes, par Paul Lacroix. *Paris,* 1834, 4 vol. in-8, br. 18 »

<small>Jean d'Auton entre dans un grand détail du règne de Louis XII, comme il suivait toujours le Roi, il était bien informé de tout ce qui se passait.</small>

279. Chroniques de Jean d'Auton, publiées pour la première fois en entier d'après les mss. de la Bibliothèque du Roy avec des notes, par Jacob (Paul Lacroix) bibliophile. *Paris, Silvestre,* 1834, 4 vol. in-8, dem.-rel. mar. non rogné (*Petit*). 30 »

<small>Bel exemplaire de la bibliothèque d'Armand Baschet.</small>

280. Vie du cardinal d'Amboise, premier ministre de

Louis XII, par Louis Le Gendre. *Rouen*, 1724, 2 vol. in-12, v. 4 50

281. Histoire de la ligue faite à Cambray, entre Jules II, pape, Maximilien Ier emp., Louis XII, roi de France, et tous les princes d'Italie contre la république de Venise. 1728, 2 vol. in-12, dem.-rel. 5 »

<small>Cet ouvrage est très-estimé, Jean-Baptiste de Boz, qui en est l'auteur, y fait paraître beaucoup de jugement; il y parle comme un homme bien instruit de l'histoire qu'il publie, il écrit bien et se fait lire avec plaisir. Il dit dans sa préface que c'est la singularité de cette ligue qui lui a fait prendre le dessein de la mettre dans tout son jour.</small>

282. Louis XII et François Ier, Mémoires pour servir à une nouvelle histoire de leur règne, par Roederer. 1825, 2 v. — Conséquences du système de cour établi sous François Ier, par Roederer. 1833, 1 vol. in-8°. 10 »

283. Histoire de François Ier, par Varillas. 1785, 2 vol. in-4, v. br. 8 »

<small>C'est dans cette histoire que parut pour la première fois l'anecdote tragique de la comtesse de Chateaubriand, que le breton Hevin n'a pas réfutée complétement. P. Lacroix.</small>

284. Cronique du roy Françoys premier de ce nom, publiée pour la première fois d'après le ms. de la Bib. Imp., par G. Guiffrey. *Paris, Renouard*, 1860, gr. in-8, br. 6 »

285. Nouvelles lettres de la reine de Navarre, adressées au roi François Ier, son frère, publiées par Génin. *Paris, Renouard*, 1842, gr. in-8, br. 5 50

286. Les mémoires de messire Olivier de la Marche, aug. d'un estat particulier de la maison du duc Charles le Hardy. *Bruxelles*, 1616, in-4, v. m. fil. 15 »

<small>Mémoires moins importants que ceux de Commines au point de vue politique, mais plus curieux quant aux détails de mœurs, aux usages; là seulement on voit combien était magnifique la cour des ducs de Bourgogne et comme ils écrasaient par leur faste, indice de leur richesse et de leur puissance, celle du roi leur suzerain.
Ces mémoires sont curieux, dit Brunet.</small>

287. Histoire du chevalier Bayard, lieutenant général pour le roy en Dauphiné, et de plusieurs choses mémorables advenues de 1489 à 1524, par Godefroy. *Paris*, 1619, in-4 vélin, avec portrait. 15 »

288. Histoire du procès du chancelier Poyet, pour servir à celle du règne de François Ier. *Londres*, 1776, in-8, v. m. 2 50

289. Pragmatica sanctio cum comment. Cosmæ Guymier. *Lugduni, Vincent*, 1538, in-8, vél. 6 »

Cette édition contient de plus que toutes les précédentes le Concordat entre Léon X et François Ier.

290. Histoire des guerres d'Italie sous les règnes de Charles VIII, Louis XII et François Ier, par Guicciardin, traduit en français par Cosmedey. *Paris*, 1612, in-fol. v. br. 8 »

291. Pauli Jovii historiarum sui temporis. *Basilæ*, 1567, 2 vol. in-8, dem. rel.-vél. 5 »

Cette histoire, qui commence en 1494, finit en 1544 ; l'auteur s'acquit par le moyen de ses ouvrages un fort grand nom et l'évêché de Novarre, mais il passa pour une plume vénale, ce dont il ne se défendoit pas trop : quand il entre aux termes de François Ier duquel il avoit pension, il commence d'attremper son style et de flatter notre France (*La Popelinière*).

292. Mémoires de Martin du Bellay, sieur de Langey. 1571. 2 vol. in-8, v. m. 6 »

Depuis 1513 jusqu'au trespas de François Ier en 1557.

293. Mémoires de Martin et Guillaume du Bellai-Langeai. — Les mémoires du jeune Fleuranges, et le journal de Louise de Savoye, avec des notes historiques, par l'abbé Lambert. 1753. 7 vol. in-12, v. m. 10 »

Seule édition complète. Ces 7 volumes sont remplis de notes, mises par l'éditeur au bas des pages ; elles sont amples et faites pour éclaircir différents faits rapportés dans ces mémoires ; enfin il n'a rien épargné pour offrir à ses lecteurs une histoire authentique et complète du règne de François Ier. LELONG.

3. HENRI II. CHARLES IX. 1557-1573.

294. Histoire de Henri II, par Varillas. 1692, 2 vol. in-4, v. br. 8 »

295. Lettres inédites de Henry II, Diane de Poitiers, etc., adressées au connétable de Montmorency, ou corresp. secrète de la cour, publiée par Gail. 1828, in-8, dem.-rel. nomb. fac-sim. 3 »

296. Epistre du très-chrestien Roy Henry aux Estats du saint Empire romain (de Paris le 25 février 1552). *Toulouse, chez Boudeville*, 1553, pet. in-4, non rel. 4 »

297. Mémoires de Gaspar de Coligny, seig. de Chastillon, 1665, pet. in-12, v. b. 3 50

Ces mémoires ne contiennent que le discours sur le siége de Saint-Quentin; ils ont été terminés le 31 mars 1558.

298. Commentaires des dernières guerres en la Gaule Belgique, entre Henry II et Charles V, par Franç. de Rabutin (depuis 1551 jusqu'en 1558). 1574, in-8, vél., bel ex. 15 »

299. Histoire de Charles IX, par Varillas. *Paris, Cl. Barbin*, 1683, 2 vol. in-4, v. br. 8 »

300. Commentaire de l'estat de la religion et République sous Henry II, François II et Charles IX (de 1556 à 1561, par P. de la Place). *S. l.*, 1565, in-8, vél. 8 »

Les mémoires de la Place, protestant, sont des plus estimés entre ceux que nous ont laissés ses coreligionnaires, et dont la plupart, comme ceux de la Planche, se ressentent beaucoup trop de l'animosité naturelle à une secte persécutée. Au reste, ce n'est pas le talent qui manquait aux réformés. LEBER.

301. Histoire généralle des guerres de Piedmont, Savoye, Montferrat, Mantoue et duché de Milan, commençant aux mémoires du sieur du Villars depuis l'année 1550 jusques en l'an 1562 (continuée jusques à présent, par A. Malingre). 1630, 2 vol. in-8, v. lég. piqué. 10 »

Ces Mémoires sont d'autant plus estimés que l'auteur (le maréchal de Cossé Brissac) a eu part aux événements qu'il rapporte. Il continue la suite de la narration de du Bellay, racontant ce que les Français ont fait en Piémont. LELONG.

Les MÉMOIRES DE BOYVIN DU VILLARS sont compris dans cette édition.

302. Déclaration faite par le roy de sa majorité, tenant son lict de justice en sa cour de parlement de Rouen. 1563, pet. in-8. 3 »

303. Ordonnance du roy sur le réglement des usages de draps, toiles, passements, broderies d'or, etc., et sur la réform. des grosses chausses. 1563, pet. in-8. 4 »

304. Ordonnance du roy sur le reiglement des hosteliers, taverniers et cabaretiers, et pris des vivres en chacune saison. *Rob. Estienne*, 1563, pet. in-8. 3 »

305. Ordonnance du roy, pour la réformation des logis à la suite de la cour. *Paris, Rob. Estienne*, 1563, pet. in-8. 3 »

306. Lettres du roy pour la publication des montres de

la gendarmerie, 1564, pet. in-8. — Edit du roy sur le fait de la gendarmerie, 1563, pet. in-8. 3 50

307. Mémoires de Condé, ou recueil d'un grand nombre de pièces curieuses pour servir à l'histoire de France (de 1559 à fin d'août 1565) avec les notes historiques de Secousse. *Londres*, 1743, 7 vol. in-4, v. f., port. 45 »

<small>Bel exemplaire avec le 7ᵉ volume publié par Lenglet Dufresnoy, et qui fut défendu. Il est intitulé : Supplément aux Mémoires de Condé et contient : J'anti-Cotton. — Dissertation sur ce fameux ouvrage. — L'assassinat du Roy, ou maxime du vieil de la Montagne vaticane et de ses moines assassins.</small>

308. Mémoires de Castelnau. *Bruxelles*, 1731, 3 vol. in-fol. dem.-rel. non rog. 35 »

<small>Je dirai en faveur de ces Mémoires qu'il n'y en a point de plus véritables, et que personne ne s'est mieux acquitté d'un dessein tel que le sien, de donner une connaissance parfaite des affaires de France depuis l'an 1559 jusqu'en 1570 (*Le Laboureur*). — Cette édition de 1731 est beaucoup plus ample que celles qui l'ont précédée, elle a été revue avec soin par J. Godefroy.</small>

309. Mémoires de Michel de Castelnau, sur l'histoire des règnes de François II, Charles IX, Henri III et la régence de Catherine de Médicis, par Le Laboureur. *Bruxelles*, 1731, 3 vol. in-fol. v. br. (*Aux armes de Colbert*). 35 »

<small>Le 3ᵉ volume contient l'histoire généalogique de la maison de Castelnau avec nombreux blasons.</small>

310. Mémoires de la vie de Scepeaux de Vieilleville, maréchal de France, contenant plusieurs anecdotes des règnes de François Iᵉʳ, Henry II, François II et Charles IX, composés par Laur. Carloix. 1757, 5 vol. pet. in-8, v. m. port. 10 »

<small>Ces Mémoires s'étendent pour l'histoire depuis l'an 1528 jusques en l'an 1571, époque où le marquis de Vieilleville mourut de poison, en son château de Durctal. On y a conservé le style du temps, ils sont très-curieux. LELONG.</small>

311. Du massacre de la Saint-Barthélemy et de l'influence des étrangers en France durant la ligue, par Gab. Brizard. *Paris, an Iᵉʳ*. 2 tom. en 1 vol. in-8, dem.-rel 4 »

312. Vie de Gaspard de Coligny. *Cologne, P. Marteau*, 1691, in-12, v. 3 »

313. Vindiciæ contra tyrannos, autore Theod. Beza. *Amst.*, 1660, pet. in-16, vél. 5 »

<small>Bayle a fait une longue dissertation sur ce livre dont la destinée fut en même temps célèbre et mystérieuse. Publié en latin et traduit en français durant la plus grande fureur des guerres religieuses, il</small>

fut attribué à Hotman, à Duplessis-Mornay, et surtout à Théodore de Bèze lorsque la doctrine qu'il contenait devint celle de la ligue. Il paraît cependant que cet ouvrage est de Hubert Languet, protestant, né à Vîteaux et décédé en 1581. BAZIN.

314. Commentaires de Blaise de Montluc, mar. de France. 1626, 2 tom. en 1 vol. in-8, vél. 8 »

Les commentaires de Blaise de Montluc sont des mémoires de sa vie militaire. Les quatre premiers livres s'étendent depuis 1519, époque de son entrée au service, jusqu'à la paix de Cateau-Cambrésis en 1559; les trois autres embrassent le règne de Charles IX. On y retrouve sa vivacité originale, sa brusquerie, sa jactance; la narration de Montluc est entremêlée d'exhortations à l'usage des officiers auxquels il se propose comme exemple. Les excellentes leçons militaires consignées dans ce livre l'ont fait comparer aux Mémoires de Lanoue (voir n° 340) et Henri IV l'appelait LA BIBLE DES SOLDATS. Montluc tronque souvent les noms; sa mémoire est infidèle sur les dates; mais sa véracité n'est point suspecte, aussi De Thou le prend-il habituellement pour guide. Boyvin du Villars (n° 301), il est vrai, se trouve de temps en temps en contradiction avec lui; mais cette contradiction s'explique par la partialité de Boyvin pour le maréchal de Brissac.

BIOG. UNIV.

315. Commentaires de Blaize de Montluc. 1661, 2 vol. in-12, v. br. 8 »

316. Les chroniques et annales de France dès l'origine des Français et leur venues ès Gaules, faites jadis par Nicole Gilles et depuis additionnées par Denis Sauvage, revues, corrigées et augmentées jusques en 1573, par Franç. de Belleforest. *Paris*, 1573, in-fol. v. portraits gravés sur bois. 10 »

Bonne édition de cette chronique extraite pour les temps anciens de celles de Saint-Denis, mais ayant à partir du règne de Louis XI tout l'intérêt et l'originalité de mémoires contemporains : le dernier feuillet manque.

317. Mémoires de Gaspard de Sauix Tavannes, maréchal de France et gouverneur de Provence. *S. l. n. d.*, in-fol., v. 15 »

Edition originale, imprimée secrètement vers 1617 au château de Lugny près Autun, domaine de la maison de Tavannes.

Ces Mémoires, qui embrassent la période de 1530 à 1573, contiennent beaucoup de particularités curieuses et aussi des réflexions fort libres qui ne permirent pas de les livrer au commerce.

318. Vie du Chancelier de l'Hospital (par Lévesque de Pouilly). *Londres*, 1764, in-12, v. m. 2 50

319. Eloge historique de Michel de l'Hospital (par Guibert). 1777, in-8, br. 1 50

320. Mich. Hospitalii Galliarum cancellarii epistolarum,

seu sermonum lib. VI. *Mamert Patisson*, 1585, in-fol. vél. 20 »

Très-bel exemplaire en GRAND PAPIER.

321. Discours de la mort et exécution de Gabriel, comte de Montgommery, qui fut à Paris le 26 juin 1574. *Lyon, Ben. Rigaud*, 1574, pet. in-8, court de marges. 8 »

322. Teulet. Relations politiques de la France et de l'Espagne avec l'Ecosse, au XVIe siècle. *Paris, Renouard*, 1862, 5 vol. gr. in-8, pap. de Holl. dem.-rel. mar. non rogné. *Rel. par Petit*. 35 »

Bel exemplaire d'Armand Baschet avec envoi d'auteur.

323. Correspondance diplomatique de Bertrand de Salignac de la Mothe Fénelon, ambass. de France en Angleterre de 1568 à 1575. *Paris*, 1838, 7 vol. in-8, br. 28 »

Collection intéressante composée de documents jusqu'alors inédits; on y trouve des renseignements nouveaux sur la guerre civile, la Saint-Barthélemy, le siége de la Rochelle, la conspiration de Lamole, la procédure contre Marie Stuart, etc., etc.

324. Mémoires de l'Estat de France sous Charles IX (publiés par Simon Goulart). *Middelbourg*, 1578, 3 vol. in-8, v. br. 45 »

C'est une réunion de pièces du genre de celle des Mémoires de Condé, qui a été faite dans le même esprit, et qui devrait la continuer.

Cette édition est la plus complète et la seule qui contienne les Mémoires de la troisième guerre civile de France, par Jean de Serres, imprimés en 1571, et ajoutés ici au 3e volume. Cette partie (de 484 pages) intéresse particulièrement le Poitou.

C'est aussi dans ce recueil que se trouve la relation la plus complète et la plus vraie de la Saint-Barthélemy, et de ses suites, les massacres de ceux de la religion à Meaux, Troyes, Orléans, Bourges, La Charité, Lyon, Saumur, Angers, Romans, Rouen, Toulouse, Bordeaux; — l'histoire tragique de Marie, royne d'Ecosse, touchant la conjuration du roy son mari mis à mort, et l'adultère par elle commis avec le comte de Bothwell, 180 pages; — le procès criminel contre La Mole, Coconnas, Tournay, etc., 100 pages; — le discours merveilleux de la vie, actions et déportements de Marie de Médicis, etc., etc.

4. HENRI III. 1575-1589.

326. Histoire de Henry III, par De Varillas. 1694, 2 vol. in-4, v. br. 8 »

327. Histoire d'Henri III, roi de France (par l'abbé de Sauvigny). 1788, in-8, v. m. fil. 3 »

328. Recueil de diverses pièces servant à l'histoire de Henry III. *Cologne, P. Marteau.* 1663, in-4, rel. fat. 6 »

Cette édition est rare et recherchée; elle contient le divorce satirique, les amours de la reine Marguerite, la confession de Sancy, la vie et déportement de Catherine de Médicis, et les amours du grand Alcandre, qui s'y trouvent sous le titre d'Hist. des amours d'Henry IV par Louise de Lorraine avec les noms réels des personnages.

329. La vraye et entière Histoire des troubles et choses mémorables advenues tant en France qu'en Flandres et pays circonvoisins depuis l'an 1562 (jusqu'en 1577), *Basle*, 1579, 2 vol. petit in-8, v. 18 »

Très-rare, l'auteur est le sieur de la Popelinière.

Cet ouvrage rentre dans la lacune qui sépare les Mémoires de Condé de ceux de Charles IX, et cette circonstance ne permet pas de le négliger ; il peut servir à éclaircir bien des faits qui ne se trouvent pas aussi développés ailleurs. Les calvinistes le condamnèrent dans leur synode national de la Rochelle, 28 juin 1581, comme contenant plusieurs faussetés et calomnies, au préjudice de la vérité de Dieu et au désavantage et déshonneur de la religion réformée. LELONG.

330. L'histoire de France, depuis l'an 1550 jusques à ces temps, par la Popelinière. 1581, in-fol. vél. 30 »

Tome 2e seulement, bel exemplaire.

331. Mémoire historique et critique sur la vie de Roger de Bellegarde, mar. de France, par Secousse. 1764, in-12, v. 3 50

Intéresse tout particulièrement les années 1578 et 1579.

332. La Légende de maistre Jean Poisle, conseiller en la Cour de parlement, contenant quelques discours de sa vie, actions et déportements, en son estat, et les moyens qu'il a tenus pour s'enrichir. *S. l.*, 1576. — Advertissement et discours des chefs d'accusation du procès criminel fait à Jean Poisle, etc. 1582, pièces pet. in-8, non reliées. 15 »

Ces deux pièces sont très-rares.

333. Le Miroir des Français, contenant l'état et maniement des affaires de France, avec le règlement pour la pacification des troubles, abolition des excessives tailles, démolition des citadelles, etc., mis en dialogue, par Nicolas de Montand. *S. l.*, 1582, in-8, v. f. fil. tr. dor., bel exemp. relié par Petit. 25 »

C'est une satire contre l'administration de la France et les administrés qui y figurent, non pas tels qu'ils étaient réellement, mais tels que le critique prétendait les faire voir. Il y a pourtant bien des vérités dans ce libelle : les nombreuses recherches et les détails d'économie, de mœurs et de vie privée dont il est rempli sont d'un grand intérêt historique. LEBER.

334. Arrest notable du 26 juin 1582, contre Guil. Buhigue, contenant la peine ordonnée contre les cessionnaires à porter chappeau ou bonnet vert. *Lyon, Ben. Rigaud*, 1582, pet. in-8.   4 »

335. Remonstrance sérieuse sur l'estat de la chrétienté, moyen de conservation et salut d'iceluy. 1583, pet. in-8, cart.   3 »

336. Advertissement sur l'intention et but de ceux de la maison de Guise en la prise des armes. *A Delff, chez Alb. Henry*, 1585, pet. in-4, non rel. (*mouillé*).   4 »

337. Edict du roy sur la réunion de ses sujets à l'Église catholique, apostolique et romaine, du 18 juillet 1585. *Middelbourg*, 1585, in-4, non rel.   4 50

338. Lettres du baron de Busbec, ambassadeur de l'emp. Rodolphe II, à la cour de France, sous Henri III, trad. en français avec des notes, par l'abbé de Foy, chanoine de Meaux. 1748, 3 vol. in-12, v.   4 »

339. Mémoires de Henry de la Tour d'Auvergne, duc de Bouillon. 1666, in-12, v. br.   4 »
 Commencent en 1560 et finissent en 1586 ; on y trouve beaucoup de circonstances particulières des règnes de Charles IX et Henri III. Il n'existe pas, croyons-nous, d'autre édition que celle-ci, publiée par Paul Lefranc.

340. Discours politiques et militaires du seigneur de la Noue. *Basle*, 1587, in-4, v. br.   15 »
 Histoire des trois guerres civiles de France commençant au massacre de Vassy en 1562.
 Les discours du S. de La Noue font connoître la beauté de son esprit et la force de son jugement; le récit de ses grandes actions exactement remarquées dans les histoires de son temps, et dans ses discours, ne le rendent pas moins comparable aux plus vaillants qu'aux plus sçavants et expérimentez capitaines. LELONG.

341. Discours politiques et militaires du seigneur de La Noue. *S. l.*, 1612, in-8, v. (*Mouillé*).   6 »
 Sur les trois guerres civiles de France.

342. Correspondance de François de La Noue, surnommé Bras-de-fer, accomp. de notes historiques, et précédée de sa vie, par Kervyn de Volkaersbeke. *Gand*, 1854, gr. in-8, port. br.   4 »

343. Remontrances très-humbles au roy de France,

Henry III, par un sien fidèle officier, sur les désordres et misères de ce royaume, causes d'icelles et moyens d'y pourvoir. *S. l.*, 1588, in-8, v. m. *armoiries*. 15 »

<small>En même temps ils (les Seize) firent imprimer une remontrance sur les désordres et misères de ce royaume, causes d'icelles et moyens d'y remédier, qu'ils envoyèrent à tous leurs partisans; ils firent courir le bruit que c'était l'archevêque de Lyon qui l'avait faite : du depuis il fut su qu'ils y avaient tous travaillé et que l'avocat Rolland y avait la plus grande part (Palma Cayet. *Chron. nov.*)

On connaît dès lors l'importance pour l'histoire de cette époque, pendant laquelle la presse ne laissa pas d'avoir son rôle, de ce factum écrit avec une certaine éloquence et empreint d'une feinte modération. Il est FORT RARE; vendu chez Méon, il ne reparaît qu'un demi-siècle après, à la vente Bazin.</small>

344. Histoire des ducs de Guise, par Réné de Bouillé. *Paris*, 1849, 4 vol. in-8, br. 18 »

345. Histoire des ducs de Guise, par Réné de Bouillé. *Paris*, 1849, 4 vol. in-8, dem.-rel. v. non rog. 25 »

346. Discours merveilleux de la vie, actions et déportemens de Catherine de Médicis. A *Lahaye, chez Vlacq*. 1660, pet. in-12 rel. (*mouillé*). 3 »

<small>Violente satire, attribuée à Henri Estienne.</small>

347. Debtes et créanciers de la royne mère Catherine de Médicis, 1589-1606. Documens publiés pour la première fois, d'après les archives de Chenonceau, par l'abbé Chevalier. 1862, gr. in-8, pap. vergé br. 3 »

348. Description de l'île des hermaphrodites nouvellement découverte, avec les lois, mœurs, coutumes et ordonnances des habitans d'icelle. *Cologne*, 1724, in-8°, fig., rel. 8 »

<small>Satire ingénieuse contre les désordres de la cour du roy Henry III, les minauderies et manières efféminées de ses mignons.</small>

5. HENRI IV. 1589-1610.

349. Journal du règne de Henry IV, par P. de l'Etoile avec les remarques historiques de Lenglet Dufresnoy. *Lahaye*, 1741, 4 vol. pet. in-8, v. 18 »

<small>On est redevable à M. le Président Bouhier de l'état où se trouve à présent ce journal. C'est ce savant magistrat qui en 1732 en retrouva l'original, d'où l'on a tiré le supplément qui va jusqu'en 1611. Il contient un grand nombre de faits intéressants et curieux</small>

propres à éclaircir l'histoire du temps. On y voit les motifs secrets, les diverses intrigues et les ressorts qui ont produit tant d'événements singuliers qui caractérisent le règne de Henry IV. Le nouvel éditeur a enrichi ce journal, de quantité de notes utiles, pour en dévoiler les secrets, et qui sont toutes tirées des meilleurs auteurs contemporains. Il a placé à la fin du tome IV quelques pièces rares qui servent comme de preuves à tout l'ouvrage. LELONG.

350. Histoire de Henry le Grand, par Hardouin de Péréfixe. 1662, pet. in-12, v. br. rel. fat. 1 50

351. Décade contenant la vie et gestes de Henry le Grand, par Baptiste Legrain. *Rouen*, 1633, in-4, v. br. 12 »

Legrain a mis dans son histoire des particularités qui ne se voient point ailleurs ; et l'on juge qu'elle a été écrite de bonne foi et par un vrai Français, elle est comprise en dix livres, ce qui lui a fait donner le nom de Décade. SOREL, BIBLIOTHÈQUE FRANÇAISE. Elle s'étend depuis le traité de Cambrai en 1559 jusqu'à la mort du Roi.

352. Vie militaire et privée de Henri IV d'après ses lettres inédites à Sully. Brantôme, etc. 1803, in-8, dem.-rel. 2 50

353. Histoire publique et secrète de Henry IV. *Angers*, 1790, in-8, cart. non rog. 3 50

354. Journal militaire de Henry IV depuis son départ de la Navarre, rédigé et collationné sur les man. originaux, par le comte de Valori. 1821, in-8, portrait et fac-sim. dem.-rel. 4 »

355. Lettres inédites de Henry IV recueillies par le prince Galitzin. 1860, gr. in-8, pap. vergé br. 6 »

356. Lettres inédites d'Henry IV, recueillies et publiées par Sereyes. 1802, in-8, dem.-rel. 2 »

357. Henri IV écrivain, par Eug. Jung. *Paris*, 1845, in-8, br. 3 »

358. Explication de la généalogie de très-puissant monarque Henry IV roy de France, par Joseph Texere, mise en français par Ch. de Néris. 1595, in-4, vél. 10 »

359. Anecdotes du XVIe siècle, ou intrigues de cour politiques et galantes, avec les portraits de Charles IX, Henri III et Henri IV. *Amst.*, 1741, 2 vol. in-12, br. 4 »

360. Mémoires de Marguerite de Valois, reine de Navarre, son éloge, celui de Bussy et la fortune de la cour (publiés par Godefroy). *Liége*, 1713, in-12, v. br. 3 »

361. Histoire de la reine Marguerite de Valois, femme du

roi Henri IV, par Mongez. *Liége*, 1777, in-8, dem.-rel. toile non rog. (*quelques taches*). 3 »

362. Apologie catholique contre les libelles déclarations, avis et consultations, publiées par les liguez perturbateurs du royaume de France, par E. D. L. J. C. *S. l.*, 1585, in-8, vél. 15 »

<small>Attribué par de Mornay et de Thou, à Pierre de Belloy ; Palma Cayet désigne aussi cet auteur, mais sans le nommer, « un docte » jurisconsulte, catholique, dans Paris même au dépens de sa vie, » entreprit pour répondre à tout ce que la ligue des seize avait » jusqu'alors fait publier, une apologie pour la défense du roy de » Navarre. » LELONG.</small>

363. Moyens d'abus, entreprises et nullitez du rescrit et bulle du pape Sixte V en date du 5 nov. 1585 contre Henry de Bourbon roy de Navarre, et Henry de Bourbon prince de Condé, par un catholique, apostolique, romain ; mais bon François et très-fidèle subjet de la couronne de France (Pierre de Belloy). *Cologne*, 1586, in-8, vél. 12 »

364. Discours ample et très-véritable contenant les plus mémorables faictz avenuz en l'an mil cinq cent quatre vingt et sept, tant en l'armée du duc de Guise qu'en celle des huguenotz conduite par le duc de Bouillon. *Imprimé l'an de grâce* 1588, in-8, vél. 20 »

<small>Pièce extrêmement rare sur la bataille d'Auneau ; l'exemplaire est beau de marges.</small>

365. Déclaration du roy sur l'attentat, félonie et rébellion des ducs de Meine et d'Aumale et ceux qui les assisteront. *Imprimé selon la copie de Bloys*, 1589, in-4, non rel. 8 »

<small>Auquel est joint une autre déclaration à l'encontre des villes de Paris, Orléans, Amiens et Abbeville, et leurs adhérents.</small>

366. Lettres du roy de Navarre aux trois estats de ce royaume, sur les choses advenues en France depuis le 23 déc. 1588. *S. l.*, 1589. pet. in-8. 6 »

<small>Fait à Châtellerault, le 4 mars 1589.</small>

367. Lettre du roy à M. de la Verune, lieutenant au bailliage de Caen, sur la victoire du 14 mars 1590 contre les ligueurs et rebelles. *A Caen chez Jacq. le Bas, et depuis à Middelburgh*, 1590, in-4, non rogné. 15 »

<small>Pièce rare relative à la bataille d'Ivry.</small>

368. Bulle d'excommunication et privation des bénéfices de N. S. P. Grégoire XIV, contre les ecclésiastiques de quel-

conque ordre que ce soit qui suivent le party d'Henry de Bourbon jadis roy de Navare. *Tolose, de l'imp. de Colomiez*, 1591, in-4, dem.-rel. 15 »

<small>Contient en outre une Bulle, contre la noblesse suivant le dit party.</small>

369. Mémoires d'Etat de M. de Villeroy secrétaire des comm. de Charles IX, Henri III, Henri IV et Louis XIII. *Amst.*, 1725, 7 vol. pet. in-12, v. 10 »

<small>Edition la meilleure de ces Mémoires, elle a été imprimée à Trévoux sous la rubrique de Hollande. La première partie a été publiée par Auger de Mauléon et les autres par Dumesnil Bazire.</small>

370. Lettres de Nic. de Neufville de Villeroy à Jacq. de Matignon, mar. de Fr., depuis l'année 1581 jusqu'en l'année 1596. *Montélimart*, 1749, in-12, v. m. 3 »

371. Mémoires d'Estat recueillis de divers manuscrits en suite de ceux de M. de Villeroy. 1623, pet. in-8, v. br. 8 »

372. Mémoires d'Estat de Villeroy (de 1587 à 1593) 1824, in-8, br. 3 50

<small>De la collection Petitot et Monmerqué.</small>

373. Mémoires pour servir à l'histoire de Charles IX et de Henri IV, rois de France. *Paris*, 1745, in-4, br. 15 »

<small>Sous un titre particulier, ce volume publié par Prosper Marchand n'est autre que le supplément ou 6ᵉ volume des Mémoires de Condé, il contient : La Légende du cardinal de Lorraine. — La Guerre cardinale. — La Légende de Domp Claude de Guise. — L'apologie de Jean Chastel. — Son procès criminel. — Le procès de Ravaillac. — Et le Courrier breton contre les Jésuites.</small>

374 Mémoires très-particuliers pour servir à l'histoire d'Henry III et d'Henry IV (par le duc d'Angoulesme), 1667, pet. in-12, v. br. 5 »

<small>Charles de Valois duc d'Angoulême, étoit fils naturel de Charles IX, il est mort en 1650. Ses Mémoires contiennent tout ce qui s'est passé depuis la mort d'Henry III, du 1ᵉʳ août 1589 jusqu'au 3 nov. de la même année; il n'y a rien de considérable que la journée d'Arques, qui y est fort bien décrite. LELONG.</small>

375. Mémoires des sages et royalles économies d'Estat, domestiques politiques et militaires d'Henry le Grand, et des servitudes loyalles de Max. de Béthune, duc de Sully. *Amsterdam (aux trois vertus couronnées). S. d.*, 2 tom. en 4 vol. in-fol. v. br. 30 »

<small>Edition originale, rare. Elle fut imprimée au château de Sully en 1638, par un imprimeur d'Angers.</small>

376. Mémoires ou économies royales d'Etat, domestiques et militaires de Henri le Grand, par le duc de Sully. *Amst.*, 1725, 12 vol. in-18, v. m. 10 »

> Nous possédons peu de monuments historiques aussi précieux que les Mémoires de Sully. C'est une narration étendue des événements du règne de Henri IV, des opérations du gouvernement, surtout de celles que Sully dirigea. On y trouve d'intéressants détails sur la vie privée du Roi, celle de son ministre, et les intrigues de la Cour ; la forme du récit est des plus bizarres : les secrétaires de Sully racontent à leur maître les circonstances de sa vie, qu'il devait certainement mieux connaître que personne. On a pensé que ces secrétaires, si bien instruits, sont des personnages supposés, mis en scène pour éviter à Sully l'embarras de raconter lui-même ses actions.   Biog. univ.

377. Mémoires de Sully. *Londres (Paris)*, 1747, 3 vol. in-4, veau rac. fil.   40 »

> En 1745, l'abbé de l'Ecluse eut l'idée d'arranger d'après un nouvel ordre, et en style moderne, ces Mémoires peu supportables par leur mauvaise rédaction. Ce travail n'est pas sans mérite, à cause des notes dont il est accompagné : mais la vérité de l'histoire y est trop fréquemment altérée par la refonte générale des faits, des pensées et du style. Biogr. univ.
>
> Notre exemplaire possède les 70 portraits de la suite d'Odieuvre. Il est très-beau, quoique légèrement piqué dans le bas des marges de deux volumes.

378. Mémoires de Sully. *Londres*, 1768, 9 vol. in-12, v. m.   6 »

379. Mémoires du duc de Sully. *Paris*, 1827, 6 vol. in-8, br.   12 »

380. Vie de Crillon surnommé le brave, pour servir à l'hist. de son temps. 1757, 2 vol. in-12, v. m.   4 50

> Cette vie de Crillon est de Mlle de Lussan. Il est évident que pour la composer elle a eu communication des papiers de la famille, car elle y rapporte non-seulement les cinq lettres de Henri IV, publiées par Berger de Xivrey d'après les originaux autogr., encore possédés par le duc de Crillon, mais encore une de plus.

381. Sermons de la simulée conversion et nullité de la prétendue absolution de Henry de Bourbon, prince de Béarn, à Saint-Denis, le 25 juill. 1593, par Jean Boucher. *Jouxte la copie de Paris*, 1594, in-8, v. m. (*Court de marges*).   6 »

> Ces sermons prononcés à Paris depuis le 1er août 1593 jusqu'au 9 de ce mois, furent brûlés à la Croix du Trahoir, le lendemain de la réduction de Paris.

382. Registres du parlement de Dijon de ce qui s'est passé pendant la ligue (du 31 déc. 1588 au 23 juillet 1594). *S. l. n. d.*, in-12, v. m.   6 »

> Cet extrait a été publié par Jacques de Varennes, greffier des

Etats de Bourgogne probablement d'après le ms. de Fevret de Fontelle indiqué n° 33043 de la biblioth. hist. de la France. Imprimé en 1762, il fut brûlé par la main du bourreau en exécution d'un arrêt du 7 juin de la même année ; les exemplaires en sont fort rares.   LEBER.

383. Le banquet et après dînée du conte d'Arete, où il se traicte de la dissimulation du roy de Navarre et des mœurs de ses partisans, par M. Dorléans avocat au parl. de Paris. *Juxte la copie*, 1594, in-8, v. f. fil.   12 »

Curieux pamphlet, dernier effort de la ligue expirante et de Louis d'Orléans son fougueux champion. — On y trouve un curieux passage souvent cité où l'auteur demande que les ministres huguenots servent de fagots au feu de la Saint-Jean et qu'on mette leur roi (Henry IV), dans le muid aux chats.

Ce libelle peut être appelé un livre exécrable en toute manière.
   LELONG.

384. Edict du roy sur la réduction de la ville d'Orléans en son obéissance. *Rouen*, 1594, pet. in-8.   8 »

385. Satyre menippée, de la vertu du Catholicon d'Espagne, et de la tenue des Etats de Paris. *Ratisbonne, Kerner*, 1714, 3 vol. pet. in-8, fig. v. hr.   12 »

Cette édition et la suivante qui possèdent les remarques de le Duchat, sont les plus estimées.

386. Satyre menippée, etc. *Ratisbonne, Kerner*, 1752, 3 vol. in-8, v. m.   15 .

Bel exemplaire, avec les portraits, la procession de la ligue, la tenue des Estats. Cette édition possède quelques additions de Prosper Marchand.

387. Satyre menippée. *Ratisbonne*, 1752, 3 vol. pet. in-8, v. m.   10 »

Bel exemplaire mais sans les gravures.

388. Arrest de la cour des Grands Jours séant à Lyon pour la recherche de ceux qui ont levé deniers, abus et malversations d'officiers. *Lyon*, 1596, pet. in-8.   3 »

389. Lettres patentes du roy, relatives à la recherche des usures. 1597, pet. in-8, br.   2 »

390. Histoire du mareschal de Matignon gouverneur pour le roy en Guyenne avec tout ce qui s'est passé de plus mémorable, depuis la mort de François Ier jusqu'à la fin des guerres civiles (de 1547 à 1597), par de Caillière, mareschal des armées du roy. 1661, in-fol. port. vélin, *taché d'eau*.   15 »

391. Chronologie novennaire, contenant l'histoire de la

guerre sous Henry IV et les choses plus mémorables advenues par tout le monde depuis 1589 jusqu'à la paix de Vervins en juin 1598. 1608, 2 vol. in-8, v. br. 45 »

> Cette histoire est de Palma Cayet, elle est curieuse et estimée de nos auteurs ; le P. Daniel dit que c'est une assez bonne histoire d'Henry IV. L'abbé Legendre la regarde comme des mémoires excellents pour l'histoire de ce temps-là. LELONG.

392. Chronologie novennaire, contenant l'histoire de la guerre sous le règne de Henry IV, par Palma Cayet. Publiée par Petitot. 1823, 6 vol. in-8, br. 20 »

> De la collection Petitot et Monmerqué.

393. Les mémoires de la Ligue comprenant infinies particularités mémorables des affaires de la ligue de 1576 à 1598. *S. l.*, 1602, 6 vol. pet. in-8, v. m. fil. (Le 1er volume a quelques piqûres de vers). 20 »

> Simon Goulart a publié ce recueil, il contient ce qui s'est fait de meilleur pendant la ligue, en faveur des rois de France. LELONG.

394. Les mémoires de la Ligue sous Henry III et Henry IV (publiés par Sim. Goulart). *S. l.*, 1598-1604, 6 vol. in-8, vélin tr. dor. 35 »

> Exemplaire du président Lamoignon, très-grand de marges et réglé ; un des volumes à sa couverture un peu détachée.

395. Mémoires de la ligue, contenant les événements les plus remarquables depuis 1576 jusqu'à la paix de 1598, édition revue, corrigée et augmentée de notes critiques et historiques (par l'abbé Goujet). *Amst.* 1758, 6 vol. in-4, v. m. 45 »

> Exemplaire en grand papier. On trouve dans ce recueil une suite de plusieurs relations ou morceaux d'histoire et de pièces du temps. C'est un des plus excellents et des plus curieux que nous ayons. LELONG.

396. Historia delle guerre civili di Francia di Davila : nella quale si contengono le operationi di quattro Re, Francesco II Carlo IX, Henrico III, Henrico IV. *Londra*, 1755, 2 vol. gr. in-4, v. br. fil. quelq. ff. tachées. 8 »

> Davila qui étoit de l'Isle de Chypre est un de nos meilleurs historiens, il a bien saisi la manière d'écrire l'histoire. Comme il avait servi en France, il raconte fort bien les batailles, l'arrangement des troupes et plusieurs choses de cette nature. Mais on l'accuse d'avoir voulu pénétrer trop avant dans le cœur des princes. Il se déclare fort reconnaissant des bienfaits qu'il avait reçus de Catherine de Médicis dont il prend toujours le parti. LELONG.
> Cette édition est belle et peu commune, dit Brunet.

397. Histoire des guerres civiles de France sous François II, Charles IX, Henri III et Henri IV jusqu'à la paix

de Vervins, trad. en franç. de Davila par Baudoin. 1666, 4 vol. in-12, v. br. 6 »

398. Histoire des guerres civiles de France sous François II, Charles IX, Henri III et Henri IV trad. de l'italien de Davila avec notes critiques et historiques (par l'abbé Mallet et Groley). *Amsterdam, Arkstée et Merkus*, 1757, 3 vol. gr. in-4, rel. 15 »
Bel exemplaire en grand papier.

399. Mémoires d'Estat de Phil. Hurault de Chiverny, chancelier de France (mort en 1598). 1636, in-4, v. 15 »
Ensemble la généalogie de la maison des Hurault, qui ne se trouve que dans cette édition.
Ces Mémoires sont excellents, ils nous apprennent beaucoup de circonstances qu'on ne peut apprendre ailleurs. LELONG.

400. Histoire des derniers troubles de France (par Pierre Mathieu). *S. l.*, 1599, in-8, vél. 8 »

401. Histoire de la Ligue, par Maimbourg. *Paris, Cramoisy* (à la sphère), pet. in-12, tit. gr. vél. 5 »
Edition elzévirienne.

402. Esprit de la Ligue ou histoire politique des troubles de France pendant les XVIe et XVIIe siècles, par Anquetil, *Paris*, 1818, 2 vol. in-8, veau fauve, bel ex. 8 »

403. La ligue ou Henry le Grand, poëme épique par Voltaire. A *Genève, chez Jean Mokpap*, 1723, in-8, v. br. 6 »
Edition originale peu commune.

404. La Henriade de Voltaire. *Amst.*, 1776. La Henriade travestie en vers burlesques. *Amst.*, 1775, in-12, fig. v. m. 4 50

405. La Henriade en X chants avec la diss. sur la mort d'Henri IV, par Voltaire. *Londres (Cazin)*, 1789, in-18, port. dem.-rel. 2 »

406. Voltaire, la Henriade, poëme. *Paris, Dubois*, 1825, gr. in-fol ; rel. en veau plein non rogné. 50 »
Splendide édition, sur beau papier vélin, et qui contient 92 belles lithographies dont la plupart d'HORACE VERNET ; l'ouvrage a été publié au prix de 450 fr.

407. Chronologie septenaire, ou l'histoire de la paix entre les roys de France et d'Espagne, depuis le commencement de 1598 jusques à la fin de 1604 (par Palma Cayet). 1606, in-8, vél. 10 »
Faisant suite à la Chronologie novennaire, n° 391.

408. Lettres du cardinal d'Ossat, avec des notes par Amelot de la Houssaye. *Amst.*, 1708, 3 vol. in-12, v. br. (*Manq. le titre du 1er vol.*). 2 50

> Envoyé à Rome comme ambassadeur, le cardinal d'Ossat, négocia la réconciliation de Henry IV avec le Pape.

409. Lettres et négociations de Paul Choart de Buzanval et de Fr. d'Aersen, suivies de pièces diplom. concernant les années 1593 à 1606. *Leide*, 1846, in-8, br. 3 50

> Ambassadeur d'Henry IV, en Hollande.

410. Les ambassades et négociations du cardinal du Perron, archev. de Sens (amb. d'Henry IV en Italie), recueillies par César de Ligny, son sec. *Paris, Estienne*, 1623, in-fol. 15 »

> Exemplaire en ancienne reliure imitation de maroquin avec dentelles et semis de fleurs de lys, contient un beau portrait gravé par Denizot.
> Cet ouvrage n'est point mentionné par Brunet, même dans sa table méthodique, peut-être est-il très-rare !

411. Lettres de Jacq. de Bongars, ambassadeur d'Henry IV en Allemagne. *Lahaye*, 1695, 2 vol. in-12, v. br. 2 50

412. L'anti-hermaphrodite ou le secret tant désiré de beaucoup, de l'advis proposé au roy pour réparer par un bel ordre et légitime moyen tous les désordres, impiétés, abus, méchancetez et corruptions qui sont en ce royaume (par Jonathas Petit de Bertigni, cy devant Prévost général provincial de MM. les maréchaux de France en Xaintonge). 1606, pet. in-8, vél. 15 »

> Vendu 36 fr., chez Coste.

413. Panarète ou bien fantasie sur les cérémonies du baptesme du Dauphin, par Bertaut, abbé de N.-D. d'Aunay. 1607, pet. in-8, dos et coins de mar. r. tr. dor. 6 »

414. Barclaii, Argenis. *Amstelodami ex officina Elzeviriana*, 1659, pet. in-12, tit. gr. vél. lég. piqué. 4 »

> Cet auteur rapporte, sous des noms empruntez l'histoire des règnes d'Henri III et d'Henri IV ; son principal but est de donner une instruction pour le roy et le royaume surtout de France, qu'il désigne sous le nom de Sicile. Barclay est mort en 1621.
> LELONG.

415. Euphormionis Lusinini, sive Joan Barclaii satyricon, cum clavi : accessit conspiratio anglicana anni 1605. *Ludg. Batav., apud Elzevirios*, 1655, pet. in-12, tit. gr. vél. 8 »

> Cet ouvrage de Barclay est divisé en quatre parties. Dans les

deux premières, il déplore, sous différentes fictions, les désordres de son siècle. Dans la troisième, il fait son apologie et impute à ses ennemis d'avoir voulu prévenir contre lui plusieurs grands seigneurs qu'ils s'imaginoient reconnaître dans les caractères peints dans sa satire. La quatrième partie enfin, expose le tableau des mœurs, coutumes, vices et vertus de différents peuples de l'Europe. Une cinquième partie qui se trouve à la suite, n'est point de Barclai, mais de Claude Morizot, de Dijon. LELONG.

416. L'Avant victorieux. *A Orthès, par Ab. Royer, imprimeur du roy en Béarn*, 1610, in-8, v. 8 »

Titre gravé par L. Gaultier avec portrait d'Henry IV.
C'est un pompeux et recherché galimathias sur les louanges de Henry IV ; l'auteur semble dire que ce roi n'a pas besoin de statues pour l'immortaliser, mais d'une bonne plume qui transmette ses actions à la postérité. LELONG.

417. Le Tocsin, au Roy, à la Royne régente, aux princes du sang. 1610, pet. in-8, dem.-rel. 3 »

Contre le livre de la puissance du pape, par Bellarmin.

418. Ambassades de M. De la Boderie en Angleterre sous Henri IV et la minorité de Louis XIII, de 1606 à 1611. *S. l.*, 1750, 5 vol. in-12, v. m. 5 »

419. Les négociations du président Jeannin. *Amst.*, 1695, 4 vol. pet. in-8, dem.-rel. 6 »

Ce recueil est regardé comme le meilleur modèle que puissent prendre les politiques et les négociateurs ; il servit d'instruction au cardinal de Richelieu, qui lisait les nég. de Jeannin tous les jours dans sa retraite d'Avignon, trouvant, disait-il, sans cesse à y apprendre. QUÉRARD.

420. Assassinat d'Henry IV, procès fait à Ravaillac, cérémonies des funérailles, etc. 1610, pet. in-8, non rel. Extrait du *Merc. de Fr.* 3 »

421. Histoire de la mort déplorable d'Henry IV, ensemble un poëme, un panégyrique et un discours funèbre (par P. Mathieu), 1612. pet. in-8, dem.-rel. 8 »

422. Harangue funèbre sur la mort d'Henry IV prononcée en la ville de Lyon, par le P. Manfredi. 1610, pet. in-8, cart. 4 »

423. Harangue funèbre prononcée à Paris en l'église Saint-Merry, au service de Henry IV, roy de France, par Deslandes. 1610, pet. in-8, cart. 3 »

424. Epithète d'honneur, d'Henry le Grand, où sont représentées les plus grandes actions de sa vie, son lamentable trespas et ses obsèques, par And. du Chesne. 1610, pet. in-8, cart. 5 »

425. La plante humaine sur le trespas du roy Henry le Grand, où il se traicte du rapport des hommes avec les plantes qui vivent et meurent de même façon, par Louis Dorléans. *Lyon*, 1622, in-8, v. *(Manque la table).* 6 »

<small>Plus curieux par la singularité de la forme que par l'importance du fonds. Ce Louis Dorléans avait été fougueux ligueur avant de devenir panégyriste de Henry IV.</small>

426. Histoire des choses plus mémorables advenues depuis l'an 1130 jusques à notre siècle, par P. Colins. *Mons*, 1634, in-4, v. br. *(Exemp. fatigué).* 8 »

<small>C'est à proprement parler une histoire de la maison d'Enghien depuis 1130 jusqu'à la mort d'Henry IV, dernier seigneur d'Enghien de la maison de Bourbon. — On y trouve la description particulière de la ligue de France, la fin tragique du duc de Guise et de son frère, la mort funeste de Henry III, etc.</small>

6. LOUIS XIII. 1610-1643.

427. Histoire de Louis XIII, par de Bury. 1766, 4 vol. in-12. 6 »

428. Déclaration du roy portant défenses de tenir berlans ou académies ni s'assembler pour jouer aux cartes et aux dez. 1611, pet. in-8. 2 50

429. Relation de ce qui s'est passé sur l'arrivée de M. le duc de Mayenne et d'Aiguillon, amb. en Espagne pour le mariage de Louis XIII avec l'infante des Espagnes, de la réception qui lui a été faite à Madrid et de l'ordre qu'il tint en y entrant. 1612, pet. in-8, non rel. 5 »

430. Le Romant des chevaliers de la Gloire, aventures des princes et chevaliers qui parurent aux courses de la place royale pour la feste des alliances de France et d'Espagne, par F. de Rosset. 1612, in-4, v. m. 15 »

<small>Description des entrées, équipages, machines, devises, etc.; titre écorné et quelques feuillets tachés d'eau.</small>

431. Histoire des derniers troubles de France sous Henry III, Henry IV et Louis XIII. *S. l.*, 1613, in-8, vél. 10 »

<small>Cette édition contient, de plus que celles qui l'ont précédée, l'histoire véritable des guerres entre les deux maisons de France et d'Espagne, avec la généalogie de la royale maison de Bourbon.</small>

432. Procès-verbal contenant les propositions, délibérations et résolutions prises et reçues en la chambre ecclé-

siastique des Etats généraux du royaume de France, convoquez par le roy Louis XIII, et tenus en la ville de Paris ès mois d'oct., nov. et déc. 1614 et janv. fév. et mars 1615, recueilly par F. de Behety. 1650, in-fol. v. br. fil. 12 »

433. Recueil très-exact et curieux de tout ce qui s'est fait et passé de singulier et mémorable en l'assemblée générale des Estats tenus à Paris en 1614, par Florimond Rapine. 1651, in-4, v. br. 12 »

<small>Aux armes de Mgr de Levis Vantadour, archevêque de Bourges.</small>

434. Ordre observé en la convocation des Etats généraux de France tenus en la ville de Paris en 1614 avec les noms, surnoms et qualitez des députez des trois ordres, selon comme ils marchent aux cérémonies, par H. Grelin, Parisien. *Paris, Saugrain*, in-8, v. br. (*mouillé*). 10 »

435. Anatomie des trois ordres de la France, sur le sujet des Estats. 1615, pet. in-8. 3 50

<small>Satire assez vive contre les désordres de l'Etat : les gens de justice et de finance y sont malmenés.</small>

436. Le Caton et Diogène françois. 1615, pet. in-8. 3 50

<small>Dans ces écrits l'auteur soutient la cause des princes de Condé, qui faisaient alors bien des mouvements. LELONG.</small>

437. L'Image de la France, représentée à MM. des Etats. 1615, pet. in-8, non rel. 2 50

<small>Réfutation du Caton français.</small>

438. Extrait de l'inventaire qui c'est trouvé dans les coffres de M. le chev. de Guise, par Mlle d'Antraige et mis en lumière par M. de Bassompierre. 1615, pet. in-8, br. 8 feuill. 10 »

<small>Satire vive, gaillarde et des plus scandaleuses, sous forme de catalogue de livres imaginaires, contre les grands de la cour de France ; les noms propres ne sont pas plus épargnés que les vices et les ridicules de ceux qui les portent. Très-rare.</small>

439. Le Financier à MM. des Estats. *S. l.*, 1615, pet. in-8. 6 »

<small>Satire contre les financiers ; on avait présenté aux Etats plusieurs mémoires contre eux et l'on ne cessait de demander une chambre de justice pour leur faire rendre gorge. L'auteur fait voir qu'elle serait inutile ; que les petits et les innocents seraient seuls punis, tandis que les grands et les coupables échapperaient au châtiment. Il se trouve dans cet écrit plusieurs faits contre les partisans de ce temps-là, et quelques-uns contre les sieurs de Beaufort et Juvigny qui les avaient attaqués. LELONG.</small>

440. Gazette des Estats et de ce temps, 1615, pet. in-8, piqué. 4 »

On y traite de la suppression de La Paulette et des pensions, de l'affaire du duc d'Espernon, et de la réception du concile de Trente.

441. Harangue de l'amateur de justice aux trois états. 1615, pet. in-8. 4 »

C'est Louis XII qui le premier rendit vénales les charges de la Chambre des comptes : ce qui a été suivi par François Ier pour toutes les charges de judicature. L'auteur déclame contre cet abus, et souhaite qu'on rétablisse les choses sur l'ancien pied. LELONG.

442. Le Protecteur des princes, dédié à la Royne. 1615, pet. in-8. 5 50

Cette pièce qui est très-vive, est une apologie et un éloge du prince de Condé et de tout ce qu'il a fait. L'auteur le suit partout, à Poitiers, à Bordeaux, à Paris, aux Etats. Il accuse de tous les désordres la Reine dont il soupçonne l'honneur; il se déchaîne contre le maréchal d'Ancre son favori, et contre le refus qu'on fait de punir les assassins du feu Roy. LELONG.

443. Remonstrances au roy par noss. du parlement. 21 mai, 1615, pet. in-8. 4 50

Ces remontrances sont très-graves, elles exposent un grand nombre d'abus à réformer ; le Père Lelong consacre près d'un quart de page à cet article, et renvoie le lecteur au *Mercure françois*.

444. Sejanus François, au Roy (1615), pet. in-8, vél. 3 »

Contre le chancelier Brulart de Sillery. Rare.

445. Troisième guerre civile de France, 1616 et 1617, in-8, non rel. extrait du *Mercure de France*. 8 »

Du trouble de Péronne ; arrestement des Princes; le maréchal d'Ancre; l'entrée de Chalons refusée au duc de Nevers ; les habitants de Sancerre s'emparent du château; différens entre le duc d'Espernon et les Rochelois ; château de Rochefort demoly; le baron de Nevet assassiné par le gouverneur de Fougères; S. Manehould repris pour le Roy; Rethel assiégé; siège de Soissons, etc.

446. Recueil de pièces curieuses sur le maréchal d'Ancre, 1 vol. pet. in-8, v. m., aux armes de Richelieu. 50 »

La Conjuration de Conchine, 1618. —Lettre au Roy par le marquis d'Ancre, 1617. — Les soupirs et regrets du fils du marquis d'Ancre sur la mort de son père et exécution de sa mère, 1617. — La rencontre du marquis et de la marquise en l'autre monde, 1617. — Harangue de la marquise d'Ancre estant sur l'échaffaut, 1617. — Le Passe-Temps de Pierre du Puis sur la défaicte de la Coyonnerie, 1617. — Le joli mois de may, avec le libéra crotesque et coyonesque du marquis d'Ancre, 1617. — Le discours avantageux de Rodomont au marquis d'Ancre, 1617. — Le Procès du marquis d'Ancre, 1617. — La juste punition de Lycaon florentin surnommé le marquis d'Ancre, 1617.

447. Histoire des plus illustres favoris anciens et mo-

dernes, recueillie par Dupuy, avec un journal de la mort du mar. d'Ancre. *Sur l'imprimé, à Leyde, chez Jean Elsevier*, 1662, pet. in-12, v. br. 3 50

448. Le triomphe des fleurs de lys, présenté au roy à son arrivée à Fontainebleau. 1617, pet. in-8, cart. 10 »

449. Histoire des choses les plus mémorables de ce qui s'est passé en France depuis la mort de Henry le Grand en 1610 jusqu'à l'assemb. des notables à Rouen, 1617 et 1618. Par Boitel, sieur de Gaubertin. *Rouen*, 1618, pet. in-12, vél. (*toché d'eau*). 6 »

450. La chasse aux Larrons, ou avant-courreur de l'histoire de la chambre de justice pour la recherche des financiers et de leurs fauteurs. *Paris*, 1618, in-4, cart. 10 »

Bel exemplaire. Sur le titre se trouve une charmante vignette allégorique gravée par Léonard Gautier.

451. Mémoires concernant les affaires de France sous la régence de Marie de Médicis, de 1610 à 1620 (par de Pontchartrain), avec un journal des conférences de Loudun. *Lahaye*, 1720, 2 vol. in-12, v. 6 »

Ces Mémoires en forme de journal contiennent le récit des faits les plus curieux et les plus variés de notre histoire, ils ne pouvaient être écrits avec plus d'exactitude, l'auteur étoit secrétaire des commandements et par là bien instruit de tout ce qui se passoit. LELONG.

452. Décade commençant l'histoire du Roy Louis XIII depuis l'an 1610 jusques à présent, par Bapt. Legras. *Paris*, 1619, in-fol. v. m., portrait (*lég. piq.*). 10 »

Le maréchal d'Ancre et ceux de son party y sont fort maltraitez, et les bons serviteurs de la reine n'y sont pas épargnés, tellement qu'autrefois cela faisait fort rechercher ce livre. SOREL.

453. Ambassade extraordinaire de MM. les ducs d'Angoulême, et de Preaux Chasteauneuf envoyez par Louis XIII vers l'empereur Ferdinand II et les princes d'Allemagne en 1620. 1667, in fol., v. br. 10 »

454. Histoire des guerres et choses mémorables sous Louis le Juste. (par P. Boitel, sieur de Gaubertin). *Rouen, Besongne*, 1622, pet. in-8, vél. 4 »

Seconde édition poursuivie jusqu'en 1622, un titre gravé paraît manquer et l'exemplaire est fatigué.

455. Recueil des pièces les plus curieuses qui ont été faites pendant le règne du connétable de Luynes. *S. l.*, 1632, in-8, vél. 8 »

La meilleure édition de ce curieux et intéressant recueil. On y trouve plusieurs pièces et traits satiriques de la façon du cardinal de Richelieu, alors évêque de Luçon : notamment le quatrain contre les Jésuites et le mot à l'oreille.

456. Noël nouveau sur la mort de M. le Connétable (de Luynes). 1622, pet. in-8. 2 »

457. Histoire de Henri de la Tour d'Auvergne, duc de Bouillon par Marsollier. 1719, 3 vol. in-12, v. br. *Armoiries.* 6 »

De François II aux premières années de Louis XIII.

458. Mémoires de Philippe de Mornay depuis 1572 jusqu'en 1623. 5 vol. in-4. 50 »

Cette histoire a été rédigée par David Licques d'après un manuscrit de Mlle de Mornay jusqu'à l'année 1606 et pour les années suivantes d'après les renseignements fournis par Jean Daillé et par deux secrétaires de Mornay, nommés Jules de Meslay et Réné Chalopin. — Les deux premiers volumes imprimés à Laforest en 1625 et 1626 reliés en veau, et les trois autres (dont la vie de Mornay) imprimés à Amsterdam chez les Elzévier en 1646, reliés en demi-veau fauve.

459. Histoire de la vie de Philippe de Mornay. *Leyde, Elzevier.* 1647, in-4, v. br. 18 »

Philippe de Mornay est sans contredit un des plus beaux caractères de l'histoire moderne. Appelé à jouer un des premiers rôles à une époque importante de l'histoire de France, il allia un zèle ardent à une grande modération. Tout le monde se rappelle le portrait qu'en fait Voltaire dans *la Henriade.* Destiné d'abord à l'état ecclésiastique, Mornay apprit les langues savantes et adopta de bonne heure les principes de la réformation. Il fut le ministre, le conseiller, l'ami de Henri IV, même après le changement de religion de ce grand roi qu'il servit de sa plume et de son épée; la coopération de Mornay à l'édit de Nantes, qu'il avait en quelque sorte provoqué, et qui rétablit la paix à l'intérieur de la France est un de ses plus beaux titres de gloire. Quérard.

460. Histoire des guerres et choses mémorables arrivées sous Louis XIII jusqu'en 1623 (par Boitel de Gaubertin). *Rouen, Besongne,* 1623, pet. in-8, vél. titre gravé port. et plans (*lég. mouillé*). 5 »

461. L'Horoscope du roy. 1623, pet. in-8, cart. 3 »

462. Mémoires particuliers pour servir à l'histoire de France, sous Henri III, Henri IV et Louis XIII. 1756, 3 vol. in-12, v. m. 6 »

Publiés par l'abbé Goujet. Le 1er volume contient les Mémoires du duc d'Angoulême ; le 2e les Mémoires des deux d'Estrées ; le 3e les Mémoires de Deageant et du duc d'Orléans.

463. Edit du roy pour la recherche et punition des malversations des finances. 1625, pet. in-8. 2 »

464. Procès-verbal de ce qui s'est passé à l'assemblée des notables tenue au Palais des Thuileries en l'année 1626 sous le règne de Louis XIII: *Paris*, 1787, in-8, dem.-rel.
3 »

465. Apologie au roy (par Théophile). 1626, pet. in-8. non rel. 2 »

466. L'Homme d'estat catholique présenté au roy. S. *l. n. d.*, pet. in-8, cart. 2 »

467. Arrest du conseil d'Etat privé du roy pour le bled. 1626, pet. in-8. 1 50

468. La Sybille françoise qui sous la comparaison de la cabale de Loyola au cheval d'Epeus, remontre à la France la ressemblance de son état présent à celuy d'Ilion peu auparavant la ruine de l'empire troyen. S. *l.*, 1626, pet. in-8, dem.-rel. v. f. 4 »

469. Troubles de la Valteline et des Grisons. Recueil extrait du *Mercure de France*, environ 500 pages in-8. non rel. 10 »

Les habitants catholiques de la Valteline tuent tous les protestants, leur soulèvement contre les Grisons, 1620. — Continuation des troubles au pays des Grisons ; manifestes contre les Espagnols ; conférence de Lindau pour traiter d'une paix, 1622. — Négociations pour la restitution de la Valteline, 1624. — Mémoires d'Estat contenant les practiques faites depuis 1574 jusqu'à 1625 pour rendre inutile l'alliance de France avec les cantons des Suisses et Grisons. — Guerre en la Valteline, 1625. — Traicté pour la paix de la Valteline fait à Monçon en Espagne le 5 mars 1626 entre les deux rois.

470. Mémoires du duc de Rohan. S. *l.*, 1646, in-4, vél., bel. ex. 10 »

Ces Mémoires furent écrits en 1629 à Venise, où le duc de Rohan s'était retiré ; ils commencent à la mort d'Henri IV et vont jusqu'à la paix faite par les réformés en 1629.

471. Histoire de Henry duc de Rohan (publiée par Fauvelet du Toc). 1666, pet. in-12, vél. 5 »

Le siége de la Rochelle et la guerre des Grisons.

Henri de Rohan a été un des plus beaux génies et l'un des plus grands capitaines de son temps ; heureux si son attachement à la religion prétendue réformée, dont il fut le dernier héros en France, ne l'eût point engagé dans sa révolte contre son Roi avec lequel il traita presque d'égal à égal, lors de la paix de 1629. Il passa ensuite en Italie, où il fut utile à sa patrie, dans la Valteline : ayant été blessé le 18 fév. 1638, au siége de Rhinfeld ; il mourut de ses blessures le 13 avril suivant.

472. Mémoires et lettres de Henri de Rohan sur la guerre de la Valteline, publiés pour la première fois, avec des

notes par le baron de Zur-Lauben. *Genève*, 1758, 3 vol. in-12, port. v. m. 5 »

Ils s'étendent depuis l'an 1631 jusqu'en 1637.

473. Le Mercure d'Estat, ou recueil de divers discours d'Estat. *Genève, Pierre Aubert*, 1634, pet. in-12, vél.
4 »

Avis aux princes catholiques. — Raisons de la dernière révolution faite en la Valteline contre la tyrannie des Grisons et hérétiques. — Discours sur les desseins de la maison d'Autriche, etc.

474. Eglises réformées. Troubles de France. Recueil extrait du *Mercure de France*, environ 1,500 pag. in-8, non rel. 15 »

Assemblée des Eglises prétendues réformées à Saumur; union générale des Eglises réformées de France; du synode de Blois, 1611. — Prise de Privas et expéditions militaires en Vivarets; assemblée de la Rochelle; ce qui s'est passé en Béarn; émotion advenue en la ville de Tours; le Roy s'assure de Saumur; règlement général et département de toute la France en sept cercles fait par l'assemblée de la Rochelle; acheminement du Roy en Poitou; Saint Maixant, Fontenay, Chatellerault, Marans et autres villes apportent les clefs au Roy; La Rochelle et Saint-Jean-d'Angély déclarez criminels de lèze majesté; réduction de Gergeau; prise de Sancerre; siége de Saint-Jean-d'Angély; le Roy s'achemine en Guyenne; prise de Nérac; Clerac assiégé; soulèvement en Normandie, par Vatteville Mauchrestien commissionnaire des rebelles de La Rochelle; siége de Montauban, 1621. — Troubles en Guyenne; Clerac repris; Montravel assiégé; ceux de Tonneins se révoltent; troubles au comté de Foix; troubles en Poitou; siége du Ponsin; voyage du Roy en Poitou; révolte de Mont-de-Marsan, Lunel, Sommières et Montpellier assiégé entrées du Roy à Arles, Aix, Marseille, Avignon, Lyon; retour du Roy à Paris, 1622. — De la tenue des synodes en France, 1626. — Synode tenu à Charenton, 1631.

475. Les avantures du baron de Fœneste, par Agrippa d'Aubigné. *Amst.*, 1731, 2 vol. in-12, v. m. 6 »

Le baron de Fœneste, selon quelques-uns, est le duc d'Epernon, à qui l'auteur en voulait et contre qui principalement il écrit cette satire, qui contient plusieurs événemens des règnes d'Henry III, Henry IV et Louis XIII, Ainay qui parle toujours si sagement n'est autre que Du Plessis Mornay. Si on en avait retranché quelques discours qui sentent trop le huguenot, ce serait un très-bon livre en son genre. LELONG.

476. Mémoires du maréchal de Bassompierre, contenant l'histoire de sa vie. *Cologne, P. Marteau (sur la copie)* 1665, 3 vol. pet. in-12, v. br. 8 »

477. Nouveaux mémoires du mar. de Bassompierre, recueillis par le président Hénault. *Paris*, 1803, in-8, dem.-rel. 4 »

Bassompierre composa ces Mémoires pendant le séjour qu'il fit dans la Bastille, où il fut conduit en 1631.

478. Histoire de la vie de Henry, duc de Montmorency, par Simon Ducros. 1643, in-4, port. v. m. 4 »
Ce maréchal fut décapité à Toulouse en 1632, ayant été pris à la bataille de Castelnaudari.

479. Mémoires de Henry, dernier duc de Montmorency, 1665, pet. in-12, v. br. 3 »
Campagne du Languedoc et après contre les réformés.

480. Histoire du ministère de Richelieu sous Louis XIII (par Ch. Vialart évêq. d'Avranches). 1664, 3 vol. pet. in-12, v. br. 6 »
Contenant ce qui s'est passé depuis l'année 1624 lorsque le cardinal entra dans le ministère jusqu'en 1633.

481. Histoire du cardinal de Richelieu par Aubery. 1660, in-fol. mar. rouge, anc. rel. 30 »

482. Histoire du ministère du cardinal de Richelieu. *Paris*, 1816, 2 vol. in-8, port. dem.-rel. v. 5 »

483. Anecdotes du ministère de Richelieu et du règne de Louis XIII. *Rouen*, 1717, 2 vol. in-12, v. br. 7 »
Cet extrait par de Valdori du prolixe Mercurio de Siri (1646-1682 15 vol. in-4º) et même de ses Memorie recondite (1676-1679) est fort important pour l'histoire de Louis XIII et des premiers temps de la régence d'Anne d'Autriche, car Siri a été constamment l'agent des cardinaux de Richelieu et Mazarin.
Il est rare, car il a échappé à M. Bazin, si complet pour le règne de Louis XIII.

484. Lettres du card. de Richelieu. 1696, 2 vol. in-12, port. dem.-rel. 2 50

485. Morbus Gallicus, sive Livor Richelii in domum austriacam. S. l., 1636, pet. in-8. 2 »

486. Maximes d'Etat, ou testament politique du cardinal de Richelieu. 1764, 2 vol. in-8, port. v. m. 4 »

487. L'homme d'Estat ou le fidèle ministre, avec une chronologie des cardinaux et autres chefs de l'Eglise qui ont pris les armes pour le service de leur prince. 1633, in-8, vél. 4 »
A la louange de Richelieu.

488. L'ambassadeur chimérique ou le chercheur de dupes du card. de Richelieu. S. l., 1635, in-4, non rel. 4 »
Cette pièce est de Mathieu de Mourgues, sieur de Saint-Germain. C'est une satire sanglante contre le cardinal et son apologiste J. Sirmond.

489. Le véritable père Josef, capucin, contenant l'histoire

anecdote du card. de Richelieu. *Imprimé à Saint-Jean de Maurienne (Rouen)*, 1704, in-12, v. m. 5 »

Cette histoire est de l'abbé Richard, chanoine de Sainte-Opportune. La première édition de 1702 est un véritable panégyrique du cardinal, saint homme doué de toutes les vertus religieuses. L'ouvrage n'ayant pas eu tout le succès que l'auteur en attendait, l'abbé le refit presque entièrement et l'augmenta d'un grand nombre d'anecdotes qui n'ont pas toutes le mérite de l'exactitude, et l'intitula le *Véritable Père Joseph*; l'ouvrage ainsi amendé fut imprimé en 1704. Les gens d'église font beaucoup plus de cas de la première qu'ils supposent plus fidèle parce qu'elle est plus conforme à leur inclination, les hommes du monde préfèrent la seconde parce qu'elle est plus amusante. Il y a du faux et du vrai dans les deux, mais la dernière a l'avantage d'être plus franche dans les détails et plus complexe dans son ensemble. LEBER.

490. Mémoires de Montchal, archev. de Toulouse, contenant des particularitez de la vie et du ministère de Richelieu. *Rotterdam*, 1718, 2 vol. in-12, v. 4 50

Ces Mémoires embrassent toute l'histoire de l'assemblée du clergé tenue à Mantes en 1641 pour l'exécution de l'édit bursal de janvier 1640, et dans laquelle l'auteur se montre fort opposé aux vues du cardinal.

491. Recueil de diverses pièces pour servir à l'histoire. S. *l.*, 1644, in-4, v. br. 8 »

Ce recueil est de Paul Hay, sieur du Chastelet, conseiller d'Etat; cette édition est plus complète que celle de 1635, in-fol. — double vendu de la Bibliothèque de Bourges.

492. Déclaration du roy, portant règlement général sur la réformation des habits. *A Autun*, 1634, pet. in-8. 4 »

493. Nouveau règlement général sur toutes sortes de marchandises présenté au roy par de la Gomberdière. *Lyon*, 1634, pet. in-8. 2 »

494. Histoire du maréchal de Toyras, ensemble une bonne partie du règne de Louis XIII par Michel Baudier. 1644, in-fol. titre gr., port., rel. médiocre. 10 »

La défense de l'Ile de Ré contre les Anglais, et celle de Casal contre les Espagnols, lui ont acquis une gloire immortelle; il naquit en 1585 et fut tué devant la Fontanette en Milanois le 14 juin 1636.

495. Ordonn. de M. le lieutenant civil portant défence de porter aucuns points couppez de plus haut prix que de neuf livres l'aune, comme aussi de porter aucuns passemens d'or et d'argent à peine de 400 livres d'amende. 1637, pet. in-8. 4 »

496. Mémoires du cardinal de la Valette, général des

armées du roy, de 1635 à 1639. *Paris*, 1772, 2 vol. in-12,
v. gr. fil. 4 »

497. Déclaration du roy pour le rétablissement du commerce par terre et par mer en tous pays. *Lyon*, 1639, pet.
in-8. 1 50

498. Déclaration du roy portant réformation des habits,
et défenses de porter passemens d'or et d'argent et toutes
sortes de dentelles et points couppés. A *Bourg en Bresse*,
1640, pet. in-8. 4 »

499. De l'Instruction de monseigneur le Dauphin (par de
la Mothe-Levayer). *Paris*, 1640, in-4, mar. rouge fil. tr.
dor., anc. reliure. 15 »
 Exemplaire en grand papier.

500. Déclaration du roy publiée en parlement 25 fév.
1641, pet. in-8, non rel. 1 50
 Sur l'autorité des roys.

501. Ordonn. portant défence de porter aucuns passemens d'or et d'argent sur les habits. 1641, pet. in-8,
non rel. 4 »

502. Histoire de la vie du duc d'Espernon, par Guil.
Girard son secrétaire. 1655, in-fol. v. (*manq. le titre*).
6 »
 Cette vie, qui contient ce qui s'est passé depuis l'an 1570 jusqu'en
1642, est écrite avec sincérité ; c'est moins l'histoire du duc d'Épernon que celle des rois sous lesquels il eut grande part à tout ce qui
se passa de considérable.

503. Réflexions chrétiennes et politiques sur la vie des
roys Henry le Grand et Louis le Juste, par de Ceriziers.
Paris, Camuzat, 1642, pet. in-12, vél., port. gravés par
J. Picart. 10 »
 Dans le même volume. Réflexions sur la vie des rois Pharamond,
Clodion, Mérovée et Chilpéric, 1644.

504. Mémoires de Beauvais Nangis, ou l'histoire des favoris français depuis Henry II jusqu'à Louis XIII. 1665,
pet. in-12, vél. 3
 Ces Mémoires finissent en 1642.

505. Mémoires de Montrésor, diverses pièces durant le
min. de Richelieu, relation de M. de Fontrailles, affaires
des comtes de Soissons, duc de Guise, etc. *Cologne, Sambix* (*Elzévir*), 1664, 2 vol. in-12, vél. (*2e vol. piqué de
vers*).
 Contenant une relation de la retraite de Gaston de France en 1632,

les intrigues de la cour pendant son séjour et la relation de son retour en France en 1641. Ces Mémoires sont assez détaillés et faits par un homme bien intentionné pour sa patrie et sa religion. Lelong.

506. Lettres de Wicquefort (de 1630-40) avec les réponses de Barlée. *Amst* , 1696, in-12, v f. fil. tr. dor. (*Petit*).
4 50

507. Vie de Marie Médicis reine de France (par d'Arconville). *Paris, Bastien,* 1778, 3 vol. in-8, port. v. m. 8 »

508. Diverses pièces pour la défense de la reyne mère, faites et revues par Mathieu de Morgues, in-fol. tit. gr. dem.-rel. 15 «

Très-humble remonstrance au Roy. — Charitable [remonstrance de Caton Chrétien au cardinal de Richelieu. — Vrais et bons advis du François fidèle. — Le Génie démasqué. — Lumières pour l'histoire de France pour faire voir les calomnies et flatteries de Dupleix. — — Les deux faces de la vie et de la mort de Marie de Médicis. — Conversation de Mme Guillaume avec la princesse de Conty aux Champs-Elysées. — L'ambassadeur chimérique du cardinal de Richelieu. — Satire d'État, etc.

509. Les vérités françoises opposées aux calomnies espagnoles, réfutation des impostures contenues en la déclaration imp. à Bruxelles sous le nom du cardinal Infant, par un gentilhomme de Picardie. 1643, in-4, vél. 10 »

510. Mémoires de la vie de Frédéric Maur. de la Tour d'Auvergne, duc de Bouillon (par J. de Langlade, baron de Saunières), 1692, in-12, v. 3 »

511. Histoire du maréchal de Guébriant, par Jean le Laboureur. 1656, in-fol. dem.-rel. port. par Nanteuil.
20 »

Ensemble . histoire généalogique de la maison des Budes, avec les éloges de tous ceux qui en sont yssus, où sont traitées beaucoup de familles qui y ont été alliées, etc., par J. Le Laboureur.

Le maréchal de Guebriant fut tué en novembre 1643 ; son histoire, qui est excellente, a été composée sur ses Mémoires.

512. Histoire du mar. de Guébriant, par Le Laboureur, 1656, in-fol. v. br. 30 »

Exemplaire aux armes de Mgr de Levis Ventadour, archevêque de Bourges.

513. Le Mercure français, ou suite de l'histoire de la paix. *Paris,* 1620 à 1648, 25 vol. in-8, v. m. bel exemplaire. 80 »

Cette vaste compilation est une des plus curieuses que nous ayons elle fut commencée pour l'année 1605 et continue notre histoire jusqu'en 1644.

514. Mercure de France, etc., 25 vol. bas., aux armes de Mgr de Levis Ventadour, arch. de Bourges. 50 »

Exemplaire de condition médiocre et dont le tome 22 est en vélin et sans titre.

515. L'Idée d'une belle mort ou d'une mort chrestienne dans le récit de la fin heureuse de Louis XIII, tirée des Mém. de J. Dinet, son confesseur, par P. Girard. *Paris, Imp. roy.*, 1656, in-fol. vél., beau portrait. 10 »

516. Le Flambeau du juste, par le R. P. Sébastien de Senlis. *Paris, Vve Buon*, 1643, 2 part. en 1 vol. in-4, vél. 15 »

Nous plaçons ce livre dans cette série parce qu'il est dédié au Roy et qu'il contient deux charmants titres gravés : le premier de Huret représentant le Roy et Louis XIV enfant, entourés de personnages qui sont de véritables portraits et le second de Michel Lasne représentant la reine : l'allusion du mot JUSTE nous y a encore engagé.

517. Les Historiettes de Tallemant des Réaux. Mémoires pour servir à l'histoire du XVIIe siècle publiés par Monmerqué. *Paris*, 1834, 6 vol. in-8, br. 18 »

518. Histoire de France, principalement pendant le XVIe et le XVIIe siècle, par Ranke, 1854, 3 vol. in-8, rel. en vélin blanc. 12 »

7. LOUIS XIV. 1643-1715.

519. Histoire du règne de Louis XIV. *Amst.*, 1718, 7 vol. in-12, dem.-rel., nomb. portraits. 8 »

Par de Limiers.

520. Histoire de France sous Louis XIV, par Larrey. *Rotterdam*, 1738, 9 vol. in-12, dem.-rel. 8 »

521. Histoire du règne de Louis XIV, par Reboulet. *Amst.*, 1756, 9 vol. in-12, v. éc. 7 »

La meilleure histoire de Louis XIV, suivant Anquetil.

522. Mémoires pour servir à l'Hist. de Louis XIV, par feu l'abbé de Choisy. *Utrecht*, 1727, 2 tom. en 1 vol. in-12, v. 3 »

Bonne édition de ces Mémoires, publiés par Camuzat.

523. Histoire de la vie et du règne de Louis XIV, par de Lahode. *Francfort*, 1740, 6 vol. in-4, v. br. 6 »

524. Le siècle de Louis XIV, publié par de Francheville (Arouet de Voltaire). *Leypsic*, 1753, 4 vol. pet. in-12, v. m.   3 »

525. Histoire du roy Louis le Grand, par les emblèmes, médailles, devises, inscriptions, armoiries, etc.; par le P. Menestrier. 1689, in-fol. v. m.   12 »

526. Essai sur l'établissement monarchique de Louis XIV, et sur les altérations qu'il éprouva sous la vie de ce prince, par Lemontey. *Paris*, 1818, in-8. dem.-rel. 5 »

Précédé de nouveaux mémoires de Dangeau contenant environ 1,000 articles inédits sur les événements et les mœurs du temps, 1684 à 1720.

527. Histoire des négociations commerciales et maritimes du règne de Louis XIV, considérées dans leurs rapports avec la politique générale, par de Ségur Dupeyron. 1863, in-8, br.   4 »

528. Œuvres de Louis XIV, contenant ses mémoires politiques et militaires, ses instructions pour le Dauphin, ses lettres particulières, etc., publiées par MM. Grouvelle et de Grimoard. 1806, 6 vol. in-8, dem.-rel., non rogné.
    28 »

Cette collection des écrits originaux de Louis XIV, a été imprimée pour la plus grande partie sur des manuscrits authentiques et inédits dont les plus importants avaient été remis en 1786, par le roi Louis XVI à M. le général de Grimoard. Ceux-ci ont été collationnés avec les minutes et fragments autographes et autres qui existent à la Bibl. nat.

Les œuvres de Louis XIV sont accompagnées d'explications historiques, de notes et de pièces relatives, classées et rédigées avec un soin digne du sujet : A cette collection est jointe une suite de planches qui offrent des fac-simile de l'écriture de Louis XIV et des principaux personnages qui ont illustré son règne.

Nous ferons remarquer que les Mémoires de Louis XIV, rédigés par Pellisson qui font partie des œuvres, ne se trouvent dans aucune autre collection.

529. Œuvres de Louis XIV. *Paris, Imp. de Crapelet*. 1806, 6 vol. in-8, portrait, broché.   20 »

530. Lettres de Louis XIV aux princes de l'Europe, à ses généraux, ministres, etc., recueillies par M. Rose, secrét. du cabinet. 1755, 2 vol. in-12, v. m.   3 »

531. Relation du voyage de la royne de Pologne (Marie de Gonzague, duchesse de Nevers), et du retour de Mme la maréchale de Guébriant, ambassadrice extraordinaire, et sur-intendante de sa conduite en 1645-46,

par Lelaboureur. 1646, in-4, v. br. (*environ* 25 *feuillets piqués dans la marge du bas*). 25 »

532. Recueil des gazettes et nouvelles ordinaires et extraordinaires, et relations des choses advenues pendant toute l'année 1644, par Théophraste Renaudot. 1645, 154 numéros en 1 vol. in-4, vél. 10 »

Il manque un feuillet au n° 65.

533. Les Mémoires d'Henri de Lorraine, duc de Guise. 1681, in-12, v. br. 3 »

Publiés par le sieur de Saint-Yon, son secrétaire; ils sont fort sensés et contiennent une bonne partie de la révolution de Naples, en 1647.

534. Les affaires qui sont aujourd'hui entre les maisons de France et d'Autriche. *S. l.* (*Hollande, Elzévir*). 1648, pet. in-12, vél. lég. piqué. 3 »

Résumé curieux des prétentions, raisons et moyens des deux parties, depuis Charles-Quint jusqu'en 1648.

535. Histoire des guerres et des négociations qui précédèrent le traité de Westphalie, composée sur les mém. du comte d'Avaux, par le Père Bougeant. 1751, 6 vol. in-12, mar. rouge tr. dor. Ancienne reliure janséniste, (*la reliure du 6e vol. un peu écornée*). 30 »

536. Histoire des guerres et des négociations qui précédèrent le traité de Westphalie, sous le règne de Louis XIII, par le P. Bougeant. 1767, 3 vol. in-4, dem.-rel. v. f., *bel exemp.* 15 »

537. Mémoires et négociations secrètes de la cour de France, touchant la paix de Munster. *Amst.*, 1710, 4 vol. pet. in-8, v. br. 8 »

Ce recueil de dépêches mis en ordre, par Nic. Clément, sous-bibliothécaire à la Bibl. du Roi, lui fut volé par J. Aymond, curé apostat qui alla se marier à Lahaye et l'y publia dans une pensée hostile à la France.

538. Mémoires et négociations secrètes de la cour de France, touchant la paix de Munster. *Amst.*, 1710, in-fol. vél. 8 »

539. L'histoire du temps, ou le véritable récit de ce qui s'est passé dans le parlement depuis août 1647 jusques à nov. 1648. *S. l.* 1649, in-4 vélin (fortement taché).
8 »

Très-curieuse relation, dans le sens factieux, de l'arrestation de Broussel, et de la journée des Barricades; l'auteur y donne partout des louanges aux entreprises que l'on fit alors contre l'autorité royale.

540. Mazarinades en vers burlesques. 1649, in-4, 17 pièces. 15 »

Recueil curieux contenant l'adieu de M. — Almanach de la Cour qui dit tout, par Fr. Vaultier, grand spéculateur des choses présentes. — Les dernières barricades de Paris. — Le burlesque On de ce temps. — Le charriot de triomphe de la paix. — Premier courrier de la paix. — *De Profundis* de Maz. avec les regrets de sa méchante vie. — Le festin de la guerre et de la paix interrompu. — La France ruinée par les favoris. — Quatrième gazette du temps. — Le pour et le contre de la Cour ensemble, le Pasquin. — Le Prince endormy. — Lettre du soldat françois. — Remerc. à S. A. de Longueville sur la paix. — Le satirique ou le Maz. métamorphosé. — Le soldat en peine de prendre party. — Le terme de Pasques sans trébuchet.

541. Mazarinades. 1649, 60 pièces in-4. 30 »

L'avant-courrier céleste. — Avertissement touchant le retour d'Emery avec l'arrêt contre Particelly, banqueroutier et faussaire, et complices du 9 avril 1620. — Le Bransle Mazarin, dansé au souper de quelques-uns de ce party-là, chez M. Renard, où M. de Beaufort donna le bal. — Le Caresme des Parisiens pour le service de la patrie. — Catéchisme des partisans. — Le Courrier françois, II part. — Le Courrier polonais, nouvelles de l'autre monde. — Le Courrier souterrain, nouvelles des Pays-Bas de l'autre monde. — Décret infernal contre M... et tous les partisans de France. — Dialogue entre le roi de Bronze et la Samaritaine, 3 part. — Entretiens familiers. — L'Estat déplorable des femmes d'amour de Paris, la harangue de leur ambassadeur à Maz. et son succès. — Le fourrier d'estat marquant le logis d'un chacun selon sa fortune présente. — Le Gazetier désintéressé. — Le partisan tenté de désespoir par le démon de la Maltaute. — Maximes morales et chrestiennes pour le repos des âmes de ce temps. — La mine éventée de Mazarin. — Nouvelle véritable du François étranger sur le débris de Maz. — Les dernières paroles de M. de Châtillon tué à Charenton le 8 fév. 1649. — Remerciement des imprimeurs à Mgr le cardinal Mazarin. — Remonstrance faite à Mazarin, par un bouffon, sur son obstination à demeurer en France, en prose et vers burlesques. — Reproches de l'ombre de Richelieu. — Révélations divines faites à saint Denis et à sainte Geneviève, contre le tyran Mazarin. — Le roman des esprits revenus à Saint-Germain, burlesque et sérieux. — La sanglante dispute entre Maz. et l'abbé de la Rivière, le visage de bois au nez de Mazarin. — Le silence au bout du doigt. — Agréables conférences de deux paysans de Saint-Ouen et Montmorency, 4 part., etc., etc.

542. Recueil de diverses pièces curieuses et secrètes de ce temps, sur l'*imp. de Paris, à Rouen, chez Berthelin*, 1649, in-4, vélin. 15 »

Relation de ce qui s'est passé en Provence depuis l'enlèvement du Roy. Lettre de la petite Nichon du Marais à M. le Prince. Les apparitions épouvantables de l'esprit du M. d'Ancre. Echo de la France troublée par le déguisé Mazarin représenté par la figure d'un ours. Le court-bouillon de Mazarin. l'Idole renversée, la robe sanglante. Le tre de Polichinelle, l'ombre du cardinal de Richelieu. Catéchisme des Partisans. Visions nocturnes de Mathurin Questier, etc., etc.

543. Histoire de Tancrède de Rohan, avec quelques pièces concernant l'hist. de France (par le P. Griffet) *Liége*, 1767, in-12, v. m. 3 50

Sur les troubles de la Régence pendant la minorité de Louis XIV.

544. Journal de la lettre de Mme la princesse douairière de Condé présentée à la reyne régente. *S. l.*, 1650, in-4, v. br. 25 »

Contenant tous les moyens dont le cardinal Mazarin s'est servi pour empêcher la paix, ruyner le Parlement et le peuple de Paris, pour tâcher de perdre le duc de Beaufort, le coadjuteur, M. de Brousselles et M. le Président CHARTON.

Notre exemplaire porte sur les plats les armes de Charreton, et l'ex-libris à l'intérieur.

545. Oraison funèbre de Charlotte de Gondy, marquise de Maignelay, par Senault, de l'Oratoire. 1650, in-4, non rel. 3 »

546. Journal de l'assemblée de la noblesse tenue à Paris en 1651. *S. l. n. d.*, in-4, v. br. 10 »

Cette assemblée demandait les Etats généraux, la reine persuada au prince de Condé que c'était contre ses intérêts.

547. Histoire de la prison et de la liberté de monsieur le Prince. *Paris*, 1651, in-4, v. br. fil. 6 »

548. Mémoires authentiques du duc de la Force, maréchal de France, et de ses deux fils, les marquis de Montpouillan et de Castelnaut, recueillis et publiés par le marquis de la Grange. *Paris*, 1843, 4 vol. in-8, dem.-rel. v. non rognés. 16 »

Suivis de documents curieux et de correspondances inédites de Jeanne d'Albret, Henry III, Henry IV, Louis XIII, Marie de Médicis et autres personnages marquants depuis la Saint-Barthélemy jusqu'à la Fronde.

549. Mémoires secrets de la Cour de France pendant la minorité de Louis XIV. *Amst.*, 1733, 3 vol. in-12, v. 6 »

Par Rustaing de Saint-Jory.

550. Mémoires de la minorité de Louis XIV. *A Villefranche (à la sphère)*. 1688, in-12, vél. 6 »

551. Mémoires de M. le duc de La Rochefoucault et de M. de la Chastre, contenant l'histoire de la minorité de Louis XIV. *Villefranche*, 1700, in-12, v. m. fil. tr. dor.
4 »

552. Mémoires de M. D. L. R. (de la Rochefoucault) sur les brigues à la mort de Louis XIII, la guerre de Paris, etc. *Cologne, Van Dyck*, 1677, pet. in-12, v. (mouillé).
2 »

553. Mémoires du cardinal de Retz, — de Guy et Claude Joly, et de la duchesse de Nemours. *Genève*, 1751, 7 vol. pet. in-12, v. m.
8 »

Cette jolie édition contient le procès-verbal de la conférence de Ruel; le courrier burlesque de la guerre de Paris; la conjuration de Fiesque.

554. Mémoires du cardinal de Retz. *Amst.*, 1718, 3 vol. in-12, v. br.
4 50

555. Le cardinal de Retz et son temps. Etude historique et littéraire, par Léonce Curnier. *Paris*, 1863, 2 vol. in-8, br.
6 »

556. La vie de madame la duchesse de Longueville. *S. l.*, 1738, 2 tom. en 1 vol. in-12, v. br.
8 »

Édition originale, rare.

557. La véritable vie d'Anne Geneviève de Bourbon, duchesse de Longueville. *Amst.*, 1739, 2 tom. en 1 v. in-12, v. m.
5 »

Bonne édition conforme au manuscrit de Villefort; on reproche à l'édition précédente des altérations et des suppressions de détails qui ont été rétablies dans celle-ci.

558. Mémoires de Henri de Campion, gentilhomme du duc de Beaufort et colonel-lieutenant du rég. d'inf. du duc de Longueville. 1807, in-8, dem.-rel.
4 »

Anecdotes intéressantes des ducs de Vendôme, de Beaufort, cardinal Mazarin et autres.

559. Mémoires du sieur de Pontis, qui a servi dans les armées cinquante-six ans, sous Henri IV, Louis XIII et Louis XIV. 1715, 2 vol. in-12, v.
4 »

« Je lis avec le Père Prieur, et je suis attachée à des mémoires de
» M. de Pointis provençal, qui est mort depuis six ans à Port-
» Royal, à plus de quatre-vingts ans; et qui conte sa vie, et le
» temps de Louis XIII avec tant de vérité, de naïveté et de bon
» sens, que je ne puis m'en tirer. M. le Prince l'a lu d'un bout à
» l'autre avec le même appétit. Ce livre a bien des approbateurs. »
12 *août* 1676, Mme de Sévigné.

560. Mémoires du sieur de Pontis, qui a servi sous Henri IV, Louis XIII et Louis XIV. *Amst.*, 1749, 2 vol. in-12, dem.-rel. vél. 4 »

Contenant ce qui s'est passé depuis 1596, jusqu'à la fin des guerres de Paris, en 1652.

561. Mémoires de feu M. Omer Talon, avocat général du département de Paris. *Lahaye*, 1732, 8 vol. in-12, v. br. 8 »

Journal politique du Parlement de 1630 à 1652, écrit avec vérité et simplicité; en l'étudiant avec attention, on pourra apprendre ce qu'était alors ce grand corps, et peut être arrivera-t-on à reconnaître que, dès qu'il l'osait, il se montrait plutôt bourgeoisement factieux que digne et élevé dans sa politique. — Cette édition est la seule existante; elle devient rare.

562. Cistème général ou révolution du monde, contenant tout ce qui doit arriver en France la présente année 1652, avec le progrès des armes de M. le Prince, prédit par Nostradamus. — Avertissement sur la sanglante bataille qui se doit faire dans peu de temps entre l'armée mazarine et celle des Princes, prédit par Nostradamus. 1652, in-4, br. (*Cette dernière pièce porte: IXe prédiction*). 4 »

563. Mémoires d'Anne de Gonzague, princesse palatine. *Londres*, 1789, in-8, br. 3 »

Après avoir attribué successivement cette heureuse supposition aux écrivains les plus spirituels de la seconde moitié du dernier siècle, on s'est enfin arrêté à Senac de Meilhan.

564. Mémoires d'Anne de Gonzague, princesse palatine. *Londres*, 1786, in-8, v. m. 3 »

565. Histoire de la monarchie française, depuis 1643, jusqu'en 1654, par de Riencourt. 1688, 2 vol. in-12, v, br. 3 »

566. Abrégé de l'histoire de ce siècle de fer, contenant les misères et calamités des derniers temps, par de Parival. *Bruxelles*, 1655, in-8, v. *fatigué*. 3 »

Résumé intéressant et souvent original de l'histoire de la première moitié du xviie siècle; impartial pour la France, quoique écrit sous l'influence de la maison d'Autriche.

567. Avis de Paris du 18 juin 1655. *Lahaye, Hondius*, in-4 de 5 ff., broché. 3 »

Sur la guerre des vallées de Piémont, plus un avis du lieutenant civil au Châtelet, qui ordonne la saisie du portrait de Cromwell.

568. Les mémoires de Chastenet de Puységur, sous les

règnes de Louis XIII et Louis XIV, publiés par Du Chesne, histor. de France. 1747, 2 vol. in-12, port. v. m. 4 50

569. Recueil des édits et déclarations des roys Henry IV, Louis XIII et Louis XIV, sur la pacification des troubles de ce royaume. 1659, in-8, vél. (*fatigué*). 3 »

<small>L'Édit de Nantes. — Décisions royales sur ses principales difficultés. — Factum et défense de ceux de la religion réformée, etc.</small>

570. Benj. Prioli ab excessu Ludovici XIII de rebus gallicis, historiarum lib. XII. *Carolopoli (Parisiis, Léonard).* 1665, in-4, v. br. 6 »

<small>Priolo, d'origine vénitienne, né en Saintonge et secrétaire du célèbre Henri, duc de Rohan, avait fait une étude particulière de Tacite, dont il prit le style et au besoin les pensées. Un talent réel lui a mérité les éloges de Bayle.
Exemplaire en grand papier.</small>

571. Mémoires inédits de Henri de Loménie de Brienne, secrét. d'État sous Louis XIV, publiés sur les mss. autographes, par Barrière. *Paris*, 1828, 2 vol. in-8. dem.-rel. non rog. 8 »

<small>Ces Mémoires sont curieux et peuvent être joints à la collection Petitot; ils vont jusqu'à la mort de Mazarin, en 1658.</small>

572. Mémoires de madame de la Guette, publiés par Moreau. *Paris, Janet*, 1856, in-12, pap. de Holl. br. 3 »

<small>Après avoir lu la notice de M. Moreau, il n'est plus permis de regarder comme imaginaire le nom de M. de la Guette et les avantures publiées sous son nom; cela donne à l'ouvrage un intérêt réel.
Les détails sur les troubles de la Fronde sont de nature à piquer la curiosité, et l'on y remarque des faits d'une certaine importance, qu'on ne trouve point dans d'autres recueils.</small>

573. Histoire du ministère du cardinal Mazarin. *S. l.* 1668, in-8, v. br. 3 »

<small>Première édition de la traduction française de l'ouvrage italien de Gualdo Priorato, remarquable par son impartialité.</small>

574. Histoire du ministère du cardinal Mazarin, par Gualdo Priorato. *Amst., Boom*, 1671, 3 vol. pet. in-12, tit. gr. port. vél. Édition elzevirienne. 6 »

575. Histoire du ministère du cardinal Mazarin, trad. de l'ital. de Gualdo Priorato. *Paris*, 1684, 2 vol. pet. in-12, *reliure fatiguée*. 2 »

576. Lettres du cardinal Mazarin, où l'on voit le secret

de la négociation de la paix des Pyrénées. *Amst.*, 1745, 2 tom. en 1 vol. in-12, v. f., armoiries. 4 »

> La meilleure édition de ces lettres. Elles prouvent, contrairement à ce qui a été imprimé partout, que Mazarin ne cessa de s'opposer énergiquement et de bonne foi au mariage de Louis XIV avec sa nièce.
>
> Pour apprécier d'une manière complète les vues politiques de Mazarin, il faut lire ses négociations à Munster et Osnabruck ; on verra que dès 1646, il voyait dans le mariage de l'Infante, la succession de l'Espagne.

577. Parallèle des card. Richelieu et Mazarin, contenant les anecdotes de leurs vie et ministère, par l'abbé Richard. 1716, in-12, v. 2 50

578. L'Alcoran de Louis XIV, ou le testament politique de Mazarin. *Roma*, 1695, pet. in-12, mar. vert, fil. tr. dor. 25 »

> Satire assez rare, une des plus recherchées de notre époque.
> Bel exemplaire relié par Dérome et portant son étiquette.

579. Procès criminel de M. Fouquet, surintendant des finances, et l'advis de M. de la Toison, un des commissaires, et un discours sur le dit advis. 1662, in-fol. v. 40 »

> Recueil manuscrit fort important; il se compose de plus de 800 feuillets de diverses écritures du temps. On y remarque, entre autres pièces, les divers interrogatoires, suppliques à MM. de la Chambre de justice ; le traité du Péculat et un état des biens de M. Fouquet, en 1653 et en 1661.
>
> Il a appartenu à Denis Fr. Secousse, dont l'*ex-libris* se trouve à l'intérieur de la couverture.

580. Mémoires de M. de Bordeaux, intendant des finances (par Sandras des Courtilz). *Amst.*, 1758, 4 vol. in-12, v. m. 6 »

> De l'avènement de Louis XIV à la mort de la reine-mère.

581. Les mémoires de Roger de Rabutin, comte de Bussy, lieut. général des armées du roy. *Paris*, 1696, 2 vol. in-4, v. m. (*piqué de vers*). 6 »

> Edition originale. Ce livre est réjouissant; le style est vif et propre à l'auteur, dont l'humeur satirique paraît en beaucoup d'endroits. — Bussy Rabutin, mort en 1693, s'était déjà fait connaître par son *Histoire amoureuse des Gaules*.

582. Les mémoires de Roger de Rabutin, comte de Bussy, lieut. général des armées du roy. 1712, 3 vol. in-12, v. f. 6 »

> « Comme j'écrivois cette lettre, M. de Bussy est arrivé; il m'a lu
> » ici des mémoires les plus agréables du monde; ils ne seront pas

» imprimés, quoiqu'ils le méritassent bien mieux que beaucoup
» d'autres choses. » (7 oct. 1676. *Mad. de Sévigné.*)

583. Discours du comte de Bussy Rabutin à ses enfants, sur le bon usage des adversitez et les divers événemens de sa vie. 1730, in-12, v. f. fil.   3 »

584. Les lettres de Roger de Rabutin, comte de Bussy, 1720, 7 vol. in-12, v. br.   8 »

Ces lettres sont très-utiles pour l'histoire du temps, depuis 1666 jusqu'en 1692, et l'on regrette que l'éditeur par excès de scrupule n'ait imprimé que les initiales des noms propres.

585. Amours des dames illustres de notre siècle. *Cologne, J. Le Blanc.* 1694, pet. in-12, fig. v.   10 »

Contenant l'histoire amoureuse des Gaules, les maximes d'amour; les amours de Mad. de Montespan, de la Vallière, de Madame, de Mademoiselle, les fausses prudes, la déroute et l'adieu des filles de joye, les amours de Mlle de Fontange.

586. La France galante, ou histoire amoureuse de la Cour sous Louis XIV. *Cologne, P. Marteau. S. d.*, 2 vol. pet. in-12, fig. v. f.   18 »

Bel exemplaire. Contient les dérèglements de la Cour, les vieilles amoureuses; histoires de la mar. de la Ferté; la France devenue italienne ; le divorce royal, les amours du Dauphin.

587. Histoire amoureuse des Gaules, par Bussy Rabutin. *Paris, Delahays,* 1857, 2 vol. in-12, pap. de Holl. car., non rogné.   8 »

588. Mémoires de M. de La Porte, valet de chambre de Louis XIV. *Genève,* 1755, pet. in-12, rel.   4 »

Il y a dans ces mémoires des particularités bien curieuses mais si extraordinaires qu'on voudrait les lire ailleurs avant de les accueillir avec toute la confiance que peuvent inspirer la position et le caractère de l'auteur.

589. La vérité défendue des sophismes de la France, et réponse à l'auteur des Prétentions du roy T. C. sur les Etats du roy catholique (par Federici) *S. l. (Hollande, Elzevir)* 1668, 2 part. en 1 vol. pet. in-12, v.   4 »

A la fin se trouve l'acte de renonciation de l'infante Marie-Thérèse à la succession d'Espagne, le contrat de mariage de Louis XIV et celui de Louis XVIII.

C'est une réfutation du *Traité des droits de la reyne.*

590. Mémoires de Mlle de Montpensier. *Amst., Wetstein,* 1746, 8 vol. in-12.   10 »

Bonne édition, complète. Ces volumes contiennent, outre les mémoires; des lettres de Mme et de Mlle de Motteville. — Les amours de Mademoiselle et de Lauzun. — La relation de l'île imaginaire.

— L'histoire de la princesse de Paphlagonie, et les portraits publiés en 1659.

591. Mémoires de Mlle de Montpensier, fille de Gaston d'Orléans, frère de Louis XIII. *Amst., Wetstein*, 1735, 8 vol. in-12, v. m. rel. méd. 8 »

592. Mémoires de Mlle de Montpensier, fille de Gaston d'Orléans, frère de Louis XIII. *Maestricht*, 1773, 8 vol. in-12, dem.-rel. v. 12 »

593. Mémoires de Fléchier, sur les grands jours tenus à Clermont en 1665-1666, publiés par Gounod. Bibl. de la ville de Clermont. 1844, gr. in-8, dem.-rel. mar. 7 »

594. Le Mercure postillon de l'un à l'autre monde, trad. de l'italien en français, par un amateur de la vérité. *Liége*, 1667, pet. in-12, vél. 6 »

La plupart des lettres qui entrent dans le cadre de cette satire sont adressées à de hauts personnages français.

595. Histoire d'Henriette d'Angleterre, première femme du régent, par madame de La Fayette. *Amst.*, 1720, in-12 vél., portrait. 5 »

596. Histoire de Mme Henriette d'Angleterre, première femme du régent, par Mme de La Fayette. *Amst.*, 1742, in-12, v. m. 4 »

597. Mémoires de Henri-Charles de la Trémoille, prince de Tarente. *Liége*, 1767, in-12, v. 3 »

598. Mémoires des divers emplois et des principales actions du maréchal Du Plessy-Praslin (depuis le siége de la Rochelle jusqu'à la mort de la reine mère, 1671). Paris, 1676, in-4, v. br. (piqué dans la marge inférieure). 5 »

César duc de Choiseul est mort en 1675 et son frère Gilbert de Choiseul, évêque de Comminges, qui a donné le style à ces Mémoires, est mort en 1689. Ce maréchal de France a composé ses Mémoires à la sollicitation de Segrais qui les mettait au net, mais l'évêque de Comminges les a mis dans l'état où ils sont. C'est un ouvrage digne de ces deux frères. (LELONG.)

599. De l'Administration de Louis XIV (1661-1672), d'après les mémoires inédits de d'Ormesson, par Chéruel. *Paris*, 1850, in-8, br. 3 50

600. La France politique ou ses desseins exécutez et à exécuter sur le plan des passez, projetez en pleine paix contre l'Espagne aux Pays-Bas et ailleurs. *Charleville, (Hollande, à la sphère)* 1672, pet. in-12, vél. 4 50

601. Lettres du chevalier Temple et autres ministres d'État, sur ce qui s'est passé de plus considérable dans la chrétienté de 1665 à 1672. *Lahaye*, 1700, 2 vol. in-12, v. br. 2 50

602. Mémoires de d'Artagnan, contenant quantité de choses particulières et secrètes du règne de Louis le Grand (jusqu'au siège de Maëstricht en 1673). *Cologne, P. Marteau*, 1701, 3 vol. in-12, v. rel. fat.

> Sandras des Courtilz est l'auteur de ces Mémoires rendus célèbres par le pastiche d'Alexandre Dumas, sous le titre des *Trois Mousquetaires*.

603. Advis fidelle aux véritables hollandois, touchant ce qui s'est passé dans les villages de Bodegrave et Swammerdam, et les cruautez inouïes des Français. *S. L. Elzévir*, 1673, in-4, vel. figures de Romain Hedooghe, 20 »

> Tableau à l'effet, certainement très-exagéré, mais dont la politique des États de Hollande sut profiter pour animer le pays à la vengeance, et en tirer plus facilement les subsides que la guerre rendait nécessaires. LEBER.

604. Relation de ce qui s'est passé de plus considérable sous le commandement du prince d'Orange, dans la campagne de 1674 (contre les Français). *Leide*, 1747, in-12, v. 2 »

605. La vie du vicomte de Turenne, par Du Buisson. *Cologne*, 1685, in-12, tit. gr., vél., bel ex. 5 »

> Le véritable auteur est Sandras des Courtilz.

606. La vie du vicomte de Turenne, par Dubuisson (Sandras des Courtilz). *Lahaye*, 1695, in-12, tit. gr. portrait, v. br. 3 »

607. Mémoires du maréchal de Grammont. 1716, 2 tom. en 1 vol. in-12, v. 6 »

> Edition originale, peu commune.

608. Histoire de Louis XIV depuis la mort de Mazarin, en 1661, jusqu'à la paix de Nimègue en 1678, par Pellisson. 1749, 3 vol. in-12, v. 5 »

> Edition donnée par l'abbé Le Mascrier.

609. Lettres historiques de Pellisson. 1729, 3 vol. in-12, v. m. 5 »

> Pour donner une juste idée de ce recueil, il faudrait l'inti-

tuler : Journal des voyages et campagnes de Louis XIV de 1670 à 1688.
Il s'y trouve une infinité de faits et de circonstances qu'inutilement on chercherait ailleurs.

610. Mémoires de Louis XIV écrits par lui-même, et composés pour le grand Dauphin son fils, publiés par Gain Montagnac. 1806, in-8, dem.-rel. 3 »

611. Eloge historique de Louis XIV sur ses conquêtes de 1672 à 1678, par Racine et Boileau. *Amst.*, 1784, in-8, non rel. 1 50

612. Mémoires de ce qui s'est passé dans la chrétienté depuis le comm. de la guerre en 1672, jusqu'à la paix, en 1679, par le chev. Temple. *Lahaye, Moetjens*, 1694, pet. in-12, v. br. 3 »

G. Temple est mort en 1699.
On trouve dans ces Mémoires bien des choses particulières, parce qu'il avait été longtemps employé dans les ambassades en Hollande. LELONG.

613. Le fameux Voyageur (par de Préchac). 1682, pet. in-12, v. br. 10 »

Cet ouvrage appartient à la classe des Mémoires : On y trouve entre autres documents historiques des détails fort intéressants sur le voyage de Madrid et le mariage de Marie-Louise d'Orléans, nièce de Louis XIV, qui épousa Charles II, roi d'Espagne, au mois d'août 1677. L'auteur était de ce voyage, il eut la confiance de la nouvelle reine et vit les choses de près. LEBER.

614. Mémoires de M. le marquis de Chouppes, lieutenant gén. des armées du roy (publiés par Duport du Tertre). 1753, 2 vol. in-12, br. 4 »

615. Mémoires du marquis de Chouppes, lieut. gén. des armées du roi, suivis des mémoires de Navailles et de La Valette (1630-1682), revus et accompagnés de pièces justificatives inédites, par C. Moreau. *Paris*, 1861, in-8 br. 4 50

Beaucoup de détails sur l'affaire de Chalais, les campagnes du Grand Condé, la campagne de Guyenne, etc.

616. Mémoires du duc de Navailles et de La Valette, pair et maréchal de France. *Amst.*, 1701, in-12, v. m. 3 »

Ces Mémoires sont bien écrits et se font lire. On y sent le style d'un homme de qualité, qui sans affectation et même sans art, parle avec politesse et avec élégance, et donne un tour également naturel et noble à tout ce qu'il dit. LELONG.

617. Abrégé de la vie de Marie-Thérèse d'Autriche, par le P. Bonav. de Soria, et son oraison funèbre, par Bossuet. 1683, pet. in-12, v. br. 3 »

618. La Vie de J.-B. Colbert, ministre d'Etat sous Louis XIV. *Cologne*, 1695, in-12, front. gr. vél.   4 »

<small>Ecrit satyrique et calomnieux, auquel la biographie ne peut rien devoir : c'est bien une des iniquités de *Sandras des Courtilz*.
Leber.</small>

619. Tableau du ministère de Colbert. *Amst.*, 1774, in-8, br.   1 50

620. Histoire de la vie et de l'administration de Colbert, précédé d'une étude historique sur Nicolas Fouquet, par P. Clément. *Paris*, 1846, in-8, br., *rare*.   6 »

621. Testament politique de Colbert, où l'on voit ce qui s'est passé sous le règne de Louis le Grand jusqu'en 1684. *Lahaye*, 1693, in-12, vél., bel ex.   4 »

622. Testament politique de Colbert, où l'on voit tout ce qui s'est passé sous le règne de Louis le Grand jusqu'en 1684. *Lahaye*, 1693, pet. in-12, v. port.   2 »

623. Momus et le Nouvelliste (par Robinet). 1685, pet. in-12, v.   3 50

<small>Gazette en vers sur les événements de l'année ; la campagne du marq. de Bellefonds en Catalogne, celle du marq. de Créqui en Alsace, le départ du roy, nouvelles de la Cour, le siége de Luxembourg et les noms des volontaires, etc.</small>

624. Mémoires du comte de Coligny Saligny (1640-1685), publiés pour la prem. fois par Monmerqué. *Paris, Renouard*, 1841, gr. in-8, dem.-rel.   4 50

625. Histoire de la vie et actions de Louis, prince de Condé. *Cologne, P. Marteau*, 1694, 2 tom. en 1 vol. in-12, v.   6 »

<small>Par Jean de la Brune, pasteur de l'église Vailone de Tournay. Rare.</small>

626. Histoire de Louis de Bourbon, prince de Condé, contenant ce qui s'est passé en Europe depuis 1640 jusques en 1686, par Coste. *Lahaye, Neaulme*, 1748, 2 tom. en 1 vol. in-4, port. br.   8 »

627. Histoire de Louis de Bourbon, prince de Condé, surnommé le Grand, par Desormeaux. 1766, 4 vol. in-12, port. et cartes, v. m.   6 »

<small>Cette histoire est écrite d'une manière très-intéressante. Lelong.</small>

628. Les Intrigues politiques de la France. *Cologne, P. Marteau (à la sphère)*. 1688, pet. in-12, v. br.   3 »

629. Correspondance de Louis XIV avec le marq. Amelot,

son ambassadeur en Portugal, 1685-1688, publiée par le baron de Girardot. *Nantes*, 1863, in-8, br. 4 »

Sur le mariage du roi Pedro II.

630. Le gouvernement de Louis XIV, ou la cour, l'administration, les finances et le commerce de 1683 à 1689, par P. Clément, 1848, gr. in-8, dem.-rel. v. non rogné.
8 »

Avec lettre autographe d'envoi de l'auteur.

631. Mémoires de la cour de France, pour les années 1688 et 1689, par Mme de La Fayette. *Amst.*, 1731, in-12, v. 4 »

Ces Mémoires sont bien écrits et contiennent des anecdotes curieuses. LELONG.

632. La Pierre de touche politique, dialogues par Lenoble, 1690-1691, 2 vol. in-12, rel., figures. 6 »

Portant les n°s 6 à 11, 26 à 28 dont voici les titres particuliers : la bibliothèque du roy Guillemot ; la fable du renard ; la diète d'Augsbourg ; la loterie de Pasquin ; l'ombre de Montmouth ; les médailles ; l'avortement ; le Jean de retour ; le Prothée ; les ombres de Turenne et de Montecuculi aux bords du Rhin.

633. Les Héros de la Ligue, ou la Procession monacale conduite par Louis XIV, pour la conversion des protestants du royaume. A *Paris*, 1691, in-4, v. m. 50 »

Contient 25 portraits caricatures à la manière noire ; notre exemplaire est de première édition, mais trop rogné sur la marge de devant. On a relié avec : le Renversement de la morale chrétienne par les désordres du monachisme, 1re partie contenant 25 planches, 1re édition.

634. Histoire abrégée de Louis le Grand (jusqu'en 1692), par le comte de Bussy Rabutin. *Paris*, 1699, in-12, front. gr., port., v. br. 4 »

Edition originale. Il y a apparence que ce n'est ici que le plan et le canevas de l'histoire que l'auteur voulait écrire si la mort ne l'en eût empêché ; les faits y sont rapportés simplement, et sans entrer dans aucun détail, si ce n'est pour le siège de Namur, sur lequel il s'étend davantage. LELONG.

635. Mémoires et réflexions sur les principaux événements du règne de Louis XIV (par M. de La Fare). *Rotterdam*, 1716, in-12, v. 3 50

L'auteur écrit finement, mais avec trop de liberté, surtout à l'égard des puissances. LELONG.

636. Les travaux d'Hercule, Estrennes au roy, dialogues par Lenoble. 1693, 8 part. en 1 vol. pet. in-12, v. f. figures. 4 »

Ce sont des dialogues satiriques ; entre la gloire et l'envie ; entre

Furnes et Nieuport; Hemskerk et mylord Paget; Halifax et Burnet; Namur et Liége; Stratman et Heinsius. — Le Renard démasqué. *Jouxte la copie imp. à la Kenoque, chez Guillaume de Beau projet, au Chat échaudé.*

637. Annales de la Cour et de Paris pour les années 1697 et 1698. *Cologne*, 1701, 2 tom. en 1 vol. pet. in-12, v., br. 12 »

On remarque dans cet ouvrage des assertions hardies, imprudentes, qui indisposèrent contre l'auteur plusieurs personnes de distinction; et l'on présume que ce fut là le motif de la détention rigoureuse qu'il subit quelque temps après. C'est en 1702 qu'il fut mis à la Bastille où il demeura neuf ans. — Voici quelques-unes des anecdotes de cet intéressant recueil : Mlle d'Armagnac, un laquais qui lui lève la jupe en sortant des Tuileries. — Jean-Bart, ce qui lui arrive avec un cordon-bleu. — Particularitez du massacre de la Saint Barthélemy. — Comédiennes et femmes d'Opéra préférées à leurs femmes par les grands de la Cour. — Le prince de Condé donne des coups de bâton au prince d'Harcourt. — Couvents à Paris pour les femmes débauchées. — Dame de la Cour mariée deux fois sans qu'aucun de ses deux maris ait couché avec elle. — Débauches parmi les hommes et les femmes de la Cour. — Ecoliers qui fouettent en rue deux Jésuites. — Femmes de la Cour de France s'enyvrent. — La princesse de Furstemberg fait saisir le lit et les tapisseries de la duchesse de Sully. — L'Evêque de Lodève reçoit un soufflet aux états du Languedoc. — Le comte de Laporte, singulier marché que sa femme fait avec lui. — M. de Turenne disoit que Dieu aidoit aux gros escadrons, etc., etc.

638. Mém. du maréchal de Tourville. *Amst.*, 1742, 3 vol. in-12, v. f., armoiries. 5 »

Histoire chargée de détails romanesques, qui peut amuser, mais qui n'a d'autre intérêt.

639. Histoire de la Dragonne, contenant les actions militaires et les aventures de Geneviève Prémoy, sous le nom de chevalier Balthasar. 1703, in-12, port., v. br. 4 »

Cette héroïne naquit à Guise, en 1660, et fit la guerre pendant 26 ans en Flandre et en Allemagne. Joli portrait gravé par Scotin.

640. Mémoires du marquis de Feuquières. *Londres*, 1775, 4 vol. in-12, dem.-rel. mar. non rogné. 8 »

641. Lettres inédites des Feuquières (de 1631-1704), publiées par Et. Gallois. *Paris*, 1845, 5 vol. in-8, br. 10 »

642. Histoires des Camisards, où l'on voit par quelles fausses maximes de politique et de religion la France a risqué sa ruine sous Louis XIV. *Londres*, 1744, 2 vol. in-12, rel. 6 »

643. Histoire du fanatisme de nostre temps, par de Brueys. 1692, in-12, dem.-rel. v. f. *Petit.* 4 50

Volume rare et recherché, intéressant le Dauphiné, le Vivarais et les Cévennes.

644. Histoire du fanatisme de notre temps, par de Brueys. *Utrecht*, 1737, 3 vol. in-12, port. v. m., bel ex. 10 »

645. Hist. du fanatisme, par Brueys. 3 tom. en 2 vol., rel. médiocre. 6 »

646. Eclaircissements historiques sur les causes de la révocation de l'édit de Nantes, et sur l'état des protestants en France depuis le comm. du règne de Louis XIV. 1788, 2 vol. in-8, dem.-rel. 5 »

Cet ouvrage est de Rulhière; il met en lumière beaucoup de faits inconnus, et est un des plus importants à consulter sur la révocation de l'édit de Nantes.

647. Journal du siége de Brisac, réduit sous l'obéissance du roy, par Mgr le duc de Bourgogne (par Devizé). 1703, in-12, v. br. 4 »

648. Mém. pour servir à la vie du maréchal de Catinat (par le marquis de Créquy). 1775, in-12, v. m. 2 50

649. Campagne du maréchal de Villars, de l'année 1712; — histoire des combats d'Almenar et de Penalva, batailles de Saragosse, etc. (publiées par Gayot de Pitaval). 1712, in-12, v. 2 50

650. Campagne du maréchal de Villars en 1713, suivie de la paix de Radstadt (publiée par Gayot de Pitaval). 1715, in-12, v. br. 2 »

651. Vie du maréchal de Villars, écrite par lui-même et donnée au public par Anquetil. 1784, 4 vol. in-12, portrait et plans, v. m. 5 »

652. Mémoires de M. de*** (Torcy) pour servir à l'histoire des négociations depuis le traité de Riswick jusqu'à la paix d'Utrecht. *Lahaye*, 1757, 3 vol. in-12, v. m. 4 »

653. Mémoires de Duguay-Trouin, lieutenant général des armées navales. *Amst.*, 1769, in-12, portrait, fig. v. f. 2 50

654. Mémoires du marq. d'Argenson, ou Histoire des ministres qui se sont succédé en France sous Louis XIV. 1825, in-8, cart. 3 »

655. Mémoires secrets et inédits de la cour de France sur

la fin du règne de Louis XIV, par le marq. de Sourches, grand prévot de France, publiés pour la première fois, par Bernier. *Paris*, 1836, 2 vol. in-8. 7 »

<small>Suivis de documents inédits relatifs à la révocation de l'édit de Nantes.</small>

656. Mémoires du marquis de Langallery, lieut. gén. des armées de France. *Lahaye*, 1743, in-12, v. 4 »

<small>Ces Mémoires écrits par lui-même, dans sa prison à Vienne, ne doivent pas être confondus avec l'histoire faite par Descourtilz. On y trouve de précieux détails sur les mœurs des camps sous Louis XIV, à l'époque de la faveur de Mme de Maintenon, dont le marquis de Langallery se dit le protégé; on y trouve aussi des anecdotes curieuses sur Catinat, le duc de Vendôme et le prince Eugène.</small>

657. Mémoires pour servir à l'histoire de Mme de Maintenon, et à celle du siècle passé. — Lettres de Mme de Maintenon, etc. *Amst.*, 1755, 15 vol. in-12, v. m. 18 »

<small>Edition la plus belle que l'on ait de cet ouvrage, publié par La Beaumelle pendant sa détention à la Bastille ; elle a encore le mérite d'être sans cartons et de donner la pensée et l'expression de l'auteur, dans toute leur liberté.</small>

658. Mémoires pour servir à l'histoire de Mme de Maintenon, et à celle du siècle passé, et ses lettres (recueillies par de La Beaumelle). *Lahaye*, 1757, 15 tom. en 8 vol. in-12, v. m. 10 »

659. Lettres inédites de Mme de Maintenon et de la princesse des Ursins. *Paris*, 1826, 4 vol in-8, br. 8 »

660. Journal du marquis de Dangeau, publié en entier pour la première fois par MM. Soulié, Dussieux, de Chennevières, Mantz, de Montaiglon, avec les additions inédites du duc de St-Simon, publiées par Feuillet de Conches. *Paris*, Didot, 1854-1860, 19 vol in-8, br.
70 »

661. Les Anténors modernes, ou Voyages de Christine et de Casimir en France, pendant le règne de Louis XIV ; — esquisses des mœurs générales et particulières du XVIIIe siècle, d'après les mém. secrets des deux ex-souverains, continués par Huet, évêque d'Avranches. 1806, 3 vol. in-8, fig., br. 8 »

662. Siècles de Louis XIV et de Louis XV, par Voltaire, *de l'imprimerie de Didot*. 1820, 4 vol. in-8, dem.-rel.
6 »

63. Siècles de Louis XIV et de Louis XV, par Voltaire. 6*Paris, P. Didot*. 1820, 4 v. in-8, dem.-rel. v. 10 »

64. Æsopus in Europa. *Amst.*, 1701, in-4, dem.-rel., non rogné. 40 »

Recueil de 40 pièces curieuses et satiriques en hollandais, sur les événements de l'Europe et principalement contre la France ; chaque pièce est ornée d'une gravure de Romain de Hooghe.

Cette édition est la première et contient par conséquent de belles épreuves.

665. Æsopus in Europa. *S'Gravenhage*, 1738, in-4, dem.-rel. non rogné. 20 »

8. LOUIS XV. 1715-1789.

666. Mémoires de la régence (par le chev. Piossens, et publiés par Lenglet du Fresnoy). *Amst.*, 1749, 5 vol. pet. in-12, portr., v. m. 6 »

667. Vie de Philippe d'Orléans, régent de France. *Londres*, 1736, 2 vol. in-12, portr., v. 5 »

Par M de la Motte, plus connu sous le nom de la Hode.

Il suffit de se rappeler que les sermons du Jésuite de la Motte contre le Régent, le firent chasser de France ; pour savoir à quoi s'en tenir sur l'exactitude de cette vie de Philippe, le biographe n'y fait pas oublier le prédicateur. LEBER.

668. Les Philippiques par Lagrange Chancel. 1725, pet. in-8, dem.-rel., mar. 4 »

Copie manuscrite de l'époque.

669. Les maîtresses du Régent, études d'histoire et de mœurs au commencement du XVIIIe siècle, par de Lescure. 1860, in-12, dem.-rel., v. f. 4 »

670. Tafereel der Dwasheid, etc. (Le Grand Tableau de la folie, caricatures sur le système financier de Law). *S. l. n. d.* (vers 1720), gr. in-fol. 40 »

Très-bel exemplaire relié en vélin de Hollande et contenant 82 planches fort curieuses et très-belles d'épreuves, dont quelques-unes appartiennent certainement au burin de Bernard Picart, lequel a signé la planche du Char de la Fortune, qui se trouve ici en deux états différents.

Quelques pièces possèdent une explication française.

On trouve dans la série avec texte hollandais quelques pièces fort *retroussées* démontrant chez les actionnaires les effets d'une crainte qui n'est pas sans fondement, et l'emploi final des actions.

Notre exemplaire contient un jeu de cartes, qui manque souvent.

671. Tafereel der Dwasheid, 77 planches, dem.-rel. v. 25 »

Autre exemplaire moins complet, mais possédant également le jeu de cartes.

672. Fragmens de lettres originales de mad. Charlotte Elisabeth de Bavière, veuve de Monsieur, frère unique de Louis XIV, de 1715 à 1720. *Hambourg*, 1788, 2 vol. in-12, rel. 5 »

Curieux détails privés sur la cour de Louis XIV, le Régent et Louis XV. Cette édition est bien différente des plus récentes, dans lesquelles il y a des omissions de noms et de dates.

673. Correspondance complète de la duchesse d'Orléans, princesse palatine, publiée par Brunet. 1855, 2 vol. in-12, dem.-rel., v. 6 »

674. Vie privée du cardinal Dubois. *Londres*, 1789, in-8, port., v. m. 4 »

Il y a bien des turpitudes dans cette vie : mais on ne prête qu'aux riches et l'histoire la plus impartiale de ce cardinal ne sera jamais que du scandale. LEBER.

675. L'abbé Dubois, premier ministre de Louis XV, par le comte de Seilhac. 1862, 2 vol. in-8, br. 6 »

676. Mémoires secrets et correspondance inédite du cardinal Dubois, recueillis par de Sevelinges. 1815, 2 vol. in-8, br. 6 »

677. Histoire philosophique du règne de Louis XV, par le comte de Tocqueville. *Paris*, 1847, 2 vol. in-8, br. 6 »

678. Mémoires de l'abbé de Montgon. *S. l.*, 1750, 4 vol. in-12, port., v. br. 4 »

Négociations dans les cours de France, d'Espagne et de Portugal et divers événements arrivés depuis 1725 jusqu'en 1727.

679. Recueil de différentes choses par le marquis de Lassay. *Lausanne*, 1756, 4 vol. in-12, v. br. 6 »

On trouve dans ce recueil (édité par Pérau), diverses anecdotes des règnes de Louis XIV et de Louis XV.

680. Mémoires du maréchal de Berwick (publiés par Margon). *Amst.*, 1739, 2 tom. en 1 vol. in-12, v. 3 »

681. Mémoires du maréchal de Berwick. *Londres*, 1758, 2 vol. in-12, v. m. 4 »

Edition revue par l'abbé Hook.

682. Mémoires du maréchal de Berwick, écrits par lui-même et publiés par le duc Fitz James. 1778, 2 vol. in-12, v. 4 »

683. Mémoires de madame de Staël écrits par elle-même. *Londres*, 1755, 4 tom. en 2 vol. in-12, v. m. 4 50

La partie politique de ces Mémoires commence en 1715 après la mort de Louis XIV ; on y trouve de curieux détails sur la petite cour de Sceaux, les intrigues de la duchesse du Maine, la conspiration de Cellamare et la détention de l'auteur, impliqué dans cette affaire.

684. Journal et mémoires de Mathieu Marais, avocat au parlement de Paris, sur la régence et le règne de Louis XV (1715-1737), publiés d'après le ms. de la bibl. imp. par de Lescure. *Paris*, 1864, 2 vol. in-8, br. — Le vrai chroniqueur de la régence, Mathieu Marais, sa vie et ses ouvrages. 1863, br. in-8. 7 50

685. Almanach du Diable contenant des prédictions très-curieuses et absolument infaillibles pour l'année 1737.— La critique et contre-critique de l'Alm. du Diable imprimé aux Enfers (*à la sphère*), pet. in-12, broché, non rogné. 20 »

Cet almanach, dit Peignot dans son Dict. bibliog., fit une si grande sensation à Paris, aussitôt qu'il parut, par les vérités hardies et frappantes qu'il découvrait dans ses prédictions, que le gouvernement le fit supprimer, les exemplaires furent saisis avec grand soin, de là sa rare.

686. Journal du camp de Compiègne de 1739, par MM. de Turmel et Antoniazzi. 1761, in-8, nomb. fig., v. m. 3 50

687. Mémoires historiques, militaires et politiques sur les principaux événements arrivés en l'île de Corse, de 1738 à 1741, par Jaussin. *Lausanne*, 1758, 2 vol. in-12, v. m. 4 »

Sur la révolte contre Gênes et l'expédition du comte de Maillebois.

688. Campagne du mar. de Noailles en Allemagne en 1743. *Amst.*, 1760, 2 vol. in-12, v. 3 »

689. Histoire de Maurice de Saxe, par le baron d'Espagnac. *Lausanne*, 1774, 2 vol. in-12, v. m. 3 50

690. Relation de ce qui s'est passé pendant la maladie de madame la duchesse de Rochechouart. *S. l.*, 1752, in-12, non rel. 2 »

691. Très-humbles remontrances du Parlement au Roi, du 9 avr. 1753. *S. l.*, 1753, in-12, v. m. 4 »

Ces remontrances sont celles que les parlementaires appelèrent *les grandes et belles remontrances,* — le roi refusa de les recevoir ; par suite il y eut une cessation de service, punie par l'exil et la translation de la Grande Chambre à Pontoise.

692. Mémoires politiques et militaires composés sur les pièces originales recueillies par le mar. de Noailles, par l'abbé Millot. 1777, 6 vol. in-12, v. rac. 10 »

C'est, dit Laharpe, un livre de curiosité et non pas d'esprit. Le rédacteur a eu le tort de vouloir assujettir à un plan régulier, des détails qui n'en étaient pas susceptibles et qu'il rattache par des maximes trop souvent fastidieuses. D'ailleurs cette production qui offre le dépouillement de 200 volumes in-folio de pièces originales, fait connaître plus particulièrement les personnages célèbres qui ont conduit les affaires de l'Europe depuis la guerre de la succession et renferme des lettres intéressantes de la princesse des Ursins, de Louis XIV, etc.

693. Pièces originales et procédures du procès de Damiens. 1757, in-4, v. m. 12 »

694. Mémoires secrets sur le règne de Louis XIV, la régence et le règne de Louis XV, par Duclos. *Paris*, 1808, 2 vol. in-8, dem.-rel., non rogn. 8 »

Sans contredit ce que Duclos a fait de mieux : dans son Louis XI il vise à l'effet ; ici au contraire cet auteur intelligent, spirituel, se montre avec toutes ses qualités ; il connaît bien les faits et les hommes, et les y montre sous un juste point de vue.

695. Mémoires secrets sur la cour de Louis XIV, la régence, etc., par Duclos. 1846 (1724-1757), in-12, br. 2 »

696. Journal et mémoires du marquis d'Argenson, publiés pour la première fois, d'après les man. autog. de la Bibl. du Louvre, par Rathery. *Paris, Renouard*, 1859, 6 vol. gr. in-8, br. 65 »

697. Recueil de lettres de S. M. le roi de Prusse sur l'histoire de la dernière guerre, avec la relation de la bataille de Rosbach. *Leipsick*, 1772, in-12, v. m. 2 »

698. Mémoires du duc de Luynes sur la cour de Louis XV (1735-1758), publiés sous le patronage du duc de Luynes par Dussieux et Soulié. *Paris*, 1863, 17 vol. in-8, br. 75 »

699. Testament politique du maréchal de Belle-Isle, par Chevrier. *Amst.*, 1764, in-12, v. m. 2 »

700. Journal historique et anecdotique du règne de Louis XV, par Barbier, avocat au Parl. de Paris, publié par de La Villegille. *Paris, Renouard*, 1847, 4 vol. gr. in-8, br. 40 »

De la Société de l'histoire de France. Très Rare.

701. Chronique de la régence et du règne de Louis XV (1718-1763), ou journal de Barbier. 1857, 8 vol. in-12, dem.-rel. mar. 20 »

702. Correspondance particulière du comte de Saint-Germain avec du Paris du Verney. *Londres*, 1789, 2 vol. in-8, v. 4 »

703. Portrait de feu Mgr le Dauphin. *Paris*, 1766, in-8, v. m. 4 »

<small>Titre gravé, deux portraits et une vignette, par Cochin.</small>

704. Mémoire pour servir à l'histoire de Louis, dauphin de France, mort en 1765 (par le P. Griffet). 1778, 2 vol. in-12, v. m. 4 »

<small>C'est avec la vie du Dauphin, fils de Louis XV, par l'abbé Proyart, le seul ouvrage sur ce prince oublié dans un coin de Versailles par l'indifférence paternelle, et qui ne cessa de protester silencieusement, par la gravité de ses études et de sa vie, contre les désordres et la légèreté de la Cour. (Hiver.)</small>

705. Causes politiques secrètes ou pensées philosophiques sur divers événements de 1763 à 1772. *Londres*, 1782, in-8, br. 2 50

706. Mémoires de l'abbé Terrai et relation de l'émeute arrivée à Paris en 1775. *Londres*, 1776, in-12, v. m. 2 »

707. Mémoires de l'abbé Terrai contenant sa vie, ses intrigues et sa chute. *A la Chancellerie*. 1776, 2 vol. in-12, v. m. 4 »

708. Journal historique de la révolution opérée dans la constitution de la monarchie française par de Maupeou, chancelier de France (par Pindansat de Mairobert). *Londres*, 1774, 5 vol. in-12, v. 5 »

709. Mémoires du duc de Lauzun. *Paris*, 1822, in-8, dem.-rel., v. 4 50

<small>Peu de politique et beaucoup de galanteries; l'histoire ou le roman d'une grande passion; vingt familles déshonorées ou compromises par des indiscrétions sans motifs et sans excuse; des jugements téméraires, fruits d'une insolente vanité; le scandale du cynisme à chaque page, et partout de l'esprit fardant ou couvrant tous ces vices : voilà ce qu'on a intitulé *Mémoires de Lauzun*.
LEBER.</small>

710. Mémoires du duc de Lauzun (1747-1783), publiés entièrement conformes au manuscrit, avec étude sur la vie de l'auteur, par L. Lacour. 1858, in-8, dem.-rel. toile, non rogn. 4 »

711. Mémoires du président Hénault, écrits par lui-même, et recueillis et mis en ordre par le baron de Vigan, son arrière-neveu. *Paris*, 1855, in-8, dem.-rel., v. 5 »

712. Mémoires du duc de Choiseul écrits par lui-même. *Chanteloup*, 1790, 2 tom. en 1 vol. in-8, v. m. (*lég. piq. sur le bord de la marge*). 4 »

713. Mémoires du maréchal de Richelieu, pour servir à l'hist. des cours de Louis XIV, la Régence, Louis XV et les 14 premières années de Louis XVI. *Londres*, 1790, 9 vol. in-8, port., dem.-rel. 15 »

> Cet ouvrage, qu'on a le tort de comprendre parmi les ouvrages supposés, sont formés de pièces très-authentiques et très-précieuses rassemblées réellement par Soulavie dans les papiers de la maison de Richelieu, où il fut bibliothécaire. P. LACROIX.

714. Mémoires du maréchal de Richelieu, pour servir à l'histoire des cours de Louis XIV, de la minorité et du règne de Louis XV. *Paris*, 1793, 9 vol. in-8, v. éc. fil., figures, cartes et portraits. 18 »

715. Vie privée du maréchal de Richelieu contenant ses amours et ses intrigues (par Faur). 1791, 3 vol. in-8, v. 12 »

> Faur était secrétaire du duc de Fronsac, fils du maréchal de Richelieu. On pourrait reprocher au confident, à l'ami de cette maison d'avoir recueilli avec trop de complaisance bien des détails de galanteries peu faits pour honorer la mémoire du héros de Fontenoy et de Mahon.

716. Mémoires (et vie privée) du maréchal de Richelieu, publiés par Barrière. 1858, 2 vol. in-12. 3 »

717. Le maréchal de Richelieu et madame de Saint-Vincent, par Mary Lafon. *Paris*, 1863, in-8, br. 4 50

> Curieuse et dramatique, entre toutes, est l'histoire de ce débat qui pendant 4 années tint la France et l'Europe attentives. Elle complète la vie si étrange et si émouvante de Mme de Saint-Vincent, (arrière-petite-fille de Mme de Sévigné), et dénoue sous les sombres voûtes du palais, ce roman commencé à seize ans, entre les amandiers en fleurs et les roses de la Provence, continué avec tant d'incidents divers dans les couvents de Millau, de Tarbes et de Paris, et terminé à la Bastille et sous les verroux du Châtelet.

718. Portraits et caractères de personnages distingués de la fin du XVIIIe siècle, par Senac de Meillan. *Paris*, 1813, in-8, dem.-rel. 4 50

> Duclos, la duchesse de Chaulnes, la duchesse de Châteauroux, la marquise de Pompadour, Mme du Barry, d'Argenson, le duc de Choiseul, Marie-Antoinette, etc., etc.

parative des appels nominaux et des opinions motivées, suivie des procès de Marie-Antoinette, de madame Elisabeth et du duc d'Orléans. 1798, 2 vol. in-8, port. fig. dem.-rel. 6 »

809. **Procès de Louis XVI.** 44 br. diverses in-8, dans 1 carton. 15 »

Diverses adresses à la Convention. — L'ami des loix au peuple fr. — Appel à la nation. — Appel au peuple. — Au peuple, par Legrand. — Au peuple souverain. — Aux amis de la Constitution contre les Cromwels modernes par Couedic. — Déclaration de Louis de Narbonne. — Les fantômes de l'opinion publique. — Mémoire pour la nation française. — Observations de Target. — Opinions de Ducangel, Riston, Briez. — Que doit faire la Convention ? — Pétition des républicains de Saint-Germain en Laye. — Dénonciation à la Convention par Bertrand de Molleville. — Opinion d'une Société patriotique de Londres. — Observations rapides sur la nullité du procès, et imcompétence des hommes qui ont cru pouvoir se constituer ses juges. — Protestation présentée au peuple français.

810. **Procès de Louis XVI**, de Marie-Antoinette, de Marie Elisabeth et de Philippe d'Orléans : discussions législatives sur la famille des Bourbons. *Paris*, 1821, in-8, port., cart. 2 50

811. **Procès d'un homme accusé d'avoir été Roi, et d'un Roi accusé d'avoir été homme.** *L'an 1ᵉ de l'établissement de toutes les libertés, excepté la véritable*, in-8. 3 »

Epigraphe : *Les hurlements ne sont point des raisons, et le sage ne compte pas les voix, mais il les pèse.*

812. **Court plaidoyer pour Louis XVI** adressé à la Convention nationale le 22 décembre 1792. *Basle*, 1796, in-8. 2 50

Avec des notes relatives à toutes les constitutions passées, présente et futures : ouvrages échappés, malgré la détention de leur auteur, aux recherches de nos tyrans.

813. **Mémoire justificatif pour Louis XVI**, ci-devant Roi des Français, en réponse à l'acte d'accusation qui lui a été lu le 11 décembre 1792 (par J. du Gour). *Paris*, 1793, in-8. 3 »

814. **Défense de Louis**, prononcée à la barre de la Convention nationale, le 26 décembre 1792, par le cit. Desèze, 1792, br. in-8. 2 »

Edition originale.

815. **Défense de Louis XVI**, discussion de toutes les char-

724. Les Amours de Zeokinizul (Louis XV) roi des Kofirans (Français), traduit de l'arabe de Krinelbol (Crébillon). *Amst.*, 1746, in-12, dem.-rel., v. f. non rogné (*Petit*). 6 »

725. Les Amours de Zeokinizul (Louis XV) roi des Kofirans (Français) par Krinelbol (Crébillon). *Amst.*, 1748, in-12, v. m. 4 »

<small>Avec clef manuscrite sur les marges.</small>

726. Chinki, histoire cochinchinoise qui peut servir à d'autres pays. *Londres*, 1768, in-8, br. 2 »

727. Mémoires secrets pour servir à l'histoire de Perse. *Berlin*, 1759, pet. in-12. 3 50

<small>Avec la clef des noms propres : mémoires satiriques sur la régence et Louis XV, attribués à Pecquet ou au chevalier de Resseguier.

C'est le premier ouvrage imprimé où l'on ait parlé du MASQUE DE FER.</small>

728. Histoire de madame la marquise de Pompadour, in-4. 6 »

<small>Manuscrit de la fin du dernier siècle, 65 pages.</small>

729. Mémoires de la marquise de Pompadour écrits par elle-même. *Liège*, 1766, 2 tom. en 1 vol. in-12, v. m. fil. 4 50

<small>Ces Mémoires ne sont ni une satire, ni un roman de galanterie circonstance remarquable dans un pareil livre : la favorite y est assez bien traitée pour donner lieu de présumer que l'auteur était de ses amis : mais le nom n'en est pas connu.</small>

730. Lettres (supposées) de la marquise de Pompadour, écrites de 1753 à 1762. *Londres*, 1772, in-12, rel. 3 50

<small>On attribua dans le temps ces lettres à Crébillon fils; depuis, et comme elles sont très-bien écrites, on en a fait honneur à M. le marquis de Marbois alors vivant. Ce qu'il y a de vrai, c'est que l'auteur, quel qu'on le suppose, ne pouvait être qu'un homme de beaucoup d'esprit. LEBER.</small>

731. Mémoires historiques et anecdotes de la Cour de France, pendant la faveur de madame de Pompadour, publié par Soulavie. *Paris*, 1802, in-8, veau. 8 »

<small>Avec 12 estampes gravées par la marquise, sous les yeux du roi et sur les principaux événements de son règne.</small>

732. Mémoires de madame du Hausset femme de chambre de madame de Pompadour. 1824, in-8, br. 3 »

733. Mémoires de madame du Hausset, publiés par Barrière, 1846, in-12, br. 2 »

734. Anecdotes sur la comtesse du Barry (par Pidansat de Mairobert). *Londres*, 1775, in-12. 4 »

735. Anecdotes sur mad. la comtesse du Barri. *S. l.*, 1776, pet. in-8, v. m. 3 »

736. Vie de la comtesse du Barry, suivie de ses intrigues galantes. De *l'imprimerie de la Cour*. 1790, in-8, br. portrait. 5 »

Pamphlet rare.

737. Lettres originales de la comtesse du Barry (par Pidansat de Mairobert). *Londres*, 1779, in-12, v. 2 50

738. Recueil de pièces, chroniques et anecdotes tant en vers qu'en prose, années 1770-1774, 1 vol. pet. in-8, m. vert, fil. 12 »

Manuscrit d'une très-jolie et fine écriture, environ 220 feuillets, contenant des épigrammes sur la comtesse du Barry, Choiseul, d'Aiguillon. Chanson au sujet du mariage du Dauphin; très-humbles remonstrances que font à Mme la Dauphine les anes cy-devant à son service; pompe funèbre de la compagnie des Indes; fêtes à l'occasion du mariage du Dauphin ; Placet par un jeune officier blessé *in nobili parte*; la Chancelière, ode ; remonstrances des parlements, remonst. de la bazoche, etc.

739. Congrès politique, ou entretiens libres des puissances de l'Europe sur le bal général prochain. *Londres*, 1772, in-8, dem.-rel. v., non rog. 5 »

Avec la clef et les deux grandes caricatures qui manquent souvent.

740. Maupeou, Terray et Dubarri. *Londres*, 1776, 2 vol. in-12, v. m. 3 »

741. Le Gazetier cuirassé, ou Anecdotes scandaleuses de la Cour de France. *Imp. à cent lieues de la Bastille*, 1772, in-12, tit. gr. dem.-rel. 6 »

Le Gazetier annonce des anecdotes scandaleuses et l'on peut s'en rapporter au titre. C'est peut-être la seule vérité qu'il y ait dans l'ouvrage. On a relié dans le même vol. : *Le Colporteur*, par Chevrier.

742. Le Gazetier cuirassé, anecdotes scandaleuses de la Cour de France, *Imp. à cent lieues de la Bastille*, 1771, in-8, dem.-rel. fat. 18 »

Dans le même volume : Mélanges confus sur des matières fort claires, *imprimé sous le soleil*. — Le Philosophe cynique, nouvelles de l'Opéra, Vestales et Matrones de Paris, *imprimé dans une île qui fait trembler la terre ferme*. S. d.

743. Le procès des trois rois Louis XVI de France Bour-

bon, Charles III d'Espagne Bourbon, et Georges III d'Hanovre, *fabricant de boutons*, plaidé au tribunal des puissances européennes. *Londres*, 1780, in-8, dem.-rel., grande caricature. 4 »

Par Bouffonidor, auteur des Fastes de Louis XV ; voir n° 723.

744. L'Espion dévalisé. *Londres*, 1782, in-8, dem.-rel. v. f. 8 »

Contenant des anecdotes scandaleuses, entre autres celle du banquier Peixotte avec Mlle du Thé. Cette satire a été longtemps attribuée à Mirabeau. D'après M. Barbier, elle serait de Baudoin de Guémadeuc.

745. L'Espion dévalisé. *Londres*, 1783, pet. in-8, dem.-rel. v. f. 8 »

746. La Gazette noire par un homme qui n'est pas blanc, œuvres posthumes du Gazetier cuirassé (par Thevenot de Morande). *Imprimé à cent lieues de la Bastille*, 1784, in-8. 8 »

747. Le Parc au Cerf, ou l'Origine de l'affreux déficit. *S. l.* 1790, in-8, fig., port., dem.-rel. avec coins tr. sup. dorée. 20 »

748. Le Prisonnier d'Etat, ou Tableau historique de la captivité de le Prévot de Beaumont, durant 22 ans 2 mois, écrit par lui-même. 1791, in-8, fig., br. 1 50

749. Galerie de l'ancienne Cour, mém., anecdotes pour l'histoire des règnes de Louis XIV et Louis XV. *S. l.*, 1786, 3 vol. in-12, v. m. 5 »

750. Mémoires du comte de Maurepas (des dernières années de Louis XIV à 1746, rédigés en partie par Sallé, son secrétaire). *Paris*, 1792, 4 vol. in-8, br. 20 »

Sallé n'a composé que les 3 premiers volumes, le 4ᵉ est de Soulavie. Il y a dans cette compilation bien des anecdotes de ruelles et des pasquinades qu'un historien grave et consciencieux n'admettrait pas sans réserve.
Notre exemplaire contient les caricatures.

751. Journal historique ou mémoires critiques et littéraires sur les événements les plus mémorables depuis 1748 jusqu'en 1772, par Ch. Collé. *Paris*, 1807, 3 vol. in-8, v. gr. 15 »

Avec une notice sur l'auteur, par Ant. Alex. Barbier.

752. Mélanges historiques, satiriques et anecdotiques de Bois Jourdain. *Paris*, 1807, 3 vol. in-8. 18 »

Rare. Contenant des détails ignorés ou peu connus sur les événements et les personnes marquantes des règnes de Louis XV et la Régence.

753. L'Espion anglais, ou correspondance secrète de Milord All'eye et milord Allé'ar (par Pidansat de Mairobert). *Londres, 1779, 10 vol. in-12, dem.-rel. (3ᵉ volume e mauvais état).* 25 »

Recueil curieux : on y trouve entre autres pièces, la Confession d'une jeune fille, l'apologie de la secte anandryne ou exhortation à une jeune trib..., par Mlle Raucourt, etc.

754. Anecdotes du XVIIIᵉ siècle. *Londres, 1783, 2 vol. pet. in-8, rel.* 8 »

Recueil d'épigrammes et anecdotes satiriques sur le règne de Louis XV, dans le genre de la Chronique scandaleuse. Imbert de Bordeaux, ex-bénédictin, l'un des auteurs de la correspondance secrète, a eu beaucoup de part à ces anecdotes.

755. La Chronique scandaleuse, mémoires pour servir à l'histoire de la génération présente. *A Paris, dans un coin où l'on voit tout. 1791, 4 vol. in-12, br., non rog.* 20 »

Anecdotes et pièces fugitives les plus piquantes que l'histoire secrète des sociétés a offertes pendant ces dernières années.

756. Mémoires secrets pour servir à l'histoire de la République des lettres en France, par Bachaumont. *1777 et ann. suiv., 36 vol. in-12, br. (trois volumes fortement atteints d'humidité).* 36 »

757. Mémoires pour servir à l'histoire de la République des lettres en France depuis 1762, par Bachaumont. *Londres, 1784, 36 vol. in-12, dem.-rel.* 40 »

758. Correspondance secrète politique et littéraire ou Mémoires pour servir à l'histoire des cours et des sociétés en France, depuis la mort de Louis XV (par Mettra). *Londres, 1787, tome 1 à 16, in-12, dem.-rel.* 35 »

759. Anecdotes échappées à l'observateur anglais et aux mémoires secrets. *Londres, 1788, 3 vol. in-12, dem.-rel., non rog.* 8 »

760. Pièces inédites sur les règnes de Louis XIV, Louis XV et Louis XVI. *Paris, 1809, 2 vol. in-8 (trois cahiers tachés).* 10 »

Le second volume contient la *Chronique scandaleuse* de la Cour du Régent, où l'on voit les intrigues secrètes, le libertinage des mœurs, etc.

C'est le plus curieux des ouvrages de Soulavie qui, donne à la fin un aperçu de sa fameuse collection de gravures, enlevée à sa mort par le gouvernement, et déposée aux archives des affaires étrangères.

761. Mémoires du comte de Tilly pour servir à l'hist. des mœurs de la fin du XVIIIe siècle. *Paris*, 1828, 3 vol. in-8, dem.-rel. 12 »

Recueil d'anecdotes très-scandaleuses, où défilent à peu près tous les grands personnages de la Cour, même la Reine ; déplorable livre, déplorable personnage, auto-biographie dans laquelle l'auteur a suivi complaisamment Louvet ; mais Faublas était honnête et le comte de Tilly était purement et simplement un......... Toutefois de loin en loin on y trouve quelques renseignements utiles.

762. Mémoires et correspondance de madame d'Epinay. *Paris*, 1818, 3 vol. in-8. — Anecdotes inédites pour faire suite aux mém. (par Musset et Pathay). 1818, 1 vol. 12 »

Ces Mémoires devaient avoir tout le succès qu'ils ont obtenu : ils piquent la curiosité ; ils sont scandaleux ; détruisent des réputations ; calomnient les vivants et les morts... en voilà plus qu'il n'en faut pour réussir ; ajoutons qu'ils sont écrits avec art et que l'intérêt y est habilement ménagé.

9. LOUIS XVI ET LA RÉVOLUTION.

763. Vie du roi Louis XVI (1790), in-8, port. 6 »

Avec cette épigraphe : *J'aime mon roi, je suis prêt à verser mon sang pour lui, mais j'aime encore mieux la vérité.*
La reine y est fort maltraitée.

764. Mémoires historiques et politiques du règne de Louis XVI, par Soulavie, 1801, 6 vol. in-8, br. 12 »

Le style diffus en rend la lecture fatigante : mais il s'y trouve des documents curieux, des aperçus pleins d'originalité, et des jugements dans lesquels Louis XVI n'est nullement sacrifié à la justification du parti qui voulut sa mort. QUÉRARD.

765. Les illustres Victimes vengées des injustices de leurs contemporains et réfutation des paradoxes de Soulavie (par de Montigny), 1802, in-8, dem.-rel. 3 »

766. Coup d'œil sur le règne de Louis XVI depuis son avénement, jusqu'à la séance du 23 juin 1789, par le comte de Tocqueville. *Paris, Amyot.*, s. d. In-8, br.
3 50

767. Anecdotes du règne de Louis XVI, contenant tout ce qui concerne ce monarque, sa famille et la reine. 1791, 6 vol. in-12, dem.-rel. v. rose, non rog. 12 »

Détails intéressants et secrets sur la révolution, ainsi que sur les mouvements patriotiques ou criminels qui ont eu lieu dans la plupart des villes.

768. Dernières années du règne et de la vie de Louis XVI, par François Hue, l'un des officiers de la chambre du roi. *Paris, imp. royale,* 1814, gr. in-8, port., bas. 3 »

769. Correspondance politique et confidentielle inédite de Louis XVI, avec des observations, par Hélène Williams. *Paris,* 1803. 2 vol. in-8, br. 3 »

770. Louis XVI peint par lui-même ou correspondance et autres écrits de ce monarque (publié par Pujoulx). 1817, in-8, dem.-rel. 3 »

771. Correspondance secrète, inédite, sur Louis XVI, Marie-Antoinette, la cour et la ville, de 1777 à 1792, publiée d'après les man. de la Bibl. imp. de Saint-Pétersbourg, avec des notes, par de Lescure, 1866, 2 vol. gr. in-8, br. 10 »

772. Louis XVI, Marie-Antoinette et le comte de Provence en face de la révolution française, par Todière. *Paris, Lagny,* s. d. (vers 1860), 2 vol. in-8, br. 4 »

773. Du règne de Louis XVI. Histoire des événements remarquables arrivés dans la capitale et les provinces, du mois d'avril à août 1789, in-8, br., curieux. 3 »

774. La pierre de touche politique sur les différents intérêts de la France, où l'on découvre les motifs secrets qui font mouvoir les différents partis. *De l'imprimerie du salon national.* 1790, 1 vol. in-8, br. 3 »

Pour servir de suite au règne de Louis XVI, avec des anecdotes relatives à la vie de ce prince.

775. Le règne de Louis XVI, mis sous les yeux de l'Europe. 1791, br. in-8. 1 50

776. Attentat de Versailles, ou la clémence de Louis XVI, tragédie. *Genève,* 1790, in-8, d.-rel., *en vers.* 3 »

La reine y joue un des principaux rôles.

777. Les bienfaits de Louis XVI, notice faite avant 1787 et dont il avait défendu l'impression (par le citoyen Larocque, valet de chambre de la reine, réformé en 1789). *Paris,* 7 janvier 1793, br. in-8. 2 »

Accompagnée d'une lettre écrite à la reine le 25 juin 1791, au moment de son retour de Varennes.

778. **Louis XVI détrôné avant d'être Roi, ou tableau des causes nécessitantes de la révolution et de l'ébranlement de tous les trônes, par l'abbé Proyart. In-8.** 3 »

779. Discours dans lequel on examine si un monarque a le droit de changer de son chef une constitution vicieuse, et s'il est prudent à lui et de son intérêt de l'entreprendre, par Windisch Graetz. 1789, in-8, br. 2 »

780. Prenez garde à vous ; que vos prédécesseurs vous servent d'exemple, ou tableau des *forfaits de l'Assemblée constituante* en opposition aux belles actions de Louis XVI. 1791, br. in-8. 3 »

781. Dernière lettre du peuple au roi, avec je n' dis qu'ça, ou y a gros, c'est-à-dire avec une lettre particulière du facétieux Barogo, en magnière d'admiration, sur les deux traits historiques, rappelés à Sa Majesté par la nation française. S. d., br. in-8. 2 »

782. Exhortation à la concorde, envoyée aux Etats généraux sous le nom du roi (par Cérutti). 1789, br. in-8. 2 »

784. François, connoissez votre roi. 1791, br. in-8. 1 50

783. Domine salvum fac regem (par Peltier). 21 oct. 1789. Pange lingua, suite du Domine — un petit mot sur le Pange lingua. — Tous les absents n'ont pas tort, réponse, ens. 4 br. in-8. 6 »

Contre le duc d'Orléans, avec cette épigraphe :

« O vous qui combattez pour un chef régicide,
» Examinez sa vie et songez qui vous guide,
» Un jour seul ne fait pas d'un lâche factieux
» Un patriote pur, un prince vertueux. »

785. La passion de 1790 ou Louis XVI sacrifié pour et par son peuple. Extraits tirés des évangélistes nationaux. 1790, br. in-8. 3 »

786. Résurrection de Louis XVI, roi des Juifs et des Français. *A Jérusalem, de l'imprimerie du Saint-Sépulcre,* mai 1790, br. in-8. 3 »

787. L'Ascension de Louis XVI, roi des Juifs et des Français. *Au ciel même, de l'imprimerie de ses archanges, et sous la direction du Père éternel qui n'entend plus raillerie sur les inepties nationales.* Mai 1790, br. in-8, fig. 3 »

788. La Pentecôte ou descente de l'Esprit de Louis XVI, roi des Juifs et des Français, sur ses apôtres. *Jérusalem,* 1790, br. in-8. 2 50

789. Varennes (affaire de). 3 vol. ou br. in-8. 6 »

Avantages de la fuite de Louis XVI et nécessité d'un nouveau gouvernement, 1791. — Les forfaits ou la chute des factieux. — Précis historique du voyage entrepris par Sa Majesté le 21 juin 1791, par le comte de Valori. 1815.

790. Mém. sur l'affaire de Varennes, comprenant le mémoire inédit du marq. de Bouillé et le précis hist. du comte de Valory. 1823, in-8. 3 »

De la coll. Baudoin.

791. Histoire du départ du roi, des événements qui l'ont précédé et suivi, avec le recueil de pièces justificatives, les rapports, opinions de MM. Pethion, Salles, Barnave, Duport, etc. *Paris*, 1791, in-8, fort volume. 3 »

792. Procès-verbal de l'Assemblée nationale, du 21 au 26 juin 1791. 10 num. en 1 vol. in-8, br. 5 »

793. Mémoires inédits du duc de Choiseul (relation du départ de Louis XVI). Mém. du baron de Goguelat sur les événemens de Varennes. 1823, 2 part. en 1 vol. cart. 3 »

De la coll. Baudouin.

794. La Vérité sur la fuite et l'arrestation de Louis XVI à Varennes, d'après des documents inédits, par Ancelon. 1866, gr. in-8, port. et fig., br. 6 »

795. Bouquet présenté à M. Capet le jour de la Saint-Louis, par Louis Moustache (Boussemart), patriote. *S. l. n. d.* br. in-8. 6 »

Voici un échantillon du style de ce farouche patriote : « Louis, » vous êtes un traître, un lâche, un scélérat, le rival de Néron et » de Caligula ; et si vous existez c'est notre amour-propre qui vous » conserve la vie ! Si vous aviez du cœur, vous nous auriez débar-» rassés de votre présence, vous auriez acheté une charge chez les » trépassés, etc. »

Les pamphlets de la violence de celui-ci sont heureusement fort rares.

796. Les crimes des rois de France, depuis Clovis jusqu'à Louis XVI (inclusivement), par La Vicomterie. *Paris*, 1791, in-8, fig. br. 4 »

797. Le dénouement de l'Assemblée nationale ou le Bouquet du roi. A *Paris*, chez Barnave, à l'*Enseigne du Tigre*, 1790, br. in-8. 2 »

798. Journal de ce qui s'est passé à la tour du Temple pendant la captivité de Louis XVI, par Cléry. *Londres*, 1798, in-8, fac-sim. et vue de la tour du Temple. 4 »

Edition originale.

799. Journal de ce qui s'est passé à la tour du Temple

pendant la captivité de Louis XVI, par Cléry. 1814, in-12, br. fig. 2 »

800. Journal de Cléry, et récit des événemens arrivés au Temple, par madame Royale. 1825, in-8, cart. 4 »

    De la coll. Baudoin.

801. Mémoires particuliers sur la captivité de la famille royale à la Tour du Temple. 1817, in-8, fig., br. 1 50

    Attribuée à Madame, duchesse d'Angoulême.

802. Récits des événements arrivés au Temple, depuis le 13 août 1792 jusqu'à la mort du dauphin Louis XVII. *Louvain*, 1823, in-8. 1 50

803. Regnault-Warin. Les prisonniers du Temple. *Paris*, 1800, 3 vol. in-12, fig. br. 6 »

804. Louis XVI. 58 broch. in-8, dans 2 cart. 20 «

    A moi, soldats. — Appel de l'acte de dégradation extorqué au roi de France. — Aventure extraordinaire arrivée à notre bon roi. — — Aux amis de la Constitution contre les Cromwels modernes. — Avis aux Suisses sur leur position envers le roi. — Les Bienfaits du roi ou la France reconnaissante. — Conférences de Catherine avec Louis XVI aux Champs-Elysées. — Lisez ceci, bons Français. — Louis XIV à Saint-Cloud au chevet de Louis XVI. — Louis XVI dans son cabinet. — Que fera le Roi, que fera l'Assemblée. — Rapport sur la garde du Roi. — Le Réveil d'un grand roi. — Royalisme français, par de Rozoi. — Souscription proposée pour ériger une statue à Louis XVI. — Le Triomphe de la nation ou Louis XVI au milieu de son peuple. — Les Trois âges de Louis XVI. — Un petit mot à Louis XVI sur les crimes de ses vertus. — Les vertus de Louis XVI, par le marquis de Laclos, etc., etc.

    Quelques-unes de ces pièces sont fort rares, nous citerons entre autres l'*aventure extraordinaire*, qui fut distribuée au peuple, par un homme dévoué à la famille royale.

805. Exposition des motifs d'après lesquels l'Assemblée nationale a prononcé la suspension du pouvoir exécutif dans les mains du roi. 1792, br. in-8. 1 50

806. Déclaration de 290 députés sur les décrets qui suspendent l'exercice de l'autorité royale et qui portent atteinte à l'inviolabilité de la personne sacrée du Roi. 1791, br. in-8. 1 50

807. Le Procès de Louis XVI, ou collection complète des opinions, discours et mémoires des membres de la Convention nationale, sur les *Crimes de Louis XVI*. 1795, 9 vol. in-8, br. 15 »

808. Procès de Louis XVI, roi de France, avec la liste com-

parative des appels nominaux et des opinions motivées, suivie des procès de Marie-Antoinette, de madame Elisabeth et du duc d'Orléans. 1798, 2 vol. in-8, port. fig. dem.-rel. 6 »

809. **Procès de Louis XVI.** 44 br. diverses in-8, dans 1 carton. 15 »

> Diverses adresses à la Convention. — L'ami des loix au peuple fr. — Appel à la nation. — Appel au peuple. — Au peuple, par Legrand. — Au peuple souverain. — Aux amis de la Constitution contre les Cromwels modernes par Couedic. — Déclaration de Louis de Narbonne. — Les fantômes de l'opinion publique. — Mémoire pour la nation française. — Observations de Target. — Opinions de Ducangel, Riston, Briez. — Que doit faire la Convention ? — Pétition des républicains de Saint-Germain en Laye. — Dénonciation à la Convention par Bertrand de Molleville. — Opinion d'une Société patriotique de Londres. — Observations rapides sur la nullité du procès, et incompétence des hommes qui ont cru pouvoir se constituer ses juges. — Protestation présentée au peuple français.

810. **Procès de Louis XVI, de Marie-Antoinette, de Marie Elisabeth et de Philippe d'Orléans** : discussions législatives sur la famille des Bourbons. *Paris*, 1821, in-8, port., cart. 2 50

811. **Procès d'un homme accusé d'avoir été Roi, et d'un Roi accusé d'avoir été homme.** *L'an 4e de l'établissement de toutes les libertés, excepté la véritable*, in-8. 3 »

> Epigraphe : *Les hurlements ne sont point des raisons, et le sage ne compte pas les voix, mais il les pèse.*

812. **Court plaidoyer pour Louis XVI adressé à la Convention nationale le 22 décembre 1792.** *Basle*, 1796, in-8.
2 50

> Avec des notes relatives à toutes les constitutions passées, présente et futures : ouvrages échappés, malgré la détention de leur auteur, aux recherches de nos tyrans.

813. **Mémoire justificatif pour Louis XVI, ci-devant Roi des Français,** en réponse à l'acte d'accusation qui lui a été lu le 11 décembre 1792 (par J. du Gour). *Paris*, 1793, in-8. 3 »

814. **Défense de Louis, prononcée à la barre de la Convention nationale, le 26 décembre 1792, par le cit. Desèze,** 1792, br. in-8. 2 »

> Edition originale.

815. **Défense de Louis XVI, discussion de toutes les char-

ges connues à l'époque du 14 juillet, par Germain Pichois. 1793, 2 part. en 1 vol. in-8. 2 »

816. Plaidoyer du comte de LallyTollendal pour Louis XVI. *Londres*, 1792, in-8, br. 3 parties. 4 »

817. Projet de défense pour Louis XVI, par Guillaume, ex-constituant, in-8. 2 »

818. Réflexions morales et politiques sur le procès de Louis XVI, par de Rougeville, in-8. 3 »

<small>L'auteur devint célèbre sous le nom de Chevalier de Maison-Rouge.</small>

819. Réflexions présentées à la nation française sur le procès intenté à Louis XVI, par Necker. 1792, in-8. — Réponse aux réflexions de Necker. *Genève*, 1792. 2 pièces en 1 vol. in-8. 3 »

820. Appel nominal, sur cette question : Quelle peine sera infligée à Louis ? (Séance des 16 et 17 janv. 1791), br. in-8. 1 50

821. Appels nominaux faits dans les séances des 15 et 19 janvier 1793, sur ces trois questions : Louis Capet est-il coupable ? Le jugement sera-t-il soumis à la ratification du peuple ? Y aura-t-il un sursis à l'exécution ? 1793, in-8. 2 »

822. Pétition de grâce et de clémence pour Louis XVI, dont la lecture m'a été refusée à la séance du 20 janvier 1793, malgré tous les efforts que j'ai faits pour l'obtenir (par Marigné). 1793, br. in-8. 3 »

823. Discours sur l'inviolabilité et sur le mode proposé pour le jugement de Louis Capet, par Osselin. 1793, br. in-8. 2 50

<small>La France donnera sans doute, en cette grande occasion, l'exemple mémorable d'une vengeance vraiment nationale.</small>

824. La France déchirée par ses enfants. Sa plainte au tribunal du genre humain. *Londres*, 1793, br. in-8. 3 »

<small>Dans le même ouvrage : Plaidoyer de la raison dans un procès inouï (Louis XVI).</small>

825. Derniers moments du Roi, 23 vol. ou br. in-8, dans 3 cartons. 15 »

<small>Actes du martyre de Louis XVI, par Séguin, 1837. — Captivité de saint Louis et son martyre, par Loizerolle, 1814. — Dernières années de la vie du roi, par Fr. Huc, 1814. — Discours de Pitt sur les mesures à prendre pour venger la mort cruelle du Roi, 1793. — Éloge funèbre, par l'abbé Arnaud, 1815. — Lettre historique sur la</small>

mort sublime de Louis XVI (1793). — Louis XVI, tragédie. — Le martyre de Louis XVI, poème par Trêneuil, 1815. — La mort de Louis XVI, par Boubée, 1814. — Mort et résurrection de Louis XVI, par Bargeville, 1792. — La nation française justifiée. — Le passé, le présent et l'avenir, ou Louis XVI et Lepelletier devant Dieu. — Diverses éditions du testament. — Une fleur sur le tombeau de Louis XVI. — Vie et martyre, par de Limon. — Oraison funèbre, par l'abbé de Cindrieux, chanoine de Rouen. — Louis XVI, cantique pour les campagnes. — Le 21 janvier, élégie, par Mme Vannoz, etc., etc.

826. Actes (les) du martyre de Louis XVI, recueillis d'après les témoins oculaires et mis en ordre par Auguste Séguin. *Valence*, 1837, in-8, br. 2 »

827. Lettres de l'abbé Edgeworth, confesseur de Louis XVI de 1777 à 1807. *Paris*, 1818, in-8, dem.-rel. 2 »

828. Éloge historique et funèbre de Louis XVI (par Montjoye). *Neufchatel, de l'Imprimerie royale*, 1796, in-8, v. m. 3 »

829. Regnault-Warin. Le cimetière de la Madeleine. *Paris*, 1800, 4 vol. in-12, fig., dem.-rel. 8 »

830. Biographie conventionnelle, précédée d'un coup d'œil sur les causes de la Révolution, suivie du résultat des votes dans le procès de Louis XVI (par de Moulières). *Paris*, 1815, in-12. 3 »

831. Les Régicides ou le bonheur promis. *Londres*, 1794, br. in-8. 1 50

10. MARIE-ANTOINETTE ET LES PRINCES.

832. Vie de Marie-Antoinette. *Paris*, 1802 (par Babié de Bercenay), 3 vol. in-12, port., rel. 6 »

Favorable à la reine et curieuse, à raison surtout de l'époque où l'ouvrage parut.

833. Histoire de Marie-Antoinette (par Montjoye). *Paris*, 1797, in-8, v. m. 1 50

Portrait et gravure représentant la reine dans sa prison de la Conciergerie et le plan de la chambre.

834. Histoire de Marie-Antoinette (par Montjoye). *Paris*, 1814, 2 vol. in-8, port., fig., br. 6 »

835. Histoire de Marie-Antoinette par Edmond et Jules de Goncourt. 1858, in-8, br. 10 »

Exemplaire avec envoi autographe à M. Barrière, un des huit sur PAPIER FÉLIN.

836. Histoire de Marie-Antoinette par Edmond et Jules de Goncourt. 1859, in-8, br. 4 »

837. Histoire de Marie-Antoinette par Edmond et Jules de Goncourt. 1863, in-12, br. 3 »
Avec envoi d'auteur.

838. Correspondance inédite de Marie-Antoinette, publiée d'après les documents originaux par le comte d'Hunolstein. 1864, gr. in-8, br. 4 »

839. Correspondance de Louis-Philippe d'Orléans, avec Louis XVI, la Reine, Lafayette et autres. 1800, in-8, port., dem.-rel. 3 50

840. Marie-Antoinette et la Révolution française, recherches historiques, par le comte de Viel-Castel. *Paris*, 1859, in-8, relié. 3 »

841. Marie-Antoinette et la Révolution française, recherches historiques par le comte de Viel-Castel. 1859, in-12, br. 3 »

842. Mémoires sur la vie privée de Marie-Antoinette avec des souvenirs et anecdotes historiques, par madame Campan. 1823, 3 vol. in-8, br. 15 »
De la coll. Baudouin.

843. Mémoires sur la vie privée de Marie-Antoinette, par madame Campan. 1823, 3 vol. in-8, br. 50 »
Exemplaire interfolié et préparé pour une nouvelle édition ; il est encombré de notes manuscrites très-intéressantes, dont une entre autres porte l'attestation autographe, signée par la duchesse de Luynes Montmorency, à propos d'un projet de départ de la Reine.

844. Memoires of the private life of Marie-Antoinette by madame Campan. *London*, 1824, 2 vol. in-8, v. f. à comp. fil. tr. dor., bel ex. 8 »

845. Mémoires concernant Marie-Antoinette, par Weber, frère de lait de la Reine. *Paris*, 1822, 2 vol. in-8. 4 50

846. Mémoires de Weber, etc., publiés par Barrière. 1847, in-12, br. 2 »

847. La vraie Marie-Antoinette, étude historique suivie de toutes les lettres de la Reine connues jusqu'à ce jour. 1863, in-8, port., br. 3 50

848. La vraie Marie-Antoinette. 1867, in-8, br. (3ᵉ édit.). 4 »

849. La Princesse de Lamballe, sa vie, sa mort (1749-

1792), d'après des documents inédits par de Lescure. 1864, gr. in-8, port. fig. et fac-sim. d'autog., br. 5 »

850. Premier plaidoyer des défenseurs officieux de Louis Bourbon, ci-devant roi des Francs, et de Marie-Antoinette, sa femme, par G. Massien, homme de loi, défenseur officieux. in-4, 4 p. 4 »

Ce singulier *défenseur officieux*, après avoir mis comme épigraphe le décret de la Convention qui le met sous la sauvegarde de la République, commence ainsi :
« La Nation touche au moment de sa vengeance, elle sera terrible,
» aussi grande que sa justice.
» Que la fausse pitié ne vienne point altérer les griefs atroces
» dont la vérité et l'opinion publique ont déjà convaincu Louis
» Bourbon et Marie-Antoinette... »
Et finit par cette tirade :
« Les mânes de Laporte, d'Angremont, Durosoy et de tant d'autres
» appellent les vengeances, et demandent la tête de cette reine qui
» causa leur perte.
» Occupons-nous donc de faire la plus prompte justice. »

851. Observations et précis sur le caractère et la conduite de Marie-Antoinette d'Autriche, par la citoyenne Marie-Thérèse. *Paris*, 1793, in-8, dem.-rel. v. 5 »

Pièce intéressante.

852. Marie-Antoinette et le procès du Collier, d'après la procédure instruite devant le parlement, par Campardon. 1863, gr. in-8, fig. br. 6 »

853. Crimes des Reines de France, depuis le commencement de la monarchie. *Paris*. 1794, in-8, fig. 5 »

Pamphlet violent où la reine Marie-Antoinette n'a été ni oubliée, ni ménagée.

854. La Chasse aux bêtes puantes et féroces, qui après avoir inondé les bois et les plaines, se sont répandues à la cour et à la capitale : suivie de la liste des proscrits et la notice des peines qui leur seront infligées par contumace. 1789, br. in-8. 8 »

Une des plus violentes satires dirigées contre le roi, la reine et les princes, qui s'y trouvent dépeints sous un jour très-défavorable.
— Point n'est besoin de clef pour comprendre les noms des personnes désignées par des allégories de la force des suivantes.
« Une panthère échappée de la cour d'Allemagne, etc., etc., fixons
» sa mort à 40 mille livres.
» Un tigre, élevé à la ménagerie de Versailles, vient d'en prendre
« la fuite, évaluons sa mort à 35 mille livres.
» Une louve de Barbarie, élevée par curiosité par la famille de
» Polignac, etc. »

855. Confession générale *in articulo mortis*, de Joseph II,

6.

décédé pour le bonheur des hommes en février 1790, br. in-8. 5 »

On y trouve un passage violent sur la reine Marie-Antoinette et les désirs incestueux qu'elle inspirait à son frère.

856. Essais historiques sur la vie de Marie-Antoinette d'Autriche, reine de France. *Londres*, 1789, 2 parties in-8, dem.-rel. 25 »

Violent pamphlet, dont la seconde partie est très-rare : le bibliophile Jacob l'attribue au fameux Brissot de Warville ; le portrait de l'édition a été remplacé par un plus moderne.

857. Essais historiques sur la vie de Marie-Antoinette. *Londres*, 1789, 2 part. en 1 vol. in-18, fig., vélin, rel. mod. 18 »

Jolie édition et bien complète.

858. Essais historiques sur la vie privée de Marie-Antoinette. *Londres*, 1789, in-8, non rel., 1re part. 4 »

859. Les Etats généraux d'Esope, traduction des manuscrits de l'Assemblée des bêtes, tenue dans l'empire d'Esope. *Athènes*, 1789, br. in-8. 4 »

Avec la clef des noms, on y trouve une violente invective contre la reine (*la louve*).

860. La France républicaine, ou le miroir de la Révolution française, poëme en X chants par Pagès. 1793, in-8, dem.-rel. v. f. 8 »

La reine joue un très-grand rôle dans cet ouvrage, mais l'auteur ne lui prête pas de bons sentiments pour les Français, il est dédié à la sainte Montagne, aux immortels Jacobins, aux sociétés populaires des deux sexes, à tous les républicains du monde.

861. Lettre à la Reine, br. in-8. 3 »

Sur les événements des 5 et 6 oct. 1789, où la reine courut les plus grands dangers. « Je vous retrace des scènes sanglantes, c'est » à vous, Madame, à les faire oublier. »
Cette lettre signée M. est attribuée à Manuel, auteur de la *Police dévoilée*.

862. Lettre de la princesse de Sainte-Croix, ambassadrice à Rome, à Mme de Beauharnais, br. in-8. 2 »

Peu bienveillante pour la reine : « Elle doit avoir le sort de » Tullie, elle est comme elle ambitieuse et capable des crimes les » plus noirs. »

863. Liste civile, suivie des noms et qualités de ceux qui la composent, et la punition due à leurs crimes. Récompense honnête aux citoyens qui rapporteront des têtes

connues de plusieurs qui sont émigrés. *De l'imprimerie de la Liberté, place du Carouzel,* in-8. 8 »

<small>Les pages 21 et 22 contiennent la liste (sans commentaire) de toutes les personnes avec lesquelles la Reine a eu des liaisons de débauche, 19 femmes et 15 hommes y figurent.</small>

864. Louis XVI et Antoinette traités comme ils le méritent. *De l'imp. des amis de la Constitution,* br. in-8. 3 »

865. Mémoire justificatif de la comtesse de Valois de La Motte, écrits par elle-même. *Londres,* 1789, 2 part. en 1 vol. in-8, figures, dem.-rel. 10 »

<small>La seconde partie est fort rare et très-curieuse ; on y trouve la correspondance amoureuse de la reine et du cardinal, véritable tissu d'infamies.</small>

866. Mémoires justificatifs de la comtesse de Valois de La Motte, écrits par elle-même. *S. l.* 1789, 2 tom. en 1 vol. in-12, port., dem.-rel. 6 »

<small>Mme Campan ne désigne ce livre singulier que sous la dénomination de : *Mémoires infâmes de la femme Lamothe.*</small>

867. Messe au Saint-Esprit, à l'occasion du pacte fédératif, célébrée par l'arch. d'Aix et chantée par l'abbé Maury. 1790, br. in-8. 3 »

<small>Suivie d'oraisons sur le même sujet, faites par sa majesté Louis XVI, ci-devant roi de France, et par sa femme MARIE-ANTOINETTE.</small>

868. Ode à la Reine (attribuée à Labarpe) *à Villefranche, de l'imp. de la Liberté,* 1789, br. in-8. 8 »

<small>Pamphlet rare commençant ainsi :
« Monstre échappé de Germanie,
» Toi qui dévastes nos climats,
» Contre ma trop faible patrie
» Quand finiront tes attentats ? »</small>

869. Réception du comte d'Artois chez l'électeur de Cologne, frère de la reine de France. *A Bruxelles de l'imp. de Linguet.* 1789, br. in-8. 8 »

<small>Violent pamphlet sur les relations très-intimes du comte d'Artois avec la reine et Mme de Polignac.</small>

870. Histoire des princes du sang français et des reines de France. *Paris, l'an second de la liberté,* 1790, in-12, dem.-rel. v. ant. 3 »

871. Opinion du citoyen Brival rép. du peuple, sur l'expulsion des Capets du territoire de la République, prononcée à la Conv. le 3 pluviôse an III, br. in-8. 1 50

872. Collection de vies, confessions et mém. de la famille royale de France. *Paris*, 1790, 2 vol. in-8, port. fig., dem.-rel. 30 »

Contenant les deux parties des essais sur la vie de Marie-Antoinette ; les deux mémoires justificatifs de Mme Lamothe ; la vie de Louis XVI ; la confession du comte d'Artois et la vie privée du duc de Chartres.

873. Confessions générales des princes du sang royal auteurs de la Cabale aristocratique ; item de deux *Catins* distinguées qui ont le plus contribué à cette conjuration. 1789, br. in-8, avec curieuse fig. à la manière noire.
10 »

874. Monsieur, frère du Roi. 14, br. in-8. 8 »

Monsieur au Conseil. — Discours aux officiers de l'armée royale, 28 août 1792. — Ah Monsieur ! — Déclaration de M. se disant régent de France. — Manifeste du Régent qui déclare au peuple français que le Dauphin est proclamé sous le nom de Louis XVII, *Ham.* 1793. — Lettre furieuse et menaçante de la part de M. le Régent au nom du futur roi Louis XVII, et de toutes les puissances de l'Europe, adressée au procureur syndic de la Commune de Paris, qui lui enjoint et ordonne, s'il ne veut point être massacré, de faire arrêter tous les députés qui ont voté pour la mort du ci-devant roi, les Jacobins, et de faire enchaîner Egalité — et autres pièces.

875. Vie secrète et politique de Monsieur, frère de Louis XVI. *A Brunoy, et se trouve à Paris au manége.* 1790, in-8, port., br. 4 »

896. D'Artois. 15, br. in-8. 9 »

Deux lettres sur la séance royale. — Lettre d'un créancier de la maison d'Artois à M. Camus. — Réponse au mémoire de M. Camus. — Pétition à l'Assemblée nationale en faveur des officiers et pensionnaires de la maison d'Artois. — Vœux et doléances du comte d'Artois aux Parisiens, *avec figure*. — Fratricide sacrilége. — Arrivée du ci-devant comte d'Artois en France. — Arrivée de Mme la comtesse d'Artois à Turin et son entretien avec son époux. — Grand détail d'un malheur, arrivé au ci-devant comte d'Artois, qui a été jeté par la fenêtre pour avoir voulu débaucher la femme d'un citoyen de Turin, sous le costume d'un abbé, etc.

877. Confession générale de M. le comte d'Artois, déposée à son arrivée à Madrid dans le sein du grand inquisiteur, et rendue publiquement par ordre de Son Altesse pour donner à la nation un témoignage de son repentir. 1789, in-8, br. 3 »

Violent pamphlet présentant le tableau du dérèglement le plus inouï.

878. Vie privée de Charles-Philippe de France, ci-devant comte d'Artois, frère du roi, et sa correspondance avec ses complices. *Turin*, 1790, in-8, port., br. 5 »

879. **Chartres.** Vie privée ou apologie du duc de Chartres. *A cent lieues de la Bastille.* 1784, in-8. 4 »
   <small>Violent pamphlet, traité avec un cynisme révoltant.</small>

880. **Condé.** 7 br. in-8. 4 »
   <small>Décret proposé par Mirabeau concernant le ci-devant prince de Condé. — Le prince de Condé protégé par Lameth et Robespierre. — Lettre et mémoire adressé à la nation française. — Nouvelle conspiration. — Les sentiments du prince de Condé. — Copie du manifeste attribué à Louis Joseph de Bourbon, etc.</small>

881. Récit de ce qui s'est passé de plus remarquable à l'armée de Condé en 1791, 92 et 93, in-8, br. 2 50

882. Campagnes du corps sous les ordres de Son Altesse le prince de Condé, par le marquis d'Ecquevilly, maréchal général des logis de la cavalerie dudit corps. *Paris*, 1818, 3 tom. en 2 vol. in-8, dem.-rel. mar. non rog. 8 »
   <small>On y a joint le précis de la vie de Louis Joseph de Bourbon, prince de Condé, contenant sa correspondance accompagnée de 23 fac-simile.</small>

883. **Conti.** Commentaire roturier sur le noble discours adressé par le prince de Conti à Monsieur, frère du roi (par Servan). 1788, in-8. 2 »

884. Vie privée et politique de Louis-François-Joseph de Conti, prince du sang, et sa correspondance avec ses complices fugitifs. *Turin*, 1790, in-8, port. 5 »

885. **Orléans.** Le portefeuille d'Orléans trouvé dans la poche de Lafayette (par Labenette). 1791, in-8. 3 »
   <small>Avec une curieuse gravure représentant le duc d'Orléans à genoux, et Louis XVI lui pardonnant.</small>

886. Scandales de Son Altesse Monseigneur le duc d'Orléans, par Publius. 1789, br. in-8. 3 »
   <small>Epigraphe : *Le flot qui l'apporta recule épouvanté.*</small>

887. Montjoye. Histoire de la conjuration de L. P. J. d'Orléans. *Paris*, 1834, 3 tom. en 2 vol. in-8, dem.-rel. toile. 6 »

888. Vie de Louis-Philippe-Joseph, duc d'Orléans, traduit de l'anglais par D. W. *Londres, de l'imp. du palais Saint-James*, 1789, in-8. 3 »
   <small>Pamphlet des plus violents. Marie-Antoinette, le comte d'Artois et le duc d'Orléans y sont traités d'une ignoble façon. L'auteur pourrait bien être le fameux Théveneau de Morande.</small>

889. Vie de L.-P.-J. Capet, ci-devant duc d'Orléans. *Paris*, an II, in-8, port. br. 3 »

890. Mesdames. 3 br. in-8. 3 »

Route qu'ont prise Mesdames pour sortir du Royaume, le détail de leurs bagages et le nom des personnes qui composent leur suite, 1791. — Pourquoi Mesdames sont-elles parties? Voyage de Mesdames, de Caserte à Trieste et mort de Mme Victoire, 1816.

891. Intrigues (des) de madame Staël, à l'occasion du départ de Mesdames de France, comédie en trois actes et en prose. *A Paris, et se trouve au boudoir de madame de Staël*, s. d., in-8, br. 2 50

892. Eloge historique de madame Elisabeth de France, suivi de plusieurs lettres de cette princesse, par Ferrand. 1814, in-8, br.

Malgré son royalisme excessif, cet éloge est écr   dans un certain esprit de défiance et d'hostilité contre la   ne Marie-Antoinette.
                                                             rei

11. RÉVOLUTION FRANÇAISE.

893. Grille. Introduction aux mémoires sur la Révolution française. 1825, 2 vol. in-8, cart. 4 »

894. Collection des mémoires relatifs à la Révolution française, avec des notices sur les auteurs et des éclaircissements historiques, par Berville et Barrière. *Paris, Baudouin*, 1820-1826, 59 vol. in-8, br. 170 »

Mémoires du marquis d'Argenson, 1 vol. — De Bailly, 3 vol. — Barbaroux, 1 vol. — Besenval, 2 vol. — Bonchamps et Larochejaquelen, 1 vol. — Bouillé, 1 vol. — Mme Campan, 3 vol. — Carnot, 1 vol. — Cléry, 1 vol. — Départ de Louis XVI, 1 vol. — Desmoulins, 1 vol. — Dopppel, 1 vol. — Dumouriez, 4 vol. — Durand de Maillane, 1 vol. — Catastrophe du duc d'Enghien, 1 vol. — Ferrières, 3 vol. — Fréron, 1 vol. — Gaëte, 2 vol. — L'abbé Guillon, 2 vol. — Duhausset, 1 vol. — Linguet, 1 vol. — Meillan, 1 vol. — Montpensier, 1 vol. — Rivarol, 1 vol. — Mme Rolland, 2 vol. — Thibaudeau, 2 vol. — Turreau, 1 vol. — Weber, 2 vol. — Sur les prisons, 2 vol. — Journées de septembre, 1 vol. — Affaire de Varennes, 1 vol. — Sapinaud, 1 vol. — Guerre des Vendéens, 6 vol. — L'abbé Morellet, 2 vol. — Goguelat, 1 vol. — Fr. Hue, 1 vol.

895. Abolition du plus cruel des préjugés. — Le préjugé écrasé, etc. 23 janvier 1790. — Extrait du procès-verbal du dist. des Récollets, 28 janv. 1790, 3 br. in-8. 3 »

On voit dans ces curieuses pièces relatives à l'exécution des frères Agasse que le préjugé qui atteignait autrefois la famille des condamnés était plus qu'écrasé, puisque de nombreux prétendants demandaient la main de leur sœur; qu'une députation fût envoyée auprès de M. Agasse, leur parent, président du district Saint-Honoré; et qu'ils furent eux-mêmes félicités de ce qu'ils étaient les premiers à jouir de cet avantage; ce qui releva peu leur moral, car ils montrèrent beaucoup de faiblesse dans leurs derniers moments.

896. L'accusateur public, par Richer Sérisy. *Paris, de l'an III à l'an VII*, 35 n^{os} in-8 br.   18 »

Ce Journal, commencé en germinal an III, a été interrompu en vendem. de la même année; repris un peu plus tard il a été continué jusqu'en frimaire an VII Le dernier numéro (35e) ayant été saisi par la police, le journal cessa de paraître. Le n° 13 qui devait contenir les événements de vendémiaire an IV, n'a pas paru.

On a ajouté à notre exemplaire : Richer Serisy, au Directoire. *Rouen, floréal an VI.*

897. Richer Sérizy, au Directoire. *Rouen, floréal an VI*,   2 »

S'ajoute à l'accusateur public.

898. Adresse au beau sexe, relativement à la Révolution présente, 1790, br. in-8.   2 50

Avec la chanson de repentir d'un gros bénéficier, et leçons que lui a données Lison, chez laquelle il a soupé.

899. Adresse aux Français de toutes les classes, victimes de la Révolution. *Paris, imp. d'un royaliste*, 1790, br. in-8.   1 50

900. Adresse de la Convention nationale au peuple français, 16 prairial an II, in-8.   2 »

Contre les patois, et en faveur de la belle langue française; le style grossier était celui de Capet et d'Hébert.

901. Adresse du maire de Taverny (de Wargemont, dit Fournier) aux habitans de la campagne, sur le fanatisme et la superstition. 1791, br. in-8.   2 »

Épigraphe :
Les prêtres ne sont pas ce qu'un vain peuple pense.
Notre crédulité fait tout leur science.

902. Allégories, 8 br. in-8.   6 »

Le dernier cri du monstre. — Le diable Mordan. — Evangile de la raison. — Histoire de la princesse Liberté. — Lettre d'un ambassadeur de Tippo Saïb. — Les Mannequins. — Le Temple de la Vérité. — Les Trois ordres en voyage.

903. Amar. Acte d'accusation contre plusieurs membres de la Convention nationale, présenté au nom du Comité de sûreté générale, le 13e jour du premier mois de l'an III de la République française, in-8.   2 50

Contre les 44 députés de la Convention, Vergniaud, Brissot, Fauchet, Égalité et autres.

904. Amende honorable de l'année 1791, en expiation de ses forfaits. 1792, br. in-8. 2 »

905. An (l') 1789, ou la vérité au pied du trône. *Genève*, 1789, in-8, br. 2 »

906. Anecdotes curieuses et peu connues, sur différents personnages qui ont joué un rôle dans la Révolution. *Genève, août* 1793, in-8, br. 3 »

Contre Danton, Marat, Robespierre, Fabre d'Eglantine, Pache et autres; on y trouve un article intéressant sur CHARLOTTE CORDAY.

907. Antidote au Congrès de Radstadt, ou plan d'un nouvel équilibre en Europe, par l'abbé de Pradt. *Londres*, 1798, in-8, br. 2 »

908. Antraigues (Comte d'). 12 br. ou vol. in-8, dans 1 carton. 6 »

Adresse à l'ordre de la noblesse de France. — Dénonciation aux François catholiques des moyens employés par l'Assemblée nationale pour détruire en France la religion catholique. — Mémoire sur les Etats généraux. — Second mémoire. — Point d'accommodement. — Le pour et le contre sur la Révolution, fragments des registres d'un club de Paris. — Quelle est la situation de l'Assemblée nationale, etc., etc.

909. Appel aux principes, par J. M. D. M. *Paris*, an III. in-8, br. 2 »

Epigraphe : *Les usurpateurs de l'autorité souveraine sont des rebelles » et traîtres à la patrie qui méritent la mort. »*

910. A qui sera pendu le premier par notre jury, proverbe patriotico-tragico-risible. *L'an II de la liberté*, 1791, br. in-8. 3 »

Acteurs : MM. Cazalès, Maury, D'Orléans, Barnave, Duport, Lameth.

911. Aristocratie (l') enchaînée et surveillée par le peuple et le Roi, par J. L. G. S., 31 janvier 1789, in-8, b.
2 »

912. Arnould. Résultats des guerres, des négociations et des traités qui ont précédé et suivi la coalition contre la France. 1803, in-8, br. 2 »

913. Arrêt (burlesque) du Conseil d'Etat de sa Majesté Mgr le Lion, roi des animaux, rendu en faveur des chevaux, chiens levriers et danois, des princes français fugitifs, et au profit de toute sorte de gibier. *S. d.*, br. in-8.
2 50

914. Arrêté du chapitre général des Capucins, tenu extraordinairement en juin 1788, br. in-8. 1 50

915. Assemblée des aristocrates aux Capucins. Nouveau complot découvert. 14 avril 1790, br. in-8. 1 50
   Epigraphe : *Les voilà donc connus, ces secrets pleins d'horreur.*

916. Attention. Je le maintiens et le soutiens : il faut parler net pour se faire entendre, br. in-8. 2 »
   Contre la faction d'Orléans : « Pauvre peuple, comme on t'abuse, ouvre les yeux et frémis. »

917. Auger (l'abbé). Moyens d'assurer la révolution et d'en tirer le plus grand parti pour le bonheur et la prospérité de la France. An Ier, br. in-8. 1 50

918. Autorité (de l') de Montesquieu dans la révolution présente (par Grouvelle). 1789. in-8, br. 2 »

919. Avis à la livrée, par un homme qui la porte. *A l'antichambre*, 1790, br. in-8. 2 »
   Plaintes ou griefs des valets contre leurs maîtres.

920. Avis à mes chers concitoyens sur les querelles d'Allemand, ou dissertation sur les noms de parti qu'on se donne réciproquement, br. in-8. 1 50

921. Avis aux héros de 1789 et 1790, br. in-8. 1 »

922. Azéma. Rapport et projet de décret sur le sort des prisonniers élargis à la suite des événemens du 2 septembre, br. in-8. 2 »
   Justification des massacres de septembre.

923. Bailly (Mémoires de), avec une notice sur sa vie, des notes et des éclairc. historiques par Berville et Barrière. 1821, 3 vol. in-8. 12 »
   De la collection Baudouin.

924. Barrère (Mémoires de) ; membre de la Constituante, de la Convention, du Comité de salut public, et de la Chambre des représentants, publiés par Hyp. Carnot et David d'Angers. 1842, 4 vol. in-8, br. 12 »

925. Bastille (prise de la). 1789, 11 br. in-8. 8 »
   A mes concitoyens et camarades (de la Reynie). — Aux vainqueurs de la Bastille. — La Bastille. — Les crimes dévoilés, ordre d'attaque. — Discours de l'abbé Fauchet en l'honneur des citoyens morts, etc. — Journée de J.-B. Humbert, horloger, qui le premier a monté sur les tours de la Bastille. — Précis exact de la prise de la Bastille. — Supplément. — Le prétendu péché originel de la liberté française effacé. — Projet d'une fête nationale. — De l'insurrection parisienne et de la prise de la Bastille, par Dussaulx, 1790, vol. in-8°.

926. Beffroy Reigny, dit le cousin Jacques. Testament d'un électeur de Paris. An IV, in-8, br. 2 50

927. — Histoire de France pendant trois mois, ou relation exacte et impartiale des événemens qui ont eu lieu à Paris, à Versailles et dans les provinces, du 15 mai au 15 août 1789 par le cousin Jacques. 1789, in-8, br.   3 »

928. Besenval (baron de), mémoires publ. par Barrière. 1846, in-12, br.   2 »

929. Billaud, représentant du peuple. Principes régénérateurs du système social. *Paris, an III*, in-8, non rel.
   5 »

930. — Le dernier coup porté aux préjugés et à la superstition. *Londres*, 1789, in-8.   4 »

931. Blanqui, réflexions sur le gouvernement démocratique et les écueils qu'il y faut éviter (vers 1790), br. in-8.
   2 »

932. Boisgelin (de) archevêque d'Aix. 1791, 3 br. in-8.
   3 »
   Considérations sur la paix publique adressées aux chefs de la révolution. Observations sur le serment prescrit aux ecclésiastiques. — Instructions sur les devoirs du ministère ecclésiastique.

933. Bon Dieu, qu'ils sont bêtes, ces Français. *Paris, imp. d'un royaliste*, 1790, br. in-8.   2 »

934. Bonnemain. Instituts républicains, ou développement analytique des facultés naturelles, civiles et politiques de l'homme. 1792, in-8, br.   1 50

935. Bon (le) soir ou la cabale en déroute, br. in-8. 3 »
   Adressée à Messieurs de la noblesse, du clergé, aux illustres sangsues du gouvernement, à MM. les traitants et fauteurs, et aux tuteurs des rois.

936. Boucqueau. Essai sur l'application du chapitre VII du prophète Daniel, à la Révolution française. — Lettre à Pie VII, ou motif de crédibilité fourni par la Révolution française sur la divinité de l'Ecriture Sainte. *Bruxelles*, 1804, 2 vol. in-12, br.   3 »

937. Bouillé (mémoires du marq. de) avec des notes par Berville et Barrière. 1821, in-8.   3 »
   Depuis l'origine de la Rév. jusqu'à la mort de Louis XVI, de la collection Baudouin.

938. — Essai sur la vie du marq. de Bouillé par Réné de Bouillé. *Paris*, in-8, br.   4 »

939. Brissot. 4 broch. in-8, port. ajouté.   8 »
   A tous les républicains de France, sur la société des Jacobins.

A ses commettants, sur l'Assemblée nationale, l'influence des anarchistes, la nécessité d'anéantir cette influence pour sauver la république. — Sur la question de savoir si le roi peut être jugé. — Ecrits relatifs à la discussion du parti à prendre pour le roi et de la question sur le républicanisme et la monarchie.

940. Buzot. Mémoires sur la Révolution française précédés d'un essai sur sa vie et de recherches historiques sur les Girondins par Guadet. 1828, in-8, demi-rel.
3 50

941. Cahier des Plaintes et doléances des dames de la halle et des marchés de Paris, rédigé au Salon des Porcherons (par Jos. Sentier). 1789, br. in-8. 2 50

Où l'on parle *sans gêne* de plusieurs personnes et de plusieurs choses. — Style des halles.

942. Carabin (le) Patriote, ou le miroir politique, esquisse de la Révolution, depuis 1789 jusqu'en 1815, br. in-8, *en vers*. 2 »

943. Carnaval (le) Politique de 1790, ou exil de mardi gras à l'Assemblée nationale, aux Tuileries, au Chatelet, et à la Commune. *Paris, de l'imp. des 60 Mascarades Parisiennes et des quatre privilégiés,* 1790, br. in-8. 3 »

944. Carnot. Mémoires historiques et militaires sur Carnot, rédigés d'après ses man. par Tissot. 1824, in-8.
2 50

De la collection Baudouin.

945. Carrier. Du système de dépopulation, ou la vie et les crimes de Carrier, son procès et celui du Comité révolutionnaire de Nantes par Babeuf. *Paris, an III,* in-8, portrait br. (*mouillé*). 6 »

946. — Acte d'accusation contre les membres du Comité révol. de Nantes, br. in-8. 2 »

947. Cassandre ou quelques réflexions sur la Révolution Française et la situation actuelle de l'Europe. Juillet 1798, par Aug. Danican. *Au Caire,* in-8. 3 »

Très-rare, curieux frontispice.

948. Catastrophe du Club infernal, et sa dénonciation par l'universel Audouin, présidence de Barrère de Vieuzac, par Pilpay, br. in-8. 2 50

949. Catéchismes. 7 vol. ou br. in-8. 4 »

Des droits et des devoirs d'élection. — Des Parlements. — Des trois ordres. — Du citoyen, par Terrasson. — Du citoyen, par Saige. —

A l'usage de tous les catholiques françois. — Politique, monarchique et françois.

950. Causes (des) des désordres et de la misère publique. 1792, in-8, br. 1 »

951. Ce ne sont pas vos boucles qu'on demande. — Rendez-moi mes boucles. 2 br. in-8. 1 50

952. C'est incroyable, ou la confession générale, premier supplément, acte sixième. *De l'imp. de Laporte, s. d.*, br. in-8. 2 50

Dialogue entre M. de Calonne, Mme de Polignac et Mme de La mothe.

953. Chabroud, 2 br. in-8. 4 »

Faits et gestes de l'honorable Charles Chabroud, blanchisseur du héros d'Ouessant, un des juges de la ville de Paris. *A Aristocratopolis l'an deux de la démagogie.* — Confession de l'année 1790, au Rév. père Chabroud, grand pénitencier du manège, et dégraisseur ordinaire de la maison d'Orléans. *L'an du schisme et de la persécution.*

954. Charlatanisme (le) politique, ou ce qu'en langue révolutionnaire on appelle sauver la Patrie. *Hambourg*, 1790, in-8, br. 2 »

55. Charlotte Corday, ou la Judith moderne, tragédie en vers. *Caen*, 1797, in-8. 2 »

On fit deux éditions de cette œuvre si bizarrement stupide, dans laquelle la fiction poétique est poussée beaucoup trop loin.
Marat devenu amoureux de Charlotte lui donne un rendez-vous au pavillon et lui dit :

> J'y vais faire servir un repas où l'amour
> Doit avec la gaîté présider en ce jour.
> Si Charlotte consent au plus doux tête-à-tête,
> Je rejoindrai bientôt mon aimable conquête.

C'est dans ce *doux tête-à-tête* qu'elle frappe le galant Marat, *consumé de l'ardeur la plus tendre.*

L'idée de représenter Marat amoureux, et amoureux de Charlotte Corday fit fortune. MM. Vict. Ducange et Anicet Bourgeois l'ont reproduite dans leur mélodrame. QUÉRARD

956. Chasteté (la) du clergé dévoilée, ou procès-verbaux des séances du clergé chez les filles de Paris, trouvés à la Bastille. *Rome, de l'imp. de la Propagande*, 1790, 2 tom. en 1 vol. in-8, dem.-rel. 28 »

Très-rare, mais aussi très-scandaleux.

957. Chateau (le) des Tuileries, ou récit de ce qui s'est passé dans l'intérieur de ce palais depuis sa construction jusqu'au 18 brumaire an VIII (par Alexis Roussel). *Paris*, 1802. 2 vol. in-8, fig. dem.-rel. 10 »

On y trouve des anecdotes curieuses, beaucoup de détails précieux, et qu'on chercherait vainement ailleurs, notamment sur Marie-Antoinette. On croit que l'auteur l'a composé avec la coopération de son frère, qui avait été secrétaire de la commission nommée pour procéder à l'inventaire des Tuileries. (Voy. Cat. Leber.)

958. Chénier. 8 br. in-8. 4 »

Eloge funèbre des citoyens morts pour la défense de la liberté et de l'égalité le 16 août 1792. — Rapport sur les troubles de Lyon. — Sur la cérémonie funèbre du représentant Féraud. — Dénonciation des inquisiteurs de la pensée, etc.

959. Clergé (le) dévoilé, ou l'iniquité retombant sur elle-même. *S. d.*, br. in-8. 2 »

« La puissance temporelle des papes et les richesses du clergé ont » causé tous les maux dont la monarchie française a été accablée. »

960. Coin (le) du roi ou le Réverbère ministériel. *S. d.*, br. in-8. 1 50

Allusion au fameux réverbère de la place de Grève, qui se trouvait à l'angle d'une maison portant pour enseigne : *Au Coin du Roi.*

961. Collection de matériaux pour servir à l'histoire de la Révolution française. Bibliographie des journaux (par Deschiens). *Paris,* 1829, in-8, br. 6 »

Donnant la liste et une analyse intéressante de tous les journaux parus pendant la Révolution.

962. Composition démocrati-fuge contre la rage française, par un médecin *spirituel. Coblentz, l'an III de l'Epidémie francaise.* 1792, in-8, figure, dem.-rel. v. f. 4 »

963. Compte rendu par une partie des députés à leurs commettants. 1791, in-8. 1 50

Contre les opérations de l'Assemblée.

964. Concile (le) des Trente en déroute, ou le secret des émeutes découvert. *Paris,* 1791, br. in-8. 2 »

Contre la faction d'Orléans.

965. Conciliabule de la Société des Amis du peuple, tenu dans le cœur des révérends pères capucins, sanglés, déchaussés, décapuchonnés et défroqués, par le frère Saint-Claude, coupe-choux, garde-marmite, premier secrétaire de la Société des Amis du peuple. *De l'imp. de M. Véto.* 1790, in-8, n° 1er seul paru. 3 »

966. Confession d'un membre du clergé, lequel fut fessé, et demanda pardon hier au tiers, dans le Palais-Royal, br. in-8. 3 »

967. Confession générale de l'Assemblée nationale, par un aristocrate qui n'est pas un enragé. 1790, in-8. 2 »

968. Conjuration découverte par un courrier des aristocrates, arrêté hier au soir dans la rue Saint-Honoré, par le district des Feuillants, br. in-8, 1 50

969. Conjuration de la Discorde et serment sur les autels de la patrie, br. in-8. 1 50

970. Considérations sur la France (par le comte Jos. de Maistre). *Londres*, 1797, in-8, dem.-rel. 2 »

971. Considérations sur la position actuelle de la France ; avantages d'une alliance avec la Russie, tendante au démembrement de l'empire Ottoman (par de Bastérot). 1791, in-8, br. 2 »

On trouve aussi dans cette brochure un plan pour la conquête de l'Egypte.

972. Conspirateurs (les) démasqués, par Ferrand. *Turin*, 1790, br. in-8. 2 »

973. Conspiration aristo-démocratique dénoncée au Comité des recherches, le 1er avril 1790, br. in-8. 1 50

974. Conspiration du 12 pluviôse an v. 2 br. in-8, dans 1 carton. 3 »

Plaidoyer du C. Guichard, défenseur officieux de Dunan, Sourdat et autres devant le conseil de guerre, contre la compétence de ce tribunal. — Extrait du registre des délibérations du Directoire exécutif. — Bailleul. — Déclaration à mes commettants. — Mémoire sur la compétence du conseil de guerre, par la Villeurnoy. — Plaidoyer par Dommanget.

975. Conspirations, troubles intérieurs, danger de la patrie. 90 pièces in-8, en 2 forts cartons. 15 »

Aperçu de la position de la France, à l'époque de la coalition des princes. — Conspiration aristocrati-démocratique. — Conspiration contre la République prouvée par Creuzé Pascal. — Conspiration générale des ennemis de la patrie. — La contre-révolution présentée aux Parisiens. — Les contre-révolutionnaires, dialogue. — Déclaration du duc de Brunswick. — Décret concernant la neutralité des princes d'Allemagne. — Dénonciation contre Latour-Dupin. — Détails sur la conspiration du Midi. — Résultats de la dernière campagne. — Déclaration de guerre. — Office de l'empereur. — Discours de Gensonné concernant le comité autrichien. — Sur l'assassinat des ministres à Radstadt. — Discours de Torné sur les dangers de la patrie. — Grand projet de conspiration. — Grande assemblée des souverains de l'Europe. — Des moyens d'opérer la contre-révolution. — Cabale des ministres. — Nécessité d'une contre-révolution. — Théorie des conspirations, etc., etc.

976. Constant (Benj.). De la force du gouvernement actuel de la France, et de la nécessité de s'y rallier. 1796, in-8, br. 3 »

977. Constitution de la République Française, précédée de la déclaration des Droits de l'homme. *Dijon*, 1794, in-18, cart. non rogné. 30 »

Exemplaire imprimé sur PEAU DE VÉLIN, rare.

978. Constitution (de la) et du gouvernement qui pourraient convenir à la France, par Kersaint. — Des Elections et du mode d'élire par listes épuratoires, par Lanthenas. — A tous les Républicains de la France, sur la société des Jacobins de Paris, par Brissot. 1792, in-8, br. 2 50

979. Contre la multiplicité et le danger des brochures. 1789, br. in-8. 1 50

Par l'auteur de : Je ne suis point de l'avis de tout le monde.

980. Contre-Révolution (la) dédiée aux aristocrates, br. in-8. 1 »

981. Correspondance originale des Emigrés, ou les émigrés peints par eux-mêmes. 1793, in-8, br. 3 »

982. Coup de Vêpres. Premier et second avis à la Chambre des Communes, sur la retraite des privilégiés. 1789, *de l'imp. de M. Necker*, 2 br. in-8. 2 50

Très-incendiaire contre les ordres privilégiés.

983. Coup d'œil sur notre prétendue République et nos prétendus Législateurs. 1793, br. in-8. 2 »

Contre les Jacobins avec cette épigraphe : *Le Diable en ses vieux jours se fit républicain.*

984. Courrier de Paris du 23 juillet au 2 août 1788, in-8, non rel. 8 numéros (*curieux*). 4 »

985. Couvent (le) des Carmes et le Séminaire de Saint-Sulpice pendant la Terreur, par Alex. Sorel. 1863, in-8, br. 4 »

Massacre du 2 sept. 1792. — Emprisonnements en 1793. — Liste des détenus. — Documents inédits.

986. Credo (le) de la noblesse, avec les notes du tiers, le tout terminé par les Litanies du peuple. 1789, br. in-8. 2 »

Par l'auteur de Gloria in Excelsis, et de Sexte, None et Vespre.

987. Crimes (les) de Paris (en vers). *S. d.*, br. in-8. 2 »

Delaunay, Foulon, Berthier et surtout la journée du 5 oct. 1787, où la tête de la reine était mise secrètement à prix pour 100 mille écus.

988. Crimes des cabinets, ou tableau des plans et actes d'hostilité formés par les diverses puissances de l'Europe, pour anéantir la liberté de la France et démembrer son territoire, trad. de l'anglais de Goldsmith. *Hambourg*, 1801, in-8, br. 3 »

989. Crimes (les) dévoilés, ordre de l'attaque de la ville de Paris, projetée pour la nuit du 14 au 15 juillet 1789, br. in-8. 2 »

990. De la Liberté : son tableau et sa définition ; ce qu'elle est dans la société ; moyens de la conserver (par M. de Villers). *Metz*, 1791, in-8, br. 2 50

Epigraphe : *Tout le monde en parle et personne ne sait ce que c'est.*

991. Démission (la) du bourreau de Paris. Lettre de l'exécuteur des hautes œuvres aux amateurs, ses confrères, inventeurs du jeu de la lanterne et autres facéties, très-propres à former l'esprit d'une grande nation, br. in-8. 3 »

992. Dernier tableau de Paris, ou récit historique de la Révolution du 10 août 1792, des causes qui l'ont produite et des crimes qui l'ont suivie, par Peltier. *Londres*, 1793, 2 vol. in-8, port. 6 »

993. Descente du diable aux enfers, pour y opérer une contre-révolution imitative de celle projetée par les ministres de France, par M. la Benette, avocat de l'Académie de Bretagne. 1791, br. in-8. 3 »

994. Description d'une machine curieuse, nouvellement montée au palais, ci-devant Bourbon. An vi, in-8. 1 50

Critique sur la manière de voter par assis et levé.

995. Description historique et bibliographique de la collection du feu M. le comte de la Bédoyère, 1862, gr. in-8, br. 8 »

Cette curieuse collection, toute relative à la Révolution, se composait d'environ cent mille brochures, deux mille journaux, plus de quatre mille gravures et caricatures, et quatre-vingt-cinq dossiers d'autographes.
Elle a été acquise en bloc par la Bibliothèque Impériale.

996. Desmoulins (Camille). Courrier de Brabant. De décembre 1789 à février 1790, in-8. 3 »

Nos 10, 13 à 20, 23, 24, 26, 27, 29 et 39.

997. — Avis important sur le ministère et sur l'Assemblée

prochaine des Etats généraux. *S. l.*, 1788, in-8, non rel.
3 »

998. — Coup (le) de fouet à l'orateur du Palais-Royal (Camille Desmoulins), br. in-8, fig. ajoutée. 1 50

999. — Discours de la lanterne aux Parisiens. *En France, l'an Ier de la Liberté.* In-8. 3 50

Épigraphe : *Les fripons ne veulent point de lanterne.*
Curieux écrit dans lequel l'auteur menace plus d'un aristocrate de le livrer au lacet fatal.

1000. — Discours sur la situation de la capitale, 24 juillet an IV. — Justification de M. Patris. — Plainte de Malouet contre Desmoulins. 3 br. in-8, fig. ajoutée. 2 »

1001. — Essai sur la Révolution française, par une société d'auteurs latins, an VIII, pet. in-8, br. 3 »

Curieux et rare : un catalogue paru en fév. 1864, chez M. France, attribue cet ouvrage à Camille Desmoulins.

1002. — Histoire des Brissotins, ou fragment de l'histoire secrète de la Révolution et des six premiers mois de la République. *De l'imprimerie patriotique.* 1793, in-8, non rel. 4 »

Épigraphe : *Est-ce que des fripons la race est éternelle.*

1003. — La France libre. 1789, in-8. 3 »

Épigraphe : *Puisque la bête est dans le piège, qu'on l'assomme.*

1004. Opuscules de l'an Ier de la liberté. In-8, fig. br., rare, port. ajouté. 6 »

Contenant : la France libre, 4e édition. — Discours de la lanterne aux Parisiens, 3e édition. — Réplique aux deux mémoires des sieurs Leleu, insignes meuniers de Corbeil, en présence de M. Necker. — Réclamation en faveur du marquis de Saint-Huruguc.

1005. — Réplique aux deux mémoires des sieurs Leleu, insignes meuniers de Corbeil, en présence de M. Necker. 1789, br. in-8. 2 »

1006. — Le Vieux Cordelier. 1825, in-8. 5 »

Dans le même vol. Causes secrètes de la journée du 9 au 10 thermidor, par Vilate. — Précis inédit des événements de thermidor par Méda.
De la coll. Baudouin.

1007. Despotisme (le) décrété par l'Assemblée nationale. *Londres*, 1790, in-8, br. 1 50

1008. Destruction des aristocrates et apposition des scellés, par le dist. Saint-Roch, à leur assemblée, in-8. 1 50

1009. Détail du combat qui a eu lieu entre les troupes de l'empereur et les patriotes brabançons dans lequel Lambesc et Mirabeau cadet ont été faits prisonniers. 1791, br. in-8. 1 50

1010. Deux mots aux Proconsuls montagnards. 1793, br. in-8. 1 50

1011. Dialogues (pièces en), 49 broch. in-8, dans 3 cartons. 25 »

> Ah! ah! que nous sommes sots et dupes. — Apologie de Mlle Gertrude. — L'aristocrate sans le savoir. — Aujourd'hui y voyez-vous clair. — Les bavardages politiques de la rue Saint-Denis. — Le bon sens du village. — Ça ira-t-il. — Conversation entre M. Tranchant et M. de la Tremblaie. — Dialogue entre Diogène le cynique et Dep.... l'énergumène. — Entre l'archevêque de Paris et le curé de huit sols. — Entre le ruban rouge et celui aux trois couleurs. — Entre Brin-d'Amour, Joli-Cœur et Lafleur, anciens gardes françaises. — Entre Solon et Félix Nogaret. — Entre un aristocrate et un suisse. — Entre un noble et sa femme qui fut fessée au Palais-Royal. — Sur la nécessité d'abolir la noblesse en France. — Le dîné du grenadier à Brest. — Le fédéré et les deux municipaux de campagne (*vox populi vox Dei*). — Le froc aux orties ou le moine enrôlé. — Le gardien des capucins ou l'apôtre de la liberté. — Gros-Jean qui remontre à son curé. — L'heureuse rencontre. — Henri IV et la Samaritaine. — Le municipal de campagne au district. — Premier dialogue entre une poissarde et un fort de la Halle. — Le trio : Don Quichotte, Chicaneau, Tartuffe au Tartare, etc., etc.

1012. Dialogue entre deux brigands, l'un général de tous les courtaux de boutiques de la compagnie des Indes, l'autre à la tête de tous les rats de cave de la France. *S. l. n. d.*, br. in-8. 3 »

> Où sont exposées les fredaines qui auraient fait pendre ces deux aristo-fripons (Hastings et de Calonne), si le col d'un larron millionnaire n'était sacré et inviolable.

1013. Dictionnaire des individus envoyés à la mort judiciairement, révolutionnairement et contre-révolutionnairement pendant la Révolution, par Prudhomme. *Paris, an V*, 2 vol. in-8 à 2 col., rel. (*taché*). 20 »

> Ouvrage rare, contenant les motivés de la condamnation, quelquefois fort curieux ; un grand nombre (détenus à Bicêtre), sont accusés d'un complot tendant à égorger les membres des Comités du salut public et de sûreté générale, leur arracher le cœur, le faire rôtir et le manger ; d'autres s'étaient permis de mettre en doute la durée de la République ou avaient crié vive le roi, ou s'étaient plaints d'élever leurs enfants jusqu'à 18 ans pour voir verser leur sang pour 5 ou 600 scélérats qui sont à l'Assemblée, pour s'être offensés du beau titre de citoyen ; une femme convaincue d'avoir molesté les patriotes et d'avoir craché sur eux. — L'assassinat de

Collot d'Herbois fournit aussi l'occasion de nombreuses victimes toutes eurent l'honneur de la chemise rouge. — Citons encore Lalanne tailleur, comme complice de la journée du 10 août et pour s'être flatté qu'à l'époque du 20 juin Capet lui avait pris la main et la portant sur son cœur lui avait dit : « Sentez mon ami, s'il palpite. » — Bernard exécuteur à la Guillotière, comme assassin de Châlier, c'est-à-dire pour l'avoir guillotiné d'après le jugement. — Ripet exécuteur à la Guillotière, comme ne s'étant pas abstenu de prêter les mains à l'exécution de Châlier, etc. On assure qu'il a été exécuté par son frère, qui l aidait précédemment dans les exécutions à Lyon, etc., etc.

1014. Dictionnaire national et anecdotique pour l'intelligence des mots nouveaux dont notre langue s'est enrichie depuis la Révolution, par M. de l'Epithète (Chantereau), à *Politicopolis*, 1790, in-8, cart. non rog. 3 »

1015. Différents (les) effets de la cocarde nationale, dédié à la nation. 1790, br. in-8. 1 50

Pièce satirique, curieuse.

1016. Diogène à Paris (par Dufour). 1790, br. in-8. 2 50

Épigraphe : *Les sots sont ici-bas pour nos menus plaisirs..*

1017. Discours sur la nécessité de la ratification de la loi par la volonté générale. *Imp. du Creuzet*, br. in-8. 1 50

Par René Girardin, membre de la Société des amis de la Constitution.

1018. Discours sur le patriotisme, dédié au comte d'Antraigues. 1789, in-8, br. 2 »

1019. Discuter est félonie. *Bruxelles*, 1792, br. in-8. 1 »

1020. Dissertation critique et philosophique sur la nature du peuple. 1789, br. in-8 (peu flatteuse). 2 »

1021. Dissertation curieuse et intéressante sur les principales époques du système de l'ÉGALITÉ ET DE LA LIBERTÉ. *Genève*, 1790, br. in-8. 2 »

1022. District (le) des Cordeliers est fou. Mai 1790, br. in-8. 2 »

1023. Dix sept cent quatre-vingt-neuf aux enfers. Fait politique en un acte, br. in-8, fig. 2 »

1024. Doléances des Eglisiers, soutaniers ou prêtres des paroisses de Paris. S. d., in-8, dem.-rel. v. f. 3 »

1025. Doppet (Général). Mémoires politiques et militaires, contenant des notices intéressantes sur la Révolution française, les sociétés populaires, la révolution des Allobroges, etc. *Carouge*, 1797, in-8, br. 3 »

1026. Drouet. 5 br. in-8. 4 »

Acte d'accusation. — Visite nocturne faite chez lui par la force armée. — Au Corps législatif. — Pièces relatives à l'affaire du représentant du peuple Drouet.

1027. Duchêne (la mère). Le Drapeau rouge de la Mère Duchêne, contre tous les factieux et les intrigants. Dialogue (par l'abbé Brice). *Mars* 1792, br. in-8. 4 »

1028. — De par la Mère Duchêne, anathèmes très-énergiques contre les jureurs ou dialogues sur le serment et la nouvelle constitution du clergé, br. in-8. 4 »

1029. Etrennes de la Mère Duchesne. Vivent le Roi, la Reine et leur chère famille. La bonne et heureuse année à tous les honnêtes gens non Jacobins ni Monarchiens. Janvier 1792, in-8. 4 »

Curieux et rare.

1030. Dulaure. Histoire critique de la noblesse : où l'on expose ses préjugés, ses brigandages, ses crimes, etc. 1790, in-8, dem.-rel. *Rare.* 16 »

1031. Dumont (And.), député de la Somme. Compte rendu à ses commettants. *Amiens*, 18 pluviôse an v. — Démenti formel donné à And. Dumont. 2 br. in-8. 3 »

1032. Dumouriez. Mémoires écrits par lui-même. *Hambourg*, 1794, 2 vol. in-12, port. dem.-rel. 3 »

1033. — Suite des mém. de Dumouriez, mém. de Louvet et de Daunou, publ. par Barrière. 1848; in-12, br. 2 »

1034. Dupont de Nemours. Le pacte de famille et les conventions subséquentes entre la France et l'Espagne, avec des observations sur chaque article. Juillet 1790, in-8, br.
2 »

1035. — Histoire apologétique du comité ecclésiastique de l'Assemblée nationale. 1791, in-8, br. 2 »

1036. Duprat (comte). Je suis libre, j'écris, je parle. *Paris*, 1792, br. in-8. 1 50

1037. Mémoires politiques et militaires du gén. Doppet. 1824, in-8. 2 50

De la collection Baudouin.

1038. Durand de Maillane. Histoire de la Convention nationale, suivie d'un fragment hist. sur le 31 mai, par de Lanjuinais. 1825, in-8. 3 »

De la collection Baudouin.

1039. Ecole (l') des peuples et des rois. Essai philosophique sur la liberté, le pouvoir arbitraire, les Juifs et les Noirs. *Paris*, 1790, in-8, br. 2 »

1040. Eloge (l') de la peur, prononcé par elle-même en présence de l'Assemblée nationale et des Parisiens. 1790, in-8. 3 »

1041. Eloge des héros de la France, en vers et enrichi de notes. 1789, br. in-8. Curieux. 2 »

1042. Emigrés. 67 br. ou vol. in-8, dans 2 cart. 15 »

Correspondance originale des émigrés. — Défense des émigrés françois par Lally Tolendal, 2 vol. — Discours et opinions de Billaud Varennes, Vergniaud, Brissot, Couthon, Condorcet, Custine et autres.

1043. Encore un coup et vous y êtes, br. in-8. 3 »

« De tous côtés, j'entends crier *à la lanterne*... Ici c'est un fier à
» bras qui d'une voix de stentor chante en faux bourdon ; *pendez-moi*
» *ces b... là* ; et je vois toujours l'exécuteur des hautes œuvres,
» le citoyen actif *Samson*, toujours les bras croisés ! »

1044. Enterrement du despotisme, ou funérailles des aristocrates ; seconde fête nationale, dédiée à nos patriotes bretons. 1790, br. in-8. 3 »

Pour être célébrée le 17 juillet 1790, sur les ruines de la Bastille, et ensuite au réverbère régénérateur, place de Grève.

1045. Epître d'un patient, de la porte Saint-Antoine, aux Français ; son arrivée aux enfers et sa rencontre avec M. de Lamoignon. 18 mai 1789, br. in-8. 3 »

Suivie d'un conseil à ses compatriotes pour obtenir justice du monarque ; punition des scélérats titrés et diminution du pain.

1046. Esclavage et Colonies. 30 br. in-8, dans 2 forts cartons. 5 »

Adresse de la Société des amis des noirs à l'Assemblée nationale, par Clavière. — Mémoire d'un Français qui sort de l'esclavage, par Follie. — Forfaits de Santhonax, Hugues et Lebas, dévoilés par Granier. — Instruction pour les colonies, par Barnave. — Régénération des colonies, par Bonnemain. — Décret de l'Assemblée générale de Saint-Domingue, 28 mai 1790. — Sur les troubles des colonies, par Dumorier. — A tous les colons de Saint-Domingue. — Mémoire de Barbé-Marbois, etc., etc.

1047. Esprit (l') de la Révolution française. 1797, in-8, br.
1 50

1048. Esprits (les) égarés, ou la tour de Babel, dialogue entre les trois ordres. 1790, br. in-8. 2 »

En faveur du tiers, avec cette épigraphe : *Ils sont deux contre nous.... mais qu'y gagneront-ils ? une... B... Etr...*

1049. Esquisses historiques sur la Révolution française, par un étranger. *Paris, Didot*, 1857, 3 vol. in-8, br. 8 »

1050. Essai philosophique sur les prêtres et la prédication (par de Lavaux, ancien bénédictin). *A Rome, de l'imp. du Vatican*. 1785, in-8, dem.-rel. v. f. 2 »

1051. Essai sur la nécessité du mal, tant physique que moral, politique et religieux, adressé au Roi, aux monarchistes et aux démocrates. *Paris*, 1790, br. in-8. 2 50

1052. Essai sur les Priviléges (par l'abbé Sèze). 1789, in-8, br. 2 »

1053. Essais historiques sur les causes et les effets de la Révolution de France, par Beaulieu. 1801, 6 vol. in-8, br. 15 »

1054. Essais sur l'histoire de la Révolution française par une société d'auteurs latins (par Héron de Villefosse), an VIII, pet. in-8, br. 3 »

Œuvre ingénieuse, remplie de traits frappants des auteurs latins appliqués à l'histoire de notre révolution.

1055. Etats généraux. 130 pièces, in-8. 25 »

Agenda national. — Aperçu d'un gentilhomme sur la grande question qui divise les grands et le peuple. — Aux E. G. sur les réformes à faire. — A la nation française sur les vices de son gouvernement. — Aperçu historique sur la cause et la tenue des E. G. — Sur la nécessité d'une réforme dans l'ordre judiciaire par le comte de Sanois. — Bréviaire des députés. — Cadran des E. G. — Code national, Bosquillon. — Le comte de Vergennes première cause des E. G. — Coup d'œil rapide sur les E. G. depuis le commencement de la monarchie. — Cahier du tiers état. — Diogène aux E. G. — Le disciple de Montesquieu à MM. les députés. — De la convocation, par Lacretelle. — De l'égalité des représentants. — Discours de la nation. — Doléances du pauvre peuple. — Essai d'un citoyen, par Ferrand. — Essai d'instruction pour les habitants des campagnes. — Exhortations à la Concorde. — De l'ordre du peuple. — Les Etats généraux convoqués par Louis XVI, par Target, 4 parties. — Histoire des Assemblées nationales, par Delandine. — Grand coup de filet des E. G. — Histoire de la convocation et des élections. — Lettre de Bergasse. — Mémoire du comte d'Antraigues. — Matières intéressantes. — L'orateur des Etats généraux, par Carra. — Pensez-vous comme moi. — Questions à examiner. — Réflexions patriotiques. — Sentiment d'un républicain. — Sur la forme d'opiner. — Le spectateur. — Vérités plaisantes. — Vie et doléances d'un pauvre diable. — Le nœud gordien. — Thémis dévoilée. — Voyage aux Etats généraux, etc., etc.

1056. Etrennes à la vérité, ou almanach des aristocrates. 1790, in-8. 10 »

Un des plus rares et des plus curieux pamphlets : il fut brûlé par la main du bourreau.

On y trouve pour chaque mois des prédictions où les dames de la cour (*la reine même*) sont fort peu ménagées.

Un état de la maison du roi, de la famille royale et des princes du sang, avec des commentaires fort orduriers.

Un tableau général des représentants de la Commune de Paris avec leurs caractères, puis une liste de livres imaginaires.

1057. Etrennes au beau sexe ou la Constitution en chansons. *Paris, imp. royale,* 1792, in-18, fig. m. vert fil. 4 »

1058. Etrennes nationales dédiées à la liberté française. 1790, in-12, br. 4 »
Orné de 8 portraits de députés et de 7 gravures.

1059. Extrait du procès-verbal de la séance tenue à la Grande-Pinte par les commissaires conciliateurs, nommés par les grenadiers des gardes françaises et les hussards de Bercheny, br. in-8. 1 25

1060. Fabre d'Eglantine. 5 br. 4 »
Discours prononcé dans la société des Jacobins, sur l'acte de la Commune de Paris, tendant à demander la retraite de 22 membres de la Convention, 1er mai an II. — Rapport sur le nouveau calendrier républicain. — Précis apologétique à ses concitoyens.

1061. Façon de voir d'une bonne vieille qui ne radote pas encore (par Séguier, avocat général). 1789, in-8, dem.-rel. v. 2 50

1062. Fanal (le) de la vérité ou le poignard censorial, dévoilé par Gaudefroy, avoué. *Corbeil*, an x, in-8. 2 »

1063. Fariboles (les) historiques ou que m'importe la Révolution si elle augmente ma misère. S. l., 1790, br. in-8. 2 »
Avec cette épigraphe : *Ah ! rendez-nous nos fers et donnez-nous du pain.*

1064. Fiat lux (le) du chaos français, où l'on voit la déviation de tout principe, de toute vérité et de toute tradition ; la démoralisation et désorganisation du plus florisant empire plongé dans les horreurs de l'anarchie. *Bruxelles. S. l.*, in-8, br. 3 »

1065. Figures (Collection de) pour l'histoire de la Révolution française, par Winkeles. 35 »
Collection très-intéressante contenant 75 fig., in-4° obl., 75 portraits et 25 allégories pouvant illustrer tout ce qui est de format in-8°.

1066. Finances. Environ 400 br. in-8, dans 5 cartons. 10 »
Bilan de la France au 1er janv. 1793. — Compte rendu des finances

par Desmarets. — le consommateur, dialogue. — Etat des finances au 1er janv. 1792. — Mém. sur la réformation des finances. — Motion de Rabaut Saint-Etienne. — Discours et rapports par Anson, Beugnot, Condorcet, Boirot-Lacour, Borie, Cambon, Delacroix, Guyton, Malouet, Lullier, Enjubault, Reubell et autres.

1067. Fléau (le) des tyrans et des septembriseurs, ou réflexions sur la Révolution française, par un vrai patriote de 89 (le général Danican). *Lauzanne*, 1797, in-8, br. curieuse figure. 5 »

1068. Fonvielle. Essai sur l'état actuel de la France au 1er mai 1796. — Résultats possibles de la journée du 18 brumaire an VIII ou continuation des Essais sur l'état, etc., 2 vol. in-8, br. 5 »

1069. Fouquier Tinville. Acte d'accusation, 28 frim. an III, br. in-8. 3 »

1070. — Réponse aux différents chefs d'accusation portés en l'acte à lui notifié, le 26 frimaire, à la défense de Billaud Varennes, etc. 1793. In-8, port. ajouté. 4 »

1071. — Mémoire pour Fouquier, ex-accusateur public près le tribunal révolutionnaire, in-4, br. 3 »

1072. — Jugement rendu par le tribunal révolutionnaire. In-4, br. 4 »

1073. Français, attention! on vous envoie à tous les diables. *Paris, de l'imp. d'un royaliste*, in-8. 1 50

1074. France (la), ce qu'elle a été, ce qu'elle est, et ce qu'elle sera. *S. l.*, 1790, in-8, br. 2 »

1075. France (la) République, ou le Vœu de ces Messieurs. Br. in-8. 1 50

1076. La France sauvée ou la plus exécrable conjuration dévoilée. *Novembre*, 1790, br. in-8. 2 »

1077. Frère (le) Jacques-Clément, à ses confrères les enragés. 1790, in-8, en vers. 1 50

1078. Galerie (la) des Etats généraux. 1789, 2 vol. — La Galerie des Dames françaises (mesdames de Sabran, de Beauharnais, de Polignac, de Genlis, de Guemenée, etc.). 1790, 1 vol. 15 »

Collection difficile à réunir. Les portraits y sont tracés de main de maître par Mirabeau, Rivarol, le marq. de Luchet, Choderlos de Laclos et autres.

Cet ouvrage fit une grande sensation à cause de la vérité et de la hardiesse des détails, il est plein de révélations piquantes et de

1079. Garat (Mémoires de) publiés par Maron. 1862, in-12, br. 1 50

1080. Gaultier de Biauzat. Doléances sur les surcharges que les gens du peuple supportent en toute espèce d'impôts. 1788, in-8, br. 2 »

1081. Grand combat national. *Paris*, 1790, br. in-8. 1 50

1082. Grand dénouement de la Constitution, parodie politico-tragi-comique jouée à Bruxelles le 1er janvier 1791, in-8, br. 2 50

Par l'auteur de la Guinguette patriotique.

1083. Grand (le) dîner des nouveaux conjurés. *S. l. n. d.*, br. in-8. 1 50

1084. Grand (le) jubilé national. *Paris*, 17 août 1790, br. in-8. 1 50

1085. Grande harangue prononcée à la barre de l'Assemblée nationale par le carillonneur de la Samaritaine, relativement au projet de fondre les cloches, br. in-8. 2 50

1086. Grandes questions à résoudre par les amis de MM. Necker, Bailly, Lafayette, et par tous ceux qui se piquent d'aristocratie ou de démagogie, br. in-8. 2 »

1087. Grands événements arrivés cette nuit à l'Assemblée des aristocrates poursuivis par le peuple, br. in-8. 1 50

1088. Granié (Pierre). Histoire de l'Assemblée constituante de France. *Paris*, an v, in-8, br. 3 »

Ecrite pour un citoyen des Etats-Unis de l'Amérique septentionale.

1089. Grenadier (le) patriote, où le despotisme détruit en France, avec les détails les plus exacts sur la révolution présente. 1789, br. in-8. 1 50

1090. Grossin de Bouville, député du bailage de Caux. De la position actuelle de la France. *Paris, Gattey, s. d.* in-8, br. 2 »

1091. Guillotin, docteur-médecin, ex-jésuite. Entretien curieux entre Guillaume Lefranc, qui a signé la pétition du docteur Guillotin, et Hercule de Sottancourt, duc de Sottenville, marquis de Montreorgueil et de Sotpartout, l'un des douze gentilshommes, etc. *Rennes*, 1789, in-8, non rel. 3 50

Pièce rare, du fameux inventeur de la guillotine.

1092. Hansotte (l'abbé). Le Repos des rois et des peuples. *Londres*, septembre 1793, in-8, br. 2 »

1093. Hébert. Procès instruit et jugé au tribunal révolutionnaire contre Hébert, rédacteur du Père Duchêne; Ronsin, Vincent et autres. *Paris*, an II, in-8, br. 6 »

1094. — Entrevue du P. Duchêne et de mesdames de France. *De l'imp. du P. Duchêne, s. d.*, br. in-8. 3 50

1095. — Vie privée et politique de Hébert, auteur du Père Duchêne. *Paris*, an II, in-8. 4 »

1096. — Vitres (les) cassées, par le véritable Père Duchêne. 1789, br. in-8. 3 »

1097. Hérault Séchelles, 7 br. in-8. 3 »

Discours et rapport sur la responsabilité des ministres. — Sur les préparatifs de la guerre. — Sur la sûreté générale. — Sur sa mission dans le Haut-Rhin, etc., etc.

1098. Histoire de deux célèbres législateurs du XVIIIe siècle, contenant plusieurs anecdotes curieuses et intéressantes. In-8. 3 »

Vie secrète de P. Manuel. — Vie politique de Pétion avec portraits.

1099. Histoire de la Révolution de 1789 et de l'établissement d'une constitution en France, par deux amis de la liberté. *Paris*, 1790. 20 vol. in-18, v. m. 25 »

Par Kerverseau et Clavelin pour les deux premiers volumes, et Lombard de Langres, Leriget et Caignard de Mailly pour les autres.

1100. Histoire-musée de la République française, par Challamel. 1857, 2 vol. gr. in-8, br. 22 »

Contenant un grand nombre de gravures, portraits, caricatures, costumes, fac-simile d'autographes, etc.

1101. Histoire pittoresque de la Convention nationale et de ses principaux membres, par M. L... conventionnel. 1833, 4 vol. in-8, br. 10 »

1102. Histoire secrète de Coblence dans la Révolution française, attribuée à Rivarol. *Londres*, 1795, in-8. 3 »

1103. Histoire secrète du tribunal révolutionnaire, par Proussinalle. 1815, 2 vol. in-8, dem.-rel. 8 »

> Avec des anecdotes piquantes sur les orgies des juges et des jurés, les déjeuners, dîners et soupers secrets des meneurs de la Convention et les parties fines de Clichy. Proussinalle est le pseudonyme de Roussel.

1104. Homme (l') qui réveille le chat qui dort. *S. l. n. d.*, br. in-8. 2 »

> Contre la vie déréglée du haut clergé.

1105. Horoscope (l') de la Révolution (par Sallo de Varennes, maire perpétuel de Sens). *A Londres et se trouve à Paris chez les impartiaux*, 1790, in-8, br. 2 50

1106. Horoscope de l'Assemblée nationale, précédé de quelques réflexions sur ce qui s'est passé depuis que la France a 1,200 législateurs. 1790, br. in-8. 2 »

> Curieux tableau des forfaits de l'Assemblée nationale.

1107. Hymnes et chansons. 8 br. in-8. 4 »

> Dont l'hymne à l'Etre suprême, par Laurence. — Le réveil du peuple, par Souriguere. — Couplets contre les agioteurs et les terroristes. — La galerie des hommes de sang. — L'amende honorable des terroristes. — Vrai portrait de la Montagne, etc.

1108. — La lyre de la raison, hymnes, cantiques, odes et stances à l'Etre suprême pour la célébration des fêtes décadaires. *Paris, an* II, in-18, cart. non rogné, *joli frontispice de Queverdo*. 4 »

1109. Il étoit temps, ou la Semaine aux événements (du 12 au 17 juillet 89), br. in-8. 1 50

1110. Influence de (l') de la philosophie sur les Forfaits de la Révolution (par Bernardi, officier de cavalerie). *Paris, s. d.*, in-8, br. 3 »

1111. Instructions sur les assemblées nationales, avec le détail du cérémonial observé dans celle d'aujourd'hui. *Paris*, 1787, in-8, fig., dem.-rel. 3 »

1112. Intrigues (les) dévoilées, ou les trente-trois factieux dénoncés. *S. d.*, br. in-8. 2 »

> Le duc d'Orléans, les Lameth, Mirabeau, Barnave, etc.

1113. Isnard. 9 br. in-8. 6 »

> Adresse de la Convention nationale au peuple français. — Isnard à ses collègues. — Isnard à Fréron. — Discours sur la chose publique. — Sur la nécessité de réunir dans un même esprit tous les citoyens de la France. — De l'immortalité de l'âme. — Proscription d'Isnard.

1114. Jacobins (sur les) 30 br. in-8, dans 1 carton. 20 »

Alliance des Jacobins de France avec le ministère anglais (par Méhée de la Touche). — Avant-dernier chapitre de l'hist. des Jac., par Dupont de Nemours. — Circulaire contre la trahison de Dumouriez. — La contre-révolution démontrée nécessaire par les Jacobins. — Crimes des Jacobins. — Dénonciation contre les intrigants. — Dialogue très-vif entre un jacobin et un fort de la halle qui a converti l'honorable membre. — Grands arrêtés du club, qui seront convertis en décrets de l'Assemblée comme de coutume. — Grande conversation d'Hervé sur le club des Jacobins. — Grande dénonciation à la tribune de l'arrivée de Léopold à Paris, par Barnave. — Id. Sur l'arrivée de 200 mille Allemands en France. — Id. Contre le club des Jac. — Grands remerciments aux Jac. sur les hauts faits de la journée du 28 fév. 1791. — Des Jacobins et des sociétés populaires dans un gouvernement républicain. — La Jacobinière, parade comme il n'y en a pas. — Lettre d'un enragé. — Plaintes amères et justes des Jacobins au bon peuple de Paris. — Ouvrez enfin les yeux. — Encore une fois ouvrez donc les yeux. — Le portier du club des Jacobins aux aristocrates. F..... puisque tout le monde s'en mêle, je peux bien f..... mon avis tout comme un autre. — Les secrets du club confiés au peuple. — Trahison contre l'État ou les Jac. dévoilés.

1115. — Dictionnaire des Jacobins vivants, dans lequel on verra les hauts faits de ces Messieurs. *Hambourg*, 1799, in-12, br. 3 »

1116. — Grande épuration des Jacobins par le tribunal révolutionnaire. *S. d.*, br. in-8. 2 50

1117. — Histoire des Jacobins depuis 1789 jusqu'à ce jour, ou état de l'Europe en 1820, in-8, dem.-rel. 5 »

Par l'auteur de l'Histoire des sociétés secrètes (Nodier peut-être ?)

1118. — Jacobineïde (la), poëme héroï-comi-civique. *Paris, au bureau des Sabbats jacobites*, 1792, in-12 fig., dem.-rel., *rare*. 8 »

Par Marchant, auteur des Sabbats jacobites, de la Chronique du Manège, etc.

1119. — Jacobiniade (la), ou le Délire et l'agonie des Jacobins, poëme héroï-comique en IV chants et en vers. *S. d.*, br. in-8. 3 »

1120. — Mémoires pour servir à l'histoire du Jacobinisme, par l'abbé Barruel. *Hambourg*, 1798, 5 tom. en 4 vol. in-8, v. m. 10 »

1121. — Pendant que la bête est dans le piége il faut l'assommer, ou le moyen infaillible d'utiliser les soc. populaires notamment le club des Jacobins. An III, br. in-8.
 2 »

1122. — Pour la seconde fois rendez-nous nos dix-huit francs, et foutez-nous le camp. Adresse aux Jacobites, br. in-8. 1 50

1123. — Pourquoi (les), ou le Catéchisme des bonnes gens. *Paris, an* III, br. in-8. 4 »

Curieuse pièce signée Veideret. Elle contient le résumé des faits et gestes des Jacobins depuis leur origine jusqu'à leur destruction.

1124. — Sabats (les) Jacobites (par Marchant). *Au Palais-Royal,* n° 1 à 24, in-8, br. 8 »

1125. Jean Bon Saint-André. Journal sommaire de la croisière de la flotte de la république, commandée par Villaret. *Paris, an* II, br. in-8. — Réponse à la dénonciation des citoyens de la commune de Brest. *Paris,* an III, br. in-8. 3 »

1126. Je tremble sur nos maux ; mes craintes sont-elles fondées. *Nancy,* 1790, br. in-8. 1 50

1127. Journal du baron de Gauville, député de la noblesse aux États généraux (4 mars 1789 au 1er juillet 1790), 1864, in-8, br. 1 50

Publié pour la première fois et tiré à 300 ex. seulement.

1128. Journal universel ou révolutions des royaumes, par une société de patriotes, et rédigé par Audouin, sapeur du bataillon des Carmes, nov. 89 à déc. 1790, 88 n°˚ divers, in-8, dans 1 carton. 8 »

Chaque numéro décoré d'un curieux sommaire.
Plusieurs femmes qui se sont brûlé la cervelle. — Grande dénonciation des cruautés du féroce Julien, intendant d'Alençon. — Plan combiné pour faire sauter une partie de Paris. — Évêque qui a manqué d'être exterminé par une troupe de femmes. — Grande désolation de la duchesse de Polignac. — Conspirateurs trouvés dans des caves, au faubourg Saint-Denis. — Perturbateur arrêté pour avoir demandé la tête de M. de Besenval. — Assemblées nocturnes chez le fameux Cagliostro. — Mort violente d'un serrurier pendu rue Beaubourg. — Grand détail sur l'assassinat commis par un boucher du faubourg Saint-Germain, envers le favori de sa femme, etc., etc.

1129. Journée (la) des Dupes, pièce tragi-politi-comique, représentée sur le théâtre national, par les grands comédiens de la patrie (attribuée à Bergasse). 1790, in-8. 3 »

1130. Journées de mai et juin 1793. Quelques notices pour l'histoire, et le récit de mes périls depuis le 31 mai 1793, par Louvet, l'un des représentants proscrits. In-8. 2 »

1131. — Précis rapide des événemens qui ont eu lieu à

Paris dans les journées de mai en juin 1793, par Gorsas. Br. in-8. 3 »

Suivi d'une notice sur Gorsas.

1132. Journées des 12 et 13 germinal et événemens qui les ont précédés et suivis. *Paris*, an III, br. in-8. 2 »

1133. Journée du 9 thermidor. 3 br. in-8. 3 »

Coup d'œil rapide sur la marche de la Convention et de ses comités depuis la révolution de thermidor. — Fragment pour l'histoire de la Convention depuis therm. jusqu'à la dénonciation de Lecointre, par Dussault. — Projet de procès-verbal des séances des 9, 10 et 11 thermidor, par Duval.

1134. — Causes secrètes de la révolution du 9 au 10 thermidor, par Vilate. *Paris, an* III, in-8, br. 6 »

Trois parties rares : la 3e est intitulée : *les Mystères de la mère de Dieu dévoilés.*

1135. Journées des 13 et 14 vendémiaire. 2 br. in-8. 3 »

Précis de la révolution de vendémiaire et de celles qui l'ont causée. — Rapports de Barras, Merlin et Tallien.

1136. — Notice sur le 13 vendémiaire, ou les Parisiens vengés, par Aug. Danican, commandant les sections le 13 vend. et condamné à la peine de mort, par la commission militaire. 1796, br. in-8. 5 »

Dédiée aux veuves et orphelins des Français assassinés par la Convention.
C'est du fond d'un caveau d'église, où l'auteur vécut pendant deux mois, qu'il écrivit ces notes sur une journée, pour lui néfaste. — Nous aimons à croire que c'est sous l'influence de sa condamnation que Danican prétend qu'en révolution le pouvoir demeure toujours aux plus scélérats — et l'auteur passe à l'énumération des faits et gestes de quelques-uns de ceux qu'il a bien connus, « ayant lui-même servi la République fabriquée par Collot, Billaut, » Marat et consorts, République à laquelle ont présidé les massacres » des prisons, le brigandage et la plus étonnante immoralité.....
» République! liberté! où diable vous cachez-vous donc! depuis » que je vous cherche, je n'ai rencontré à vos places que des » fripons, des sots, des échafauds, des bourreaux et des victimes : » je n'ai vu que des courtiers de factions, des patriotes à gages, » des voleurs, des cerveaux timbrés, des têtes systématiques et » dangereuses. » — L'auteur finit en concluant qu'il y a beaucoup plus de liberté en monarchie qu'en république. — Parisiens, vous avez vu, lisez et jugez!

1137. — Essai sur les journées de vendémiaire, par Réal. an IV, br. in-8. 3 »

Contre-partie de la pièce précédente, ici c'est le vainqueur qui parle.

1138. Journées du 18 fructidor an v. 12 vol. ou broch. in-8. 15 »

Discours de Daunou, Jourdan, Laloy. — Rapport de Bailleul. Réponse de Carnot. — De la révolution de fructidor, par Lemaire. — Avez-vous peur, réflexions sur la proclamation du 17, par Sieyès. — Le 18 fructidor, ou anniversaire des fêtes dictatoriales. — Camille Jordan à ses commettans. — Essai sur les causes qui depuis le 18 fruct. devaient consolider la République et ont failli la faire périr. — Journal de l'adjudant Ramel. — Horrible conspiration de tous les points de la République dans laquelle on a traité le 18 fructidor : *Journée des brigands.*

1139. Jourgniac Saint-Méard. Mon agonie de 38 heures, ou récit de ce qui m'est arrivé, de ce que j'ai vu et entendu pendant ma détention à l'Abbaye du 22 août au 4 septembre 1793, in-8, br. 2 50

Relative aux massacre des prisonniers de l'Abbaye.

1140. Jugement du Champ-de-Mars, rendu le peuple assemblé, les laboureurs y séant, 26 déc. 1788, in-8. — Le fanal du tiers état. — Les lunettes du citoyen zélé. 3 br. in-8. 4 »

Ces trois pièces sont de Letellier, avocat, et paraissent se faire suite.

1141. Jugement national rendu en dernier ressort par le comité général des diettines du Palais-Royal à Paris. 1789, br. in-8. 3 »

Condamnations contre le comte d'Artois, la duchesse de Polignac, la duchesse d'Aiguillon, d'Aligre, de Vaudreuil, de Broglie et autres.

1142. Juifs. 8 vol. ou br. in-8, dans 1 carton. 3 »

Grégoire. Essai sur la régénération des juifs. — Observations concernant les juifs en général et plus particulièrement ceux d'Alsace. — Pétition à l'Ass. nationale. — Requête à MM. des États généraux, etc.

1143. Julien de Toulouse, député proscrit, Réponse à ses dénonciateurs. An III. — Rapport sur les administrations rebelles. 2 br. in-8. 2 »

1144. Joyeuse (la) semaine, opuscule patriotique dédié à tous les bons Français, détail plaisant de ce qui s'est passé du 12 au 18 juillet 1790, br. in-8. 2 50

Sur la fête de la fédération.

1145. Laborie, lieut.-colonel. Plainte adressée à l'Ass. nationale contre le maréchal de Castries et de la Luzerne, Min. de la marine. 1790, in-8. 2 »

Terminée par l'histoire véritable de l'action de valeur de Dassas et la demande d'une récompense pour ses compagnons.

1146. La Fayette. 19 br. in-8. Recueil curieux. 12 »

Apologie. — Conspiration du club des Jacobins. — Dialogue entre le docteur Quickly et M. Amen, patriote impartial. — Discours de Torné sur la conduite du général. — Discours de Brissot sur les dénonciations relatives au général La Fayette. — Discours prononcé à la fédération. — La Fayette traité véritablement comme il le mérite. — Notice historique sur le marquis de La Fayette. — Nouvelle conspiration découverte. — Opinion de Delaunay d'Angers sur la pétition du général. — Oraison funèbre prononcée par le cheval blanc du ci-devant M. de La Fayette au champ fédératif, en l'honneur des assassins du régiment de Château-Vieux et des patriotes de Nancy. — Réponse à la justification de La Fayette, ou le cri de l'indignation d'un bon citoyen. — Réponse, Point de grâce à M. de La Fayette. — Voilà les crimes de La Fayette, etc., etc.

1147. La Fayette. 8 vol. ou br. in-8. 10 »

Confession générale. — Entrevue du duc d'Orléans et du général. — L'Espion patriote à Paris, manuscrit trouvé dans le secrétaire de La Fayette. — Grande conspiration qui devait avoir lieu le 16 janv. 1790. — Mém. de Lally Tollendal au roi de Prusse pour réclamer la liberté de Laf. — Nouveau siége du Palais par le général Mottier. — Mémoires authentiques sur Laf., par Bérenger. — Résurrection du malheureux assommé quai de la Ferraille, ou miracle du grand La Fayette.

1148. La Fayette. 70 pièces pour ou contre, in-8 et in-4. Recueil curieux. 20 »

Diverses adresses. — Affaire du général La Fayette ; recueil des discours pour ou contre prononcés au parlement d'Angleterre. — Au revoir, je pars demain. — Bassesses de l'armée bleue et conduite abominable du général. — Le cheval blanc et les frères bleus. — Conseils aux gardes nationales. — Correspondance avec le ministre Roland. — Divers discours. — Le général la Pique au général La Fayette. — Grande fédération de toutes les gardes nationales les 14 et 15 juillet 1790. — Justification. — La Fayette traité comme il le mérite. — La Fayette et d'Orléans jugés par la nation. — Lettres. — Liste des députés qui ont voté dans la question du décret d'accusation. — Opinion de Dumolard sur les dénonciations. — Projet d'anniversaire militaire. — Quel ridicule, appel au 33 mille, par Charron, etc., etc.

16 pièces sont de 1815 à 1820 ; aucune n'est citée ici.

1149. — Vie privée, impartiale, politique, militaire et domestique du marquis de La Fayette, général des bleuets. *Paris,* 1790, in-8, port., br. 4 »

Rare et curieux pamphlet en forme de poëme, le VIIIe chapitre a pour sommaire : *Revue des J. F. de l'armée parisienne au champ de Mars.*

1150. Laharpe, 8 pièces en 1 carton. 3 »

De la guerre déclarée par nos derniers tyrans à la raison, à la morale, aux lettres et aux arts, 1796. — De l'état des lettres en Europe, 1797. — Acte de garantie pour la liberté individuelle et la liberté de la presse, an III. — La liberté de la presse défendue contre Chénier. — Réfutation du livre de l'Esprit, 1797. — Oui ou non. — Me voici, Monsieur, ou observations adressées à la Harpe par l'abbé Arthur Dillon, 1791. — Apologie de la Sorbonne, lettre d'un fidèle à M. de la Harpe.

1451. — **Du fanatisme dans la langue révolutionnaire.** 1797, in-8. 1 50

1452. **Lally Tolendal.** 12 br. in-8, portrait ajouté, dans 1 carton. 4 »

De l'influence de la révolution sur la ville de Paris. — Quintus Capitolinus aux Romains. — Motion à l'Assemblée du bailliage de Dourdans. — Songe d'un Anglais fidèle à sa patrie. — Discours d'un membre de l'Assemblée nat. à ses co-députés. — Lettre à Edmond Burke ; Post-scriptum ; réponse au Post-scriptum ; Lettre de Burke ; réfutation, etc, etc.

1453. **Lambesc.** 9 br. in-8. 12 »

Descente aux enfers. — Néron Lambesc vit-il toujours? Toujours vit. — Les nouveaux projets de la cabale dévoilés. — L'orateur du peuple. — Précis historique et justificatif. — Testament préalable à la juste exécution du traître et assassin prince Lambesc, colonel d'honneur, chassé avec infamie de Royal-Allemand, gouverneur concessionnaire de la province d'Anjou, et un des premiers fauteurs des exécrables désordres publics, avec le *Credo des traîtres* et leur *Mea culpa*. 1789, in-8. — Sabreur (le) des Tuileries dans l'embarras. Nouvelle intéressante. 1789, br. in-8. — Générosité de M. de Saint-Priest envers le Sabreur des Tuileries (Lambesc). 1789, in-8. — Procès du prince de Lambesc. Résumé général. 1 vol. in-8 br., 2 fig. ajoutées.

1454. **Lameth.** 27 br. in-8, port. et grav. ajoutés. 15 »

Aux honnêtes gens de la France entière. — Avis au cousin Lameth — Grand assassinat de Lameth dénoncé par lui-même à l'Assemblée nationale. — Diverses lettres. — Opinion sur la constitution militaire. — Les tribunes vendues, ou la France trahie. — Les Lameth, par le marquis de Bièvre. — Les visites du matin. — Dîner patriotique, 23 mai 1790. — Election d'un nouveau roi. — Expédition au couvent des Annonciades. — Grand dénonciation de Lameth, Barnave et autres aboyeurs à la suite de la conspiration. — Lettre à M. de la Fayette. — Lettre de Lacroix et réponse. — Lettre de Duport. — Lettre du Père éternel. — La vérité pour deux sous. — Duel célèbre entre deux souverains (De Castries et Lameth). Hôtel dévasté par dix mille souverains (le Peuple). — La prise des Annonciades par le comte de Lameth. — Réponse à la prise. — Conversation entre Amédée Duras l'un des chefs de la domesticité du Château et Lameth l'un des chefs des factieux. — Grande motion d'Alex. Lameth, etc.

1455. **Lamoignon.** 8 br. in-8, fig. et port. ajoutés. 5 »

Relation exacte et détaillée de ce qui s'est passé à Paris, à l'occasion de la retraite de M. de Lamoignon et des excès auxquels s'est livrée la populace depuis le 14 septembre jusqu'au 17.

Arrêté des communes de Paris du 30 août 1788, avec l'arrêt des communes du 26 août contre Loménie, qui déclare exécrable sa mémoire : avec mandement aux trois états de refuser audit de Brienne, *excepté en Grève*, le feu et l'eau. Lu, publié et affiché en place Dauphine. — L'ombre de Malesherbes à Isnard, Cadroi et Durand Maillanne. — Lettre d'un vrai patriote. — Les mânes de Mme la présidente le Mairat à M. de Lamoignon. — Testament de M. de Lamoignon écrit de sa main la veille de sa mort, etc.

1156. **Langloys.** Des gouvernements qui ne conviennent pas à la France. 1795, in-8, br.   1 50

1157. **Lanjuinais.** Discours sur la question de savoir s'il convient de fixer un maximum de population pour les communes de la république. 24 mai 1793. — Dernier crime de Lanjuinais aux assemblées primaires sur la Constitution proposée en 1793. 2 br. in-8.   1 50

1158. **Lanterne magique nationale.** *S. l. n. d.* br. in-8.   2 »

1159. **Lanterne (la) magique républicaine.** *Juillet*, 1799, in-8.   3 »

Où tous les événements de la Révolution sont exposés d'une façon saisissante. On y trouve un article intéressant sur MARIE-ANTOINETTE.

1160. **Lanterne (la nouvelle) magique**, pièce curieuse, par un sous-lieutenant de Riquetti-cravate. 1790, br. in-8.   4 »

Ah! ça ira, ça ira, ça ira, les aristocrates à ma lanterne, par Hébert, le Père Duchêne.

1161. **Lavicomterie.** Du Peuple et des Rois, *Paris*, 1790, in-8, br.   3 »

1162. **Lebon.** Dernier (le) gémissement de l'humanité contre Lebon et complices (par Poirier), an III, br. in-8.   2 50

1163. Joseph le Bon dans sa vie privée et dans sa carrière politique, par son fils Émile le Bon. *Paris*, 1861, 1 vol. in-8, br.   4 »

1164. **Lecointre**, 9 br. in-8.   4 »

Compte rendu au peuple français. — Déclaration sur l'affaire des 5 et 6 octobre 1789. = Éclaircissement sur le compte-rendu par M. Narbonne, ex-ministre de la guerre. — Réponse de Gabriel Delahaye aux calomnies portées contre lui par Lecointre, etc., etc.

1165. — Les crimes de sept membres des anciens comités

de salut public et de sûreté générale. *Paris, an* III, in-8, rare. 3 »

Dénonciation formelle à la Convention contre Billaud-Varennes, Barrère, Collot, Vadier, Vouland, Amar et David.

1166. — Cri (le) des familles, ou discussion d'une motion faite à la Convention nationale par le rep. Lecointre, le 22 frimaire an III, relativement à la révision des jugements des tribunaux révolutionnaires, an III, in-8. 2 »

1167. Législation. Environ 110 br. in-4 et in-8, dans 4 forts cartons. 12 »

Appel à la nation, par l'abbé Lageard. — De l'unité du pouvoir monarchique. — Les droits des hommes. — Discours sur l'institution de la force publique, par Girardin. — Esquisse d'une nouvelle république. — Essai sur la justice primitive, par d'Ollivier, curé de Mauchamps, près d'Étampes. — Des officiers de paix et de la police correctionnelle, par Charron. — Sur l'organisation judiciaire, par Chauveau, etc.

1168. Lenoir Laroche. De l'esprit de la constitution qui convient à la France et examen de celle de 1793, in-8, dem.-rel. 2 50

1169. Lettre à l'abbé Aubert, rédacteur des petites affiches, par un citoyen breton, réfugié dans la capitale. 1790, in-8, br. 3 »

Suivie d'un décret de vente forcée d'un très-beau et magnifique royaume quoiqu'en toute roture, à la barre de l'Assemblée nationale.

1170. Lettre de M. de Sanois à Lacretelle. *A Cologne, le 24 mars de la quatrième année de la révolte des avocats françois contre leur roi*, br. in-8. 1 50

1171. Lettre d'un prêtre déporté à Rochefort, contenant l'histoire édifiante de son arrestation, de son interrogatoire et de l'état des prisonniers de Rochefort. *S. d.*, in-8, br. 2 50

1172. Lettres et pièces intéressantes pour servir à l'hist. du ministère de Rolland, Servan et Clavière. *Paris*, 1792, in-8, br. 2 »

1173. Lezay (Adrien). Qu'est-ce que la Constitution de 93? — Constitution de Massachussett. — Qu'est-ce que la Constitution de 95? *Paris, an* III, 2 vol. in-8. 2 »

1174. Liberté (de la) civile et des factions. 1789, in-8. 1 »

1175. Liste des aristocrates masculins et féminins, par le portier de M. Cazalès, br. in-8. 2 »

1176. Liste des candidats qui devroient entrer dans la nouvelle organisation des tribunaux, etc. *S. l.* (1790), br. in-8. 3 »

Accompagnée de notices biographiques, critiques et satiriques. N° 1, seul paru.

1177. Liste générale et très-exacte des noms, âges, qualités et demeures de tous les conspirateurs condamnés à mort par le tribunal révolutionnaire. *Paris*, an II. 11 num. en 1 vol. in-8, br. non rogné. 20 »

Très-rare.

1178. Liste générale des guillotinés, etc. 12 »

Autre exemplaire non relié dont le dernier feuillet est refait à la plume, quelques mouillures.

1179. Livre Rouge. Premier (2e et 3e) registre des dépenses secrètes de la cour. *Imp. par ordre de la Convention.* 1793, in-8, br. 4 »

1180. Long (le) Parlement et ses crimes, rapprochements faciles à faire. *Paris*, 1790, in-8, br. 2 »

1181. Louvet. 7 br. in-8. 3 »

Accusation contre Rovère. — Sur la conspiration du 10 mars et la faction d'Orléans. — Pétition. — Testament de Louvet. — Discours pour célébrer la mémoire du rep. Féraud assassiné dans ses fonctions le 1er prairial an III, etc., etc.

1182. — Mémoires de Louvet de Couvray, député à la Conv. nat. 1823, in-8. 3 »

De la coll. Baudoin.

1183. Lutteur (le) clairvoyant. (1789), br. in-8. 1 50

« On croyait les aristocrates vaincus, terrassés, écrasés, et je les » vois maîtres du champ de bataille et plus terribles que jamais. »

1184. Malesherbes. Notice historique, par Dubois, 1806. — Vie ou éloge historique, par Gaillard, 1805, 2 in-8, br. 2 50

1185. Mallet du Pan, 8 br. in-8. 4 »

Considérations sur la nature de la révolution de France, et les causes qui en prolongent la durée. — Supplément aux considérations, par Caze. — Conversations entre deux Français émigrés, sur la brochure intitulée *Considérations*, etc. — Correspondance politique pour servir à l'histoire du républicanisme français. — Du principe des factions en général et de celles qui divisent la France. — Sur la résidence des fonctionnaires publics. — La Salle à M. du Pan sur la révol. de Venise. — Lettre à M. du Pan sur le système des monarchiens, etc.

1186. Malouet, 27 br. in-8 dans 1 carton. 8 »

Opinion sur la sanction royale, — les droits de l'homme, — la nouvelle division du royaume, — la propriété des biens du clergé, — la révolte de la minorité contre la majorité. — Sur la sûreté du royaume. — Affaire du comte d'Albert. — Sur les conventions nationales. — Contre les libellistes. — Réponse à Barnave. — Dépenses de la marine. — Malouet à ses commettants. — Discours prononcé à l'assemblée du tiers état de la sénéchaussée d'Auvergne. — Voyage et conspiration de deux inconnues (la Liberté et la Raison). Histoire véritable.

1187. Manuel. La police dévoilée. *Paris*, an II, 2 vol. in-8, fig.   12 »

On y trouve de curieux détails sur la police des filles, et les procès-verbaux de personnes trouvées chez elles ; l'auteur était l'un des administrateurs de la police en 1789. Rare.

1188. Marat. Acte d'accusation contre Marat, du 20 avril 1773, imprimé par ordre de la Convention, br. in-8.
   3 »

Gravure ajoutée représentant Marat devant le tribunal.

1189. — Appel à la nation. 1789, in-8.   3 »

Contre le ministre des finances, la municipalité et le Châtelet ; raisons urgentes de destituer cet administrateur, de purger cette corporation et d'abolir ce tribunal, redoutables suppôts du despotisme.

1190. — Appel nominal qui a eu lieu dans la séance permanente du 13 au 14 avril 1793, in-8.   6 »

Sur la question : Y a-t-il lieu à accusation contre MARAT, membre de la Convention nationale? Curieux et très-rare. On y voit que l'accusation n'a pas été soutenue par Desmoulins, Robespierre, ni par les membres influents de cette époque.

1191. — Avis au peuple, ou les Ministres dévoilés. 1789, in-8.   3 »

1192. — Chaînes (les) de l'esclavage. *Paris*, 1833, in-8, port. cart.   5 »

Ouvrage destiné à développer les noirs attentats des princes contre les peuples, les ruses, les menées, les artifices qu'ils emploient pour détruire la liberté et les scènes sanglantes qui accompagnent le despotisme.

1193. — Découvertes sur le feu, l'électricité et la lumière constatées par une suite d'expériences nouvelles. *Paris*, 1779, in-8, non rel.   4 »

1194. — Dialogue des morts de la révolution, entre Loustalot et l'abbé Royou; entre Marat et Vergniaux sur le fédéralisme. *S. d.*, 48 pag.   3 »

Par l'auteur du Club infernal, Pilpay.

1195. Marat. Grande dispute au Panthéon entre Marat et Rousseau, par Dubrail. *S. d.*, br. in-8. 3 »

1196. — Offrande à la Patrie, ou Discours au tiers état de France. *Au Temple de la liberté*, 1789, in-8. 3 »

1197. — Peintre (le) politique, ou Tarif des opérations actuelles. 1789, in-8. 3 »

1198. — Plan de législation criminelle, dans lequel on traite des délits et des peines, de la force des preuves, des présomptions, etc. 1790, in-8, port., br. 7 »

> Ouvrage rarissime vendu jusqu'à 80 fr. dans les ventes publiques; le portrait est presque introuvable, ce doit être le plus ancien qui ait été gravé de ce personnage si diversement jugé. Le livre en lui-même peu connu, contient des aperçus du plus haut intérêt, et des remarques fort curieuses. (*Cat. Schles.*)

1199. — Portrait de Marat, par Fabre d'Eglantine. *Paris*, an II, in-8, br. 3 »

1200. — Recherches physiques sur l'électricité. *Paris*, 1782, in-8 br., figures. 8 »

1201. — Société des Jacobins. Adresse aux Français. 26 juillet 1793, in-8, 6 pag. 5 »

> Curieuse pièce, relation très-exacte de l'assassinat de Marat. On y a joint les portraits de Marat et de Charlotte Corday et 4 gravures, par Winkeles et Prudhomme.

1202. Maréchal (le) des logis des trois ordres. *S. l. n. d.*, br. in-8. 1 50

1203. Maury (opinions de l'abbé), 12 br. in-8, avec portrait, dans 1 carton. 6 »

> Sur le droit de faire la guerre. — L'organisation de la haute Cour nationale. — La régence. — Les hommes de couleur. — L'hôtel des Invalides. — Les assignats. — La propriété des biens ecclésiastiques. — Le clergé d'Alsace. — Sur la Constitution civile du clergé. — Sur le remboursement que demande M. d'Orléans de 4,158,850 livres pour la dot de la reine d'Espagne. — Réponse de M. d'Orléans à l'abbé Maury.

1204. — Vie privée de l'abbé Maury. 1790, in-8. 4 »

> Satire curieuse par le fameux père Duchêne (Hébert).

1205. Meillan (Mémoires de), député des Basses-Pyrénées à la Conv. Nat. 1823, in-8. 2 50

> De la coll. Baudoin.

1206. Mémoire justificatif pour le cit. Herman, commissaire des administrations civiles. *Thermidor an* II, br., in-8. 2 »

Suspecté d'avoir été l'agent, l'affidé et le confident de Robespierre.

1207. Mémoire pour le Peuple français (par l'abbé Cerutti). 1788, in-8. 1 50

1208. Mémoire pour les veuves et enfants des citoyens condamnés par le tribunal révolutionnaire, antérierement à la loi du 22 prair. 44 pag. in-4 (*très-curieux*).
3 »

1209. Mémoire pour M. Barentin, ancien garde des sceaux, sur la dénonciation dans laquelle il est nommé. *Paris*, 1790, in-8. 2 »

1210. Mémoires de l'exécuteur des hautes œuvres, pour servir à l'histoire de Paris pendant la Terreur, publiés par Grégoire (Lombard de Langres). *Paris*, 1830, in-8, dem.-rel. v. 6 »

1211. Mercier. Le nouveau Paris. *Paris* (1800), 6 tom. en 3 vol. in-8, dem.-rel. 18 »

Production d'un cynisme révoltant, écrite d'un style trivial.
(QUÉRARD.)

L'auteur fut député de Seine-et-Oise à la Conv. nationale et membre du conseil des Cinq-Cents. « J'avais terminé (dit-il), vers la
» fin de 1788, le tableau de Paris et je comptais bien n'y pas revenir,
» lorsqu'une révolution dont le souvenir ne périra jamais vint
» bouleverser les mœurs d'un peuple paisible et lui inspirer tour à
» tour le courage le plus héroïque et la férocité la plus lâche.... »
» Ainsi que la boue de Paris est une boue toute particulière.....
» la canaille d'une grande ville, qui n'y est point née, est une ca-
» naille qui n'a point de nom. C'est sur elle que les factieux ont
» appuyé leurs projets et Danton le mauvais génie de la France la fit
» fermenter. Depuis lui, les chefs de parti se sont servis de cette
» horde infernale d'où sortirent les Hébert, les Ronsin et les
» membres atroces de la Commune rebelle de Paris. »

Cet ouvrage est un des plus curieux et des plus intéressants de l'époque révolutionnaire. Il est divisé par chapitres quelquefois très-étendus, et toujours très-émouvants : Sur les clubs. — Les massacres de septembre. — Le bonnet rouge. — La garde nationale. — La Commune de Paris. — Les sections. — Le district des cordeliers. — Les cris nouveaux. — Le tribunal révolutionnaire. — Le Patriote. — Les sans-culottes. — Les cantines populaires. — Les affiches des murs. — Nudité. — Samson. — Est-ce un supplice doux que la guillotine. — Les fournées. — Les furies de guillotine. — Les bals à la victime. — Le coupeur de têtes (Maillard). — Le supplice de Robespierre. — Fouquier-Tinville.

On y trouve également les portraits, écrits, de Bailly, Desmoulins, Pache, Lebon, Carrier, Lindet, Pethion, Legendre, Marat, Loiserolles, Louvet, etc., etc.

1212. Merveilleuse (la) conversion d'un aristocrate, par un démocrate. *Paris*, 1792, br. in-8. 2 »

Il n'a pas fallu moins que la menace de la lanterne et un commencement d'exécution pour obtenir ce merveilleux résultat.

1213. Mes amis, voici comment tout irait bien. — Mes amis, voici pourquoi tout va si mal. *Avril* 1790, 2 br. en 1 vol. in-8, br. 2 »

1214. Mille (les) et un abus. *Septembre* 1789, in-8. 2 »

Des domaines, du clergé, de la liberté de la presse, etc.

1215. Ministre (le) de trente-six heures quarante-quatre minutes et vingt-cinq secondes, ou le maréchal de Broglie perfide et traître à la patrie, br. in-8. 3 »

« Lâche courtisan... monstre dénaturé... citoyen pernicieux..
» infâme avorton de l'honneur.... en immolant tous les Français à ta
» funeste voracité, tu espérais sans doute bâtir une ville immense avec
» leurs ossements et des tours formidables auraient été construites
» avec leurs crânes.... Tyran inique, aidé de tes détestables complices,
» tu voulais trancher les têtes des Français et les attacher à tous les
» arbres de la route de Versailles.... Quel spectacle hideux préparais-
» tu à Louis le Bienfaisant, tu voulais en faire un monstre comme
» toi, etc., etc. » — On a joint à cette brochure : le récit des événements mémorables arrivés à Verdun au sujet du marquis de Broglie et son arrivée à Metz, 1789.

1216. Mirabeau. Œuvres complètes précédées d'une notice sur sa vie et ses ouvrages, par Merilhou. *Paris*, 1827, 9 vol. in-8, port. et fac.-sim. br. 30 »

1217. Mirabeau, 75 br. in-8, dans 4 forts cartons. 25 »

Abrégé de la vie et des travaux de.... par Pithou. — Adresse aux Français. — Aux Bataves. — Le comte de... dévoilé. —Dénonciation de l'agiotage, au roi. — Détail des horreurs commises à Perpignan par le vicomte, sa fuite à Castelnaudary où il a été arrêté. — Etude sur Mirabeau, par Victor Hugo. — Les finances ou le pot-au-feu national du grand M. — Lettre aux commettans de Mirabeau par Servan. — Lettres du comte à ses commettans, 19 parties, *rare*. — Voyage national de Mirabeau cadet. — Journal de sa maladie et de sa mort par Cabanis. — Discours. — Lettres. — Motions. — Interrogatoire de Victor Riquet. — Nouvelle trahison de Mirabeau, etc., etc.

1218. — Collection complète des travaux de Mirabeau à l'Assemblée nationale, publiée par Mejean. 1791, 5 vol. in-8, br. 8 »

1219. — Correspondance entre Mirabeau et le comte de Lamarck en 1789, 90 et 1791, recueillie et publiée par de Bacourt. 1851, 3 vol. in-8, dem.-rel. veau. 12 »

1220. — Vie privée et publique de Riquetti, comte de Mirabeau. *Paris, hôtel d'Aiguillon*, 1791, in-8. 3 »

Pamphlet rare et fort violent contre le célèbre orateur. Exemplaire fatigué.

1221. Miroir (le) du peuple ou le peuple justifié des crimes du Triumvirat, par un citoyen de Versailles. *S. l. n. d.*, br. in-8. 2 »

1222. Miroir hideux de la Constitution (par Ferrand). *De l'Imp. d'un royaliste. S. d.*, br. in-8. 2 »

1223. Missionnaires (les) de 93, par l'auteur du Génie de la Rév. *Paris*, 1820, in-8, dem.-rel. 4 58

« Nos libéraux, pénétrés s'il faut les en croire d'une égale horreur
» pour les erreurs de 93 et pour la terreur de 1815, ont trouvé dans
» les pétitions des bannis, une occasion de faire leur profession de foi
» sur ces deux époques. Ils les ont rapprochées, ils les ont mêlées, ils
» les ont enveloppées dans un seul et même anathème. Nous nous
» proposons de les comparer sans les confondre. » *Extr. de la préface.*

1224. Moins de paroles et plus d'effets, adresse sans fadeur à l'Assemblée nationale. 1789, in-8. 1 50

1225. Mon retour à la vie après 15 mois d'agonie, anecdote qui peut servir à la connaissance de l'homme (par Jos. Paris de l'Epinard). — Réponse pour les officiers de santé de l'hospice national, au libelle intitulé : Mon retour à la vie. 1793, 2 vol. in-8, br. 3 »

1226. Monstres (des) ravagent tout. *A Paris, de l'Imp. d'un royaliste* (1789), in-8. 2 »

Epigraphe : l'*Enfer dicte nos lois.*

1227. Montesquiou, général. 1792, 5 br. in-4, et 2 in-8, dans un carton. 2 »

Mémoire justificatif. — Correspondance avec le ministre Clavières. — Discours à l'Ass. nat. — Lettre à M. Mouraille, maire de Marseille.

1228. Montlosier. 3 br. in-8. 3 »

De la nécessité d'une contre-révolution. — Des moyens de l'opérer. — Des effets de la violence et de la modération dans les affaires de France.

1229. Morellet. Mémoires inédits sur le XVIIIe siècle et la Rév., publiés par Lemontey. 1823, 2 vol. in-8, br. 8 »

De la coll. Baudouin.

Ces mémoires embrassent toute la dernière moitié du 18e siècle et ne s'arrêtent qu'à la fin du Consulat, ils sont riches en noms propres. C'est une suite de portraits des personnages marquants du parti philosophique.

1230. Mounier. 6 vol. ou br. in-8, dans 1 carton. 6 »

Adolphe, ou principes de politique résultat de la plus cruelle expérience. — Considérations sur les gouvernements et principalement sur celui qui convient à la France. — Exposé de la conduite de M. et motifs de son retour en Dauphiné. — Nouvelles observations sur les Etats généraux de France. — Réflexions politiques sur les circonstances présentes. — Lettre aux Français.

1231. — Adresse aux Provinces, ou Examen des opérations de l'Assemblée nationale. 1789. — Réponse à l'Adresse aux Provinces. 2 br. in-8. 5 »

L'auteur ne paraît pas enchanté de la composition de l'Assemblée : « Qu'est-ce, je vous le demande, qu'un petit Robespierre qui
» n'était connu à Arras que par son ingratitude pour l'évêque qui
» l'avait fait élever? Un Mirabeau échappé à la corde, mais jamais à
» l'infamie? Un prince qui n'a jamais été connu de vous que par sa
» crapule? Un Barnave insolent, ce qu'on appelle un drôle......
» leur aviez-vous donné la première idée du jeu de la lanterne,
» aviez-vous fait le complot de porter à Paris la tête de la reine, de
» vous précipiter dans son appartement, aviez-vous ordonné d'as-
» sommer l'évêque de Paris, etc. »

1232. Mystères de la conspiration. 1791, in-8, dem.-rel. v. 4 »

Curieux écrit contre la faction d'Orléans ; on y trouve le croquis du projet de révolution surpris chez Mme Lejay. — La confession de Berthier coiffeur travesti en abbé, chargé d'assassiner le comte d'Artois, les princes de Condé et de Bourbon. — Le départ du roi, etc.

1233. Nation (la) sans-culotte, dialogue entre les nommés Craquefort, Laverdure ancien grenadier, etc. S. l. n. d., br. in-8. 2 50

Style du père Duchêne, les F... et les B... n'y manquent pas, il n'y a que les sentiment qui diffèrent.

1234. Navigation intérieure. 9 broch. in-8. 3 »

Richesse de l'Etat ou navig. intérieure, par Lequinio. — Rapport du projet de canal de Sommevoire à Chalette par la rivière de Voire, et de Chalette à la Seine par l'Aube, par Robin. — Canal du Rhône au Rhin, par Bertrand. — Autres rapports, par Lequinio, Sebire, Malus, Delattre, Poncin.

1235. Necker et Calonne. 80 br. in-8 et in-4, dans 5 cartons. 15 »

Abrégé historique de l'administration de M. Necker, comparée avec celle de M. de Calonne. — L'antidote auprès du poison. — Apparition de l'ange consolateur à un moribond au Palais-Royal. — Bouquet. — Compte rendu au roi. — Correspondance entre M. C. et Mirabeau sur le rapport de M. Necker. — Dénonciation. — M. de Calonne dénoncé à la nation. — Dialogue sur les opérations de Necker. — Esquisse de l'état de la France, par de Calonne. — Examen du système de Necker. — Les Francs. — Grande révolution à Londres et emprisonnement de Calonne. — La joie des Français. — L'arrivée de M. Necker. — Lettre au roi par de Calonne. — Lettres surprises à M. de Calonne. — Lettre d'un propriétaire (par M. de Bourboulon). — Ma confession, mon secret. — Ma dernière leçon. — Mémoire au roi. — Mém. sur les finances de France. — Procès de Calonne. — Réponse sincère. — Le rocher de la Nation découvert par Necker. — Le roi Necker. — Royaumes à régénérer par souscription. — Les trois pétitions de Brémond.

1236. Nous mourrons de faim, le peuple est las, il faut que ça finisse (par Martainville), br. in-8.   1 50

1237. Nouveau dictionnaire françois à l'usage de toutes les municipalités, les milices nationales et les patriotes ; composé par un aristocrate. *Se trouve à Paris, au manége des Tuileries, au club des Jacobins, à l'hôtel de ville, etc.; juin 1790*, in-8.   3 50

Au bas du titre on lit ce N. B. :
« On ne recevra en payement ni assignat, ni billet d'aucune espèce, s'ils ne sont cautionnés par un juif, un comédien, ou un BOURNEAU en fonction d'officier municipal.
» Ce livre est de l'aristocratie d'une effronterie rare. L'auteur « parle souvent de *Marseille*, y serait-il ? Au bagne apparemment.
» Quoi qu'il en soit, la lecture de ce libelle sans esprit est dégoûtante, toujours les mêmes injures (*Sylv. Maréchal*). »
On y trouve un article sur la reine.

1238. Nouveau dictionnaire pour servir à l'intelligence des termes mis en vogue par la révolution. *Paris, janvier 1792*, in-8, br.   3 »

1239. Nouvelle composition de la milice parisienne. *S. l.*, br. in-8.   2 »

Pièce satirique curieuse.

1240. Observateur (l'), par Feydel. Août 1789 à août 1790. In-8, dans 1 carton.   8 »

Nos 1 à 26, 29 à 91. Voici un échantillon des sommaires :
Aventure désastreuse d'un noble du Poitou qui avait attaché la cocarde nationale à la queue de son chien. — Nobles brigands arrêtés dans une forêt. — L'âne capitaine. — Cinquante brigands amenés dans les prisons d'Orléans. — Comédien pendu à Rouen. — Emeute à Orléans. — Arlequin général d'armée et sa tête mise à prix. — Nouvelles du comte d'Artois et de Mme de Polignac. — Boulanger pendu par le peuple. — Siége de Lannion par des patriotes bretons. — Cocher de M. de Noailles pendu à Saint-Germain. — Arrivée de douze juges et de six bourreaux à Troyes pour venger la mort du maire. — Lettre de l'exécuteur des hautes œuvres de Paris. — Histoire de la culotte de M. C. — Manière dont une abbesse paye les gages de ses domestiques. — Bravoure d'un Augustin, ruse de guerre d'un Récollet, etc., etc.

1241. Opinion (l') d'un homme sur l'étrange procès intenté au Tribun du peuple, et à quelques écrivains démocrates. *De l'Imp. des patriotes de 92*, br. in-8. 1 50

1242. Oraisons et Prières. 28 broch. in-8, dans 1 carton. 25 »

Alleluia du tiers état. — Aux âmes chrétiennes, sexte, none, vêpres et complies à l'usage du peuple. — *Credo* du tiers état. — *De profundis* de la cour des aides. — *De profundis* de la noblesse et du clergé. — Le *Dies Iræ*, ou les trois ordres au jugement dernier. — l'Epître du jour aux Parisiens. — Le *Gloria in excelsis*, du peuple. — Grande messe votive qui doit être célébrée à l'ouverture des Etats généraux. — *Introibo ad altare Dei*, du peuple. — Litanies des aristocrates. — Litanies du tiers état. — *Magnificat* du tiers état. — La nouvelle Epiphanie. — Paraphrase du *Venite exultemus Domino*. — *Pater* du tiers état. — Prône aux roturiers. — Prières à l'usage des trois ordres. — Prières civiques. — Prône patriotique sur le salut de l'Etat. — Psaume paraphrasé. — Semainesainte. — Symbole des patriotes. — *Te Deum* des religieux. — Les ténèbres du Parlement, etc.

1243. Ordonnance de police de très-haut et très-puissant seigneur Sancho Pança. *Paris*, 1789, br. in-8. 3 »

Sur les prêtres, les mariages, les filles, etc., le tout entremêlé de proverbes où le gros sel ne manque pas.

1244. Organisation patriotique des départements de la république de France, dédiée aux Jacobins. *S. l., l'an deuxième de la honte de la France*, br. in-8. 3 »

Ecrit violent contre Robespierre, Barnave, Lameth, Mirabeau, Lafayette et autres.

1245. Où le bât nous blesse. Chanson à la portée de tout le monde, enrichie de notes intéressantes. *A la Vérité, rue Sans-Gêne. Juillet* 1789, br. in-8. 2 »

1246. Ouvrez donc les yeux (par d'Agoult), 1789. — Oui j'ouvrirai les yeux, répond un ancien garde française. 2 br. in-8. 2 50

Contre les excès de la Révolution.

1247. Pain (Cherté du). 1789, 6 br. in-8, fig. aj. 4 »

Mort du boulanger. — Le boulanger et la boulangère. — Lettre des boulangers de Paris au peuple. — Réflexions d'un ouvrier. — Le pain du peuple, sur lequel on vient de prélever 806 millions en 8 mois. — Quand aurons-nous du pain.

1248. *Pange lingua*, complainte démocratico-royale, par l'aut. du *Veni creator Spiritus*. *Saint-Cloud*, 1790, br. in-8, avec figure. 2 50

1249. Papiers saisis à Bareuth et à Mende (Lozère). An x, in-8, br. 2 50

1250. Pariséide (la) ou les Amours d'un jeune patriote et d'une belle aristocrate, poëme héroï-comi-politique, en prose nationale. *Paris*, 1790, in-8, br. 3 »

1251. Partage (le) du Diable, ou la Monacaille aux enfers. *Paris, de l'imprimerie des Enfants de St-Bruno, dans le cloître des Chartreux.* 1790, in-8, fig., br. 6 »

Ouvrage destiné à prouver les causes de l'orgueil et de la crasse monastique, et leurs sinistres effets, curieuse figure.

1252. Passion (la) de notre vénérable clergé, selon l'évangile du jour (par Caraccioli), br. in-8. 2 »

Avec cette épigraphe : *Les disciples ne seront pas mieux traités que le maître.*

1253. Passion (la), la Mort et la résurrection du Peuple. 1789, br. in-8. 3 »

1254. Père (le) Gérard, aristocrate sans le savoir, br. in-8. 1 50

1255. Pétion (œuvres de Jérôme), membre de la Convention nationale, et maire de Paris. 1792, 3 vol. — Pièces intéressantes servant à constater les principaux événements qui se sont passés sous la mairie de Pétion. *Paris*, 1793, 1 vol., ensemble 4 vol. in-8, br. 10 »

Le dernier volume peu commun.

1256. Petit catéchisme à l'usage du clergé, de la noblesse et du tiers état, publié par ordre de Mgr le Bon Sens, et rédigé par un citoyen du tiers état, br. in-8. 1 50

1257. Petit dictionnaire des grands hommes de la révolution (par Rivarol et Champcenetz). *Au Palais-Royal, de l'imprimerie Nationale.* 1790, in-8, dem.-rel. v. 4 »

Ce dictionnaire est composé de 136 articles ou épigrammes en prose autant de personnages qui ont la plupart bien mérité de la patrie. (*Sylv. Maréchal.*)

1258. Petit dictionnaire des grands hommes et des grandes choses qui ont rapport à la révolution, composé par une société d'aristocrates. *Paris*, 1790, in-8, br. 3 »

Pour servir de suite à l'histoire du brigandage du nouveau royaume de France, adressé à ses douze cents tyrans.

1259. Pétition des femmes du tiers état au roi. 1er janv. 1789, br. in-8. 2 »

Demandant à ce que les femmes prostituées portent une marque distinctive.

1260. Pétition d'un citoyen, ou Motion contre les carrosses et cabriolets. 1790, br. in-8. 1 50

1261. Peuple Français, vous êtes trompé. *De l'imprimerie des Capucins;* s. d., br. in-8. 1 50
Contre les Jacobins.

1262. Plaidoyer (premier) contre Collot, Billaud, Barrère, Vadier et complices. — Les membres de l'ancien comité de Salut public, au peuple français. — Un mot à la décharge des trois membres inculpés, par Maure de l'Yonne. An III, 3 br. in-8. 3 »

1263. Plainte rendue au Chatelet contre l'abbé Maury, Despremenil et Mirabeau, par Perraud. — Information faite au district des feuillans, concernant l'enlèvement de M. Perraud. Avril 1780, 2 br. in-8. 1 50

1264. Poëmes. 7 vol. ou br. in-8, dans 1 carton. 10 »
La Bazochéide. — Le Crime ou l'année 1789. — La Fédération, par Mercier de Compiègne. — La France libre, par Robbé. — Les Révolutions de France ou la liberté, par Sericys. — Le Triomphe de la Bazoche, par Tignel. — Le Triumvirat de MM. Necker, Bailly et Lafayette.

1265. Le Point du Jour, par Barrère : du 19 juin 1789 au 20 octobre 1791. 815 n°s en 26 vol. in-8, rel. 50 »
Journal peu commun. Exemplaire bien complet.
M. Gallois dans son histoire des journaux de la rév. s'exprime ainsi au sujet de cette feuille : — « La plume habile de Barrère » nous a transmis les discussions les plus orageuses avec tout l'in-» térêt dramatique qu'elles pouvaient avoir. En un mot, le *Point du* » *Jour* nous paraît le meilleur journal que puissent consulter les » historiens. »

1266. Poissons (les) d'avril de l'Assemblée nationale, de la Commune, etc. *Paris, de l'imp. du Père Laligne, au Chat qui Pêche.* 1790, br. in-8. 2 »

1267. Politique (la) incroyable des monarchiens. *Février* 1792, in-8, br. 1 50

1268. Portraits des personnages célèbres de la Révolution, par Bonneville, avec tableaux historiques et notice, par Quénard. 1796, 4 vol. in-4, cart. 75 »

1269. Pot-pourri national, ou matériaux pour servir à l'histoire de la révolution, par un ami de la liberté. *Paris,* 1790, in-8, br. 2 »

1270. Précis des événements, depuis le 5 mai 1789 jusqu'à ce jour, 1er juillet 1790. *De l'imprim. d'un royaliste,* in-8. 1 50

1271. Précis historique de la Révolution française, par Lacretelle. 1810, 5 vol. pet. in-12. v. m. 5 »
Orné de jolies figures par Duplessis Bertaux.

1272. Procès criminel qui doit être jugé en 1799 au tribunal de cassation de vingt-cinq millions de Français, contre une aventurière nommée Révolution, connue par ses crimes dans les quatre parties du monde. S. l. n. d. — Pièces de conviction, etc. 2 br. in-8. 3 »

1273. Procès-verbal de l'assemblée générale des saints martyrs, confesseurs, anges, chérubins, séraphins, etc., qui a eu lieu en Paradis, le 15 nov. 1789. Séance des saints au Paradis, 20 nov. 1789, suite, 2 br. in-8 3 »

1274. Procès-verbal et protestation de l'assemblée de l'ordre le plus nombreux du royaume. S. l. n. d., br. in-8. 3 »
L'ordre dont il est question ici est celui des C...... On peut le croire fort nombreux par la liste qui se trouve jointe au procès-verbal.

1275. — Réponse des femmes de Paris, au cahier de l'ordre le plus nombreux du royaume. 1789, br. in-8. 3 »

1276. Proclamation du Directoire exécutif aux Français en date du 17 fruct. an VII de la république une et indivisible : et Réponse des Français au Directoire exécutif le 4 sept. (époque très-remarquable) 1799 : onzième année de la révolte, de tous les crimes réunis, etc. *Paris, de l'imp. du Directoire*, br. in-8. 2 »

1277. Prophéties. 14 br. in-8, dans 1 carton. 8 »
Délire prophétique d'une diseuse de bonne aventure. — Le monstre déchiré, vision prophétique. — Les oracles de la Sybille. — Le Petit Nostradamus. — Le prophète Jonas. — Prophéties de Mad. La Brousse. — La Sybille gallicane. — Résurrection du clergé, etc., etc.

1278. Prostitution (de la). Cahier et doléances d'un ami des mœurs adressés aux députés du tiers état de Paris. *Au Palais-Royal* (1790), br. in-8. 3 »

1279. Protestation de MM. de Mirabeau, Chapelier, Clermont-Tonnerre, etc., br. in-8. 1 50

1280. Puce (la) à l'oreille du bonhomme Richard, capitaine dans la garde non soldée de Paris. 1791, 2 part. en 1 vol. in-8, br. 3 50
Curieux écrit anti-révolutionnaire contre les jacobins, le comité des recherches, etc.
Les proverbes n'y sont pas ménagés.

1281. Purgatoire (le) anéanti, ou dernier courrier du petit enfer politique, br. in-8. 2 50

Arrivée de deux abbés dans nos demeures expiatoires, vacarmes qu'ils y causent.

1282. Quatre (les) préjugés du ministre, ou la France perdue, tragédie welche, en 6 actes. 1790, in-8. 2 »

En prose, attendu que les crimes des enfers ne peuvent se peindre en vers, qui sont le langage des dieux.

1283. Qui est-ce donc qui gagne à la Révolution. *S. d.*, in-8. 1 50

1284. Quinzaine mémorable, ou Précis des événements qui ont eu lieu à Paris du 12 au 26 juillet 1787. In-8, br. 3 »

Détails curieux sur les commencements de la révolution, la prise de la Bastille, etc., plus une liste des fugitifs dans la nuit du 16 au 17 juillet.

1285. Rabaut Saint-Étienne. 7 br. in-8, 2 port. aj. 3 »

Organisation de la force publique. — Réflexions sur la nouvelle division du royaume. — Opinions. — Précis tracé à la hâte, au moment où un décret arraché à la Convention le forçait à se mettre à l'abri des complots sanguinaires et liberticides.

Ant. Allut de Montpellier fut condamné à mort par le tribunal révolutionnaire de Paris, 7 messidor an II, pour avoir colporté les écrits infâmes de Rabaut Saint-Etienne. (Voy. Dict. de Prudhomme.)

1286. — Considérations intéressantes sur les affaires présentes. *Londres*, 1788, in-8, br. 2 50

On y trouve un curieux rapprochement, ou parallèle des événements et des grands objets d'administration des règnes de Louis XIV et de Louis XVI; le tout à la louange de ce dernier.

1287. — OEuvres, avec une Notice sur sa vie, par Collin de Plancy. *Paris*, 1826, 2 vol. in-8, port., br. 5 »

1288. Rapports des représentans du peuple Camus, Bancal, Quinette, Lamarque, envoyés avec le général Beurnonville à l'armée du Nord en mars 1793. In-8, non rel. 2 »

1289. Recueil de la correspondance (contre-révolutionnaire), saisie chez Lemaître, et dont la Convention a ordonné l'impression. *Brumaire* an IV, in-8. 2 »

1290. Recueil de portraits et figures pour servir à l'histoire de la révolution française. *Amst.*, 1794, in-8. 35 »

Environ 75 gravures par Winkeles, 75 portraits gravés par Claessens et 25 allégories.

1291. Réflexions sur la déportation et sur la confiscation,

ou véritables principes d'un gouvernement révolutionnaire. *Paris, s. d.,* br. in-8. 2 »

1292. Requête des dames à l'Assemblée nationale (contre les priviléges du sexe masculin). — Requête des femmes pour leur admission aux Etats généraux. 2 br. in-8. 2 »

1293. Résurrection (la) des bons Français et la mort civile des aristocrates. Chez *Louis le Sincère, à l'Espérance.* 1789, br. in-8. 2 »

1294. Rétablissement (le) de la monarchie française (par Ferrand, avocat). *Liége,* 1794, in-8, br. 2 »

1295. Rêve (le) d'un homme de bien, adressé aux représentants de la nation, par M. Triau, ancien gendarme. 1789, br. in-8. 1 50

1296. Réveil (le) de la nation, ou instruction familière au peuple, par laquelle il apprendra ce qu'on n'a pas encore osé lui dire. *Paris, la quatrième année de la désolation,* br. in-8. 1 50

1297. Réveil (le) des rois, ou Essai sur la fausseté des principes des démocrates actuels sur la révolution de France. 1791, br. in-8. 2 »

Curieux et intéressant.

1298. Révélations puisées dans les cartons des comités de salut public et de la sûreté générale ; ou mém. inédits de Senart, agent du gouvernement révolutionnaire. 1824, in-8, cart. 4 »

Senart avait surnommé ce recueil d'affreux souvenirs : le Grand livre des crimes. Cette édition fait partie de la collection Baudouin.

1299. Réverbère (le) citoyen. br. in-8. 1 50

1300. Réverbère (le) français. 1790, br. in-8. 2 50

Contre le clergé, avec cette épigraphe : Les riches abbés, les moines opulents, dans les délices de la table et de la volupté ont abusé de leur prospérité.

1301. Révolution (la), poëme en vers français, plus libres que la liberté même. 1790, br. in-8. 1 50

1302. Révolutions de Paris, par Prudhomme, etc. 17 vol. in-8, dem.-rel. bas., figures et cartes. 48 »

C'est le livre rouge où sont consignées toutes les manœuvres aristocratiques des différentes castes aristocrates nées avant ou après l'ère de la révolution. Cet ouvrage a un débit étonnant et le mérite.
CHANTEREAU, 1790.

Il manque à notre exemplaire les nos 224 et 225, qui sont les deux derniers parus.

1303. Rivarol. De la Philosophie moderne. *S. l. n. d.*, in-8. 1 50

1304. — Tableau historique et politique des travaux de l'Assemblée constituante. *Paris*, 1797, in-8, v. m. 3 »
Dans le même vol. : Extrait d'un dictionnaire inutile (par Gallais). A 500 lieues de l'Assemblée nationale, 1790.

1305. — Mémoires de Rivarol. 1824, in-8. 3 »
De la collection Baudouin.

1306. Robert, membre de la Soc. des Amis de la Constitution. Le Républicanisme adapté à la France. 1790, in-8. 3 »
Ecrit violent contre la royauté, dédié aux mânes de Brutus.

1307. Robespierre. 4 br. in-8. 5 »
La queue de Rob. ou les dangers de la liberté de la presse. — Le front de Rob. et de sa clique. — Les Jacobins démasqués, suite au front de Rob. — Avis aux successeurs de Rob. ou plan de conduite pour tous les anneaux de la queue.

1308. — Accusation contre Rob., par Louvet. — Opinion de Birotteau sur l'accusation de Louvet ; Réponse de Max. Robespierre à l'acc. de Louvet, à Max. Robespierre et à ses royalistes, J. B. Louvet, 4 pièces. 3 »

1309. — Agonie (l') de Saint-Lazare sous la tyrannie de Robespierre, par Dusaulchoy. 1793, br. in-8. 2 »

1310. — Crimes (les) de Robespierre et de ses principaux complices, tels que Marat, Couthon, Saint-Just, etc., 1802, 4 tom. en 2 vol. in-18, port., v. m. 4 »

1311. — Discours sur l'organisation des gardes nationales, sur les moyens de sauver l'Etat et la liberté, 1792 ; — au peuple pour la fête de l'Etre suprême, prononcé le 7 prairial an II. 4 br. in-8, portrait ajouté. 6 »

1312. — Mémoires d'un détenu pour servir à l'histoire de la tyrannie de Robespierre (par Riouffe). An III, in-18, br. 2 »

1313. — Mémoires d'un détenu pour servir à l'histoire de la tyrannie de Robespierre. An III, in-8, br. 3 50

1314. — Papiers inédits trouvés chez Robespierre, Saint-Just. Payan, etc., supprimés par Courtois. 1828, 3 vol. in-8, cart. 12 »

1315. — Rapport à la Convention le 15 frim. an II, br. in-8. 1 50
Et réponse de la Convention aux manifestes des rois ligués contre la république, proposée par Robespierre.

1316. — Rapport sur la situation politique de la république. 27 brum. an II, br. in-8. 1 50

1317. Rapport sur les principes du gouvernement révolutionnaire. 5 niv. an II, br. in-8. 2 »

1318. — Rapport sur les principes de morale politique qui doivent guider la Convention nat. dans l'administration intérieure de la république. 18 pluv. an II, in-8, br. 1 50

1319. — Rapport sur les rapports des idées religieuses et morales avec les principes républicains, et sur les fêtes nationales. 18 floréal an II, in-8. 1 50

1320. — Rapport fait au nom de la commission chargée de l'examen des papiers trouvés chez Robespierre et ses complices, par Courtois. An III, in-8, rel. 3 50

1321. — Réponse aux discours de Guadet et Brissot du 25 avril 1792, br. in-8. 1 »

1322. — Robespierre aux frères et amis, et Camille Jordan aux fils légitimes de la monarchie et de l'Eglise. In-8. 1 50

1323. — La vie et les crimes de Robespierre et principaux complices, par des Essarts. *Paris*, 1797, in-12. 2 »

1324. Roland (Madame). Appel à l'impartiale postérité, ou recueil des écrits qu'elle a rédigés pendant sa détention aux prisons de l'Abbaye et de Sainte-Pélagie. *Paris*, 1791, 4 part. en 1 vol. in-8, v. m. 6 »

Édition originale, rare.

1325. — Lettres en partie inédites de madame Roland, suivies de documents inédits, avec des notes, par Dauban. 1867, 2 vol. gr. in-8, br. 12 »

1326. — Mémoires de Mme Roland avec une notice sur sa vie, des notes et des éclaircissements historiques, par Berville et Barrière. 1821, 2 vol. in-8, veau ant. 12 »

Bel exemplaire en grand papier vélin, mais quelque peu piqué de rousseurs.

1327. — Mémoires de madame Roland, avec une notice sur sa vie et des notes par Berville et Barrière. 1827, 2 vol. in-8, port., rel. 5 »

1328. — Œuvres, contenant les mémoires et notices historiques qu'elle a composés pendant sa prison sur sa vie privée et sur la révolution. — Son procès et sa condamnation à mort. — Ses ouvrages philosophiques et littéraires. — Sa correspondance et ses voyages. *Paris an* VIII, 3 vol. in-8, port., br. 10 »

1329. Roy (l'abbé), la vérité dévoilée, ou mémoire d'une victime de l'aristocratie. — Exposé fidèle des manœuvres de plusieurs séditieux sous le faux prétexte de se saisir de l'abbé Roy. 16 juillet 1789, 2 br. in-8. 1 50

1330 Sabran (de). Aux Français. *Paris*, 1791, in-8. 1 50

Ouvrage fait dans avril 1791, aussi sage que vrai et bien écrit, contre les séditieux de l'Ass. nationale.

1331. Saint Jean Bouche-d'Or. 1789, in-8, br. 1 50

1332. Saint-Just. Notice des pièces authentiques relatives aux principaux agens de la faction de l'étranger qui ont conspiré contre la souveraineté du peuple et la représentation nationale. *Paris*, an II, in-8, br. 3 »

Contenant divers rapports de Saint-Just, sur le procès d'Hébert, contre Fabre d'Eglantine et autres.

1333. Saladin, député de la Somme; rapport fait au nom de la commission des vingt et un, créée pour l'examen de la conduite de Billaud-Varennes, Collot d'Herbois, Barrère et Vadier. 20 *ventôse* an III, in-8, dem.-rel. v.
3 »

1334. Salut (le) de la patrie est à l'ordre du jour. (1793), br. in-8. 1 »

1335. Salut (le) public, ou la vérité dite à la Convention par un homme libre (Laharpe). *Paris*, an III, br. in-8, 58 pag. 1 50

1336. Scène comique entre le Diable et un procureur, au sujet de mad. Chicane, chassée des terres de France, et revenant en Enfer, br. in-8. 1 50

1337. Séances de la cour des Pairs à Paris, fin d'avril et commencement de mai de la malheureuse année 1788. *Imp. à Versailles*, 1789, in-8, br. 1 50

1338. Secret (le) des sangsues dévoilé, où l'on prouve que la noblesse et les princes n'ont aucun intérêt à se séparer du peuple, qu'ils ont tout à gagner en se réunissant à lui contre les sangsues de l'Etat. Fév. 1789, in-8, br.
2 »

1339. Semaines critiques, ou Gestes de l'an v (par Jos.

Lavallée). *Paris*, 1797, 33 livraisons en 4 vol. in-8, dem.-
rel. 18 »

Journal rare, proscrit le 18 fructidor an V. Notre exemplaire est bien complet.

1340. Les Septembriseurs, scènes historiques. 1829, in-8,
dem.-rel. v. 4 50

La mairie; l'Abbaye; les Carmes; la Salpêtrière; Bicêtre; un souper chez Vénus; la mort de Marat; la mort de Danton; la mort de Robespierre.

1341. Servan, 9 br. in-8, dans 1 cart. 6 »

Adresse aux amis de la paix. — Supplément. — Adresse aux amis de la vérité. — Adresse aux ennemis de la paix. — Idées sur le mandat des députés. — Observations sur l'organisation du pouvoir judiciaire. — Projet de déclaration. — Réflexions sur la réformation des états provinciaux. — Remontrances à un journaliste sur la manière d'envisager les querelles politiques qui agitent la France.

1342. Siéyès (l'abbé). 3 vol. in-8. 4 »

Aperçu d'une nouvelle organisation de la justice et de la police en France. — Qu'est-ce que le tiers état. — Notice sur la vie de Siéyès 1794 (cette dernière pièce attribuée à Siéyès même).

1343. Songe d'un habitant de Scioto, publié par lui-même.
— Le parlement de Paris établi au Scioto. — Nouvelles
du Scioto, infortunes d'un Parisien qui arrive de ces
pays-là. — Observat. sur l'établissement du Scioto. — Le
nouveau Mississipi, ou les dangers d'habiter les bords
du Scioto, par un patriote voyageur. 1790, 5 br. en 1 vol.
in-8, br. 3 »

1344. Les Souvenirs d'un jeune prisonnier, ou Mémoires
sur les prisons de la Force et du Plessis, pour servir à
l'histoire de la révolution. *Paris*, an III, in-8. 3 50

1345. Staël (madame de). Considérations sur les principaux
événemens de la révolution française. *Paris*, 1818, 3 vol.
in-8, demi-rel. 6 »

Le mérite de Mad. de Staël n'est point un mérite vulgaire, ses connaissances étonnent par leur variété et leur étendue, et son talent pour écrire est d'une grande supériorité. QUÉRARD.

1346. Subsistances. 8 br. in-8, dans 1 carton. 3 »

Opinions de Barbaroux, Dufriche-Valazé, Roland, Feraud, sur les subsistances; par Creuzé-Latouche; mémoire par Necker et note par Calonne; motion par Letellier.

1347. Synonymes nouveaux. *S. l.*, br. in-8. 2 »

Palais-Royal, repaire affreux des brigands les plus effrénés. — Duc d'Orléans, scélérat crapuleux, etc. — La reine, princesse adorable par sa bonté, etc.

9.

1348. **Tableau comparatif de l'année 1788 avec l'année 1790, ou état de la France avant et après la révolution,** br. in-8. 2 50

En 1788 un Dieu et un roi, en 1790 peut-être un Dieu et 1,200 rois. — En 1788 des princes, des chevaliers, des héros ; en 1790 ni princes, ni chevaliers, ni héros ; mais en revanche des citoyens actifs, des lanterneurs et des coupe-tête.

1349. **Tableau (le) de famille, fragment pour servir à l'histoire de France.** *L'an de la liberté* 0, br. in-8. 1 50

Contenant les faits et gestes d'Etienne Marcel mis en parallèle avec la révolution.

1350. **Tableau général de la Révolution française, ou état des départements en 93 sous le pouvoir absolu des agents de la Convention (par l'abbé Guillon).** 1847, in-8, br. 3 »

1351. **Talleyrand, évêque d'Autun.** 22 pièces in-8, dans 1 carton. 4 »

Confession. — Décret du 13 avril mal justifié. — Dissection du projet d'Autun par Clavière. — Eclaircissements à ses concitoyens. — Diverses pièces sur les biens ecclésiastiques, les assignats, la vente des biens domaniaux, etc.

1352. **Target, mort, testament et enterrement.** — Inventaire des papiers trouvés chez lui après sa mort. 2 br. in-8. 2 50

1353. **Théâtre républicain.** 6 br. in-8, dans 1 cart. 6 »

L'Aîné et le Cadet, comédie par Collot d'Herbois, 1792. — L'Ami des lois, comédie par Laya, 1793. — Epicharis et Néron, ou conspiration pour la liberté, tragédie par Legouvé. — L'Intérieur des comités révolutionnaires, comédie par Ducancel. — L'Inutilité des prêtres, vaudeville républicain par Piis. — Le Souper des Jacobins, comédie par Armand Charlemagne.

1354. **Théâtre républicain posthume et inédit, par Picard.** 1832, in-8, dem.-rel. mar. 4 »

1355. **Thibaudeau, Mémoires sur la Convention et le Directoire.** 1824, 2 vol. in-8, br. 5 »

De la collection Baudouin.

1356. **Thiers et Félix Bodin. Histoire de la Révolution française.** *Paris*, 1823, 10 vol. in-8, rel. 60 »

Première édition, très-rare et très-recherchée pour les nombreux passages supprimés dans les éditions qui la suivirent.

1357. **Tiers état.** 30 br. in-8, dans 1 carton. 10 »

Avis important. — Cave tibi, popule ! instructions par un noble de fraîche date. — Cahier du T. É. à l'Ass. de 1794. — Le dernier mot à la noblesse. — Mémoire à présenter au Roi. — Offrande à la patrie. — Les pourquoi et les parce que. — Prérogatives du tiers état. — Le réveil du tiers, c'est-à-dire de la nation. — Avis au tiers état, par le marquis de Beauveau. — Dernier mot du tiers état à la noblesse. — Projet d'union proposé à la noblesse, etc., etc.

1358. Torné (Pierre-Anast.), évêque de la métropole du Centre. Discours sur la suppression des congrégations séculières et du costume ecclésiastique. 6 avril 1792, in-8, br. — Apologétique présentée au roy sur le décret qui supprime les costumes religieux. 1792, 2 br. in-8, 3 »

1359. Toussaint Louverture (la vie de), chef des noirs insurgés de St-Domingue; sa perfidie, ses attentats nombreux et les horreurs qui ont accompagné sa résistance au gouvernement français, par Dubroca. *Paris*, 1802, in-8, portr., br. 3 »

1360. Tout coule, ou la Galimafrée nationale. *A Versailles, chez Durapport, l'an II de l'inquisition clémentino, jacobité* (1793), in-8, fig. br. 6 »

> Capet et Mirabeau
> Couple infâme et rebelle
> Lafayette et Bailly
> Vous coulerez aussi
> Mais du haut d'une échelle.

Entre autres personnages, le frontispice qui accompagne cette curieuse pièce représente Mirabeau hissé en l'air, la corde au cou, au-dessus d'un bûcher; Philippe-Egalité, sous la figure d'une harpie, tenant d'une main la tête de Marie-Antoinette et de l'autre le sceptre, etc.

1361. Trahison du baron de Breteuil, envers le roi, la nation, etc., avec le nom de quelques-uns de ses abominables complices. 1789, br. in-8. 1 50

1362. Tribuns (les) du peuple habillés à la française. — Le Tribun du peuple. 1789, 2 br. in-8. 1 50

1363. Trois motions inconnues d'un député Gascon, ou les Gasconnades patriotiques, br. in-8. 1 50

1364. Trois (les) rois, où le Partage du gâteau, Épître d'*Ariste aux Crates*, peuple errant comme les Juifs sur les bords de la Seine. 5 janv. 1790, br. in-8. 1 50

1365. Vadier. 5 pièces y relatives. In-8. 5 »

Dernier tableau des crimes et mensonges de Vadier, assassin reconnu de Philippeaux et Desmoulins, par Darmaing. — Suite. —

Pièces justificatives. — Réponse de Vadier aux accusations de Lecointre. — Rapport de Vadier (curieuse pièce sur les illuminés et les théophilanthropes).

1366. Vasselin. Mémorial révolutionnaire de la Convention, ou histoire des révolutions de France depuis le 20 sept. 1792 jusqu'au 26 oct. 1795. *Paris*, 1797, 4 vol. in-12. 8 »

Curieux détails et très-impartiaux, notamment sur le procès de la reine.

1367. Vaublanc. Mémoires du comte de Vaublanc, publiés par Barrière. 1857, in-12, br. 2 »

1368. Veni creator Spiritus, par un citoyen passif. *Au Louvre, l'an de la liberté zéro*, in-8, avec figure, br.
2 50

1369. Vergniaud. Histoire parlementaire et vie intime de Vergniaud, chef des Girondins, par Touchard Lafosse. 1847, in-12, br. 2 »

1370. Véritable (de la) cause de la révolution, discours présentant une esquisse des calamités qui, depuis huit ans, pèsent sur la France, etc. 1797, in-8, br. 2 »

1371. Véritable origine des biens ecclésiastiques, par Rozet. 1790, in-8, br. 3 »

Fragments historiques et curieux contenant les différentes voies par lesquelles le clergé de France s'est enrichi.

1372. Vérité (la) aux prises avec les démagogues. *De l'imp. des Jacobins.* — La vérité toute nue. 2 br. in-8. 1 »

1373. Vérité (la), rien que la vérité, ou réponse à mes calomniateurs (par Beausire). *Paris*, thermidor an III, br. in-8. 1 50

Compte rendu de ce qui s'est passé à la prison du Luxembourg, conspiration dite de Grammont.

1374. Vices (les) des anciennes sociétés populaires, br. in-8. 1 50

1375. Vivarais. Manifeste et protestation de cinquante mille Français fidèles armés dans le Vivarais, pour la cause de la religion et de la monarchie, contre les usurpations de l'Assemblée se disant nationale. *Au camp de Jalès*, oct. 1790, in-8. 2 50

1376. Voile (le) levé, pour les curieux, ou le secret de la révolution révélé à l'aide de la franc-maçonnerie (par l'abbé Lefranc, Eudiste), 1792, in-8, br. 2 »

1377. Voyage au temple du despotisme, ou épistres de saint Paul pour servir de supp. aux Actes des apôtres. 1790, br. in-8. 2 »

12. NAPOLÉON ET SUITE.

1378. Histoire de Napoléon par le baron Martin (de Gray). *Paris*, 1858, 3 vol. in-8, dem.-rel. 10 »

1379. Mémorial de Sainte-Hélène par le comte de Las Cases. 1824, 8 vol. in-8, br. 12 »

1380. Mémoires anecdotiques sur l'intérieur du palais et sur quelques événemens de l'Empire par de Bausset. 1827, 4 vol. in-8, cart. non rog. 8 »

1381. Etiquette du palais impérial. *Paris, Imp. imp.* 1808, in-18, br. 4 »

1382. Journée du 18 brumaire, 10 br. in-8, dans 1 cart. 8 »

Notice historique par Cornet, 1819. — Lapolaire à ses concitoyens. — Lettre d'un chouan sur les év. de brumaire, trouvée dans les équipages d'un chef de rebelles tué à Passy près Evreux le 6 frimaire. — Procès-verbal de la Convention. — Le 18 brumaire présenté sous sa vraie forme, par Lemaire. — Le 18 brumaire opposé au régime de la Terreur, par Fiévée. — A Siéyès et à Bonaparte, par Lacretelle. — Procès-verbal de la séance tenue à Saint-Cloud le 19 brumaire. — La journée de Saint-Cloud, ou le 19 brumaire, vaudeville de Léger, Chazet et Gouffé.

1383. Conspiration de Moreau et de Pichegru. 14 pièces in-8, dans 2 cartons. 4 »

Campagnes de Pichegru; mém. concernant sa trahison, pièces authentiques relatives à son suicide. — Interrogatoires de Moreau, défense, opinion, proscription.

1384. Histoire de la campagne de 1800 écrite d'après des documents nouveaux et inédits par le duc de Valmy. 1854, gr. in-8, dem.-rel. v. 5 »

Avec deux lettres autographes de l'auteur à M. Barrière.

1385. Collection complète des bulletins de la grande armée pendant les campagnes de 1806 et 1807 en Saxe, en Prusse et en Pologne. *A Boulogne, s. d.*, in-4, dem.-rel. 12 »

Collection rare, notre exemplaire est bien complet, 87 numéros; on y a joint diverses feuilles, nouvelles officielles et traités de paix.

1386. Mélanges politiques et correspondance diplomatique de Joseph de Maistre 1811-1817, recueillie et publiée par Alb. Blanc. 1860, 3 vol. in-8, dem.-rel. mar. non rog. 18 »

Exemplaire d'Arm. Baschet, rel. par Petit.

1387. Histoire de l'ambassade dans le grand duché de Varsovie en 1812, par de Pradt. 1815, in-8, dem.-rel. non rog. 3 »

1388. Copies des lettres originales et dépêches des généraux, ministres, grands officiers d'Etat, etc., écrites de Paris à Buonaparte pendant son séjour à Dresde et interceptées par les avant-postes des alliés dans le nord de l'Allemagne. 1814, in-8, dem.-rel. non rog. 6 »

La publication de ce volume en 1814 fut une mesquine vengeance, mais aujourd'hui ces correspondances dont l'authenticité ne pouvait être douteuse sont bien curieuses pour montrer quelles étaient déjà, en septembre 1813, la désillusion et la profonde inquiétude des adeptes du régime impérial; que déjà, il était frappé au cœur, et que tout le génie de l'Empereur ne put que le galvaniser encore quelques mois.

1389. Campagne de Paris en 1814 précédée d'un coup d'œil sur celle de 1813, par Giraud. 1814, in-8, br. 2 »

1390. Les Sépulcres de la Grande-Armée, par Hapdé. 1814. — Carnet d'un voyageur, notes curieuses sur la vie et les occupations de Buonaparte à Longwood. 1849, in-8, br., 3 planch. en couleurs. 3 »

1391. Précis historique et militaire de la campagne de 1815, par le général J. (Jomini). *Paris*, 1839, in-8, br. 2 50

1392. Histoire de la guerre de la Péninsule sous Napoléon, par le gén. Foy. *Paris*, 1827, 4 vol. in-8, dem.-rel. et atlas in-4. 12 »

1393. Souvenirs d'histoire contemporaine. Episodes militaires et politiques, par le baron Paul de Bourgoing. *Paris*, 1864, in-8, br. 4 50

1394. Le Moniteur secret, ou tableau de la cour de Napoléon, de son caractère, et de celui de ses agents. *Londres*, 1814, 2 tom. en 1 vol. in-8, d.-rel. 6 »

1395. Les voilà. *Amsterdam*, 1815, 2 tom. en 1 vol. in-8, dem.-rel. v. 10 »

Satires violentes contre Napoléon Ier, par Leplat du Temple. Pièces contenues dans ce vol. : l'almanach; le vieil honneur; les admirateurs; les flagorneurs; les amours d'un héros; les charlatans; Charlemagne à Napoléon; les apostats; les Palinodies; le misanthrope; la nouvelle cour; le calme trompeur; quel génie; le retour du Niémen; décalogue corse; les embellissements de Paris; le divorce; il est fou; il est mûr.

1396. Histoire de la vie politique militaire et administrative du maréchal Davoust, d'après les documents officiels, par Gab. de Chénier. *Paris*, 1866, 2 vol. in-8, br.   6 »

1397. Macédoine révolutionnaire pour servir à l'histoire de nos jours, ou la vérité toute nue. *Paris*, déc. 1815, in-8, dem.-rel.   3 »

1398. Les soirées de Neuilly, esquisses dramatiques et historiques publiées par de Fongeray, *Paris*, 1827, 2 vol. in-8, dem.-rel.   6 »
Les alliés ou l'invasion. — Une conspiration en province. — Les conversions. — Les Français en Espagne. — Mallet, ou une conspiration sous l'Empire, etc.

1399. Bourbons (les), ou Précis historique sur les aïeux du roi, sur les princes et princesses du nom de Bourbon, etc., par Montjoie. *Paris*, 1815, in-8, bas.   3 »

1400. Histoire de la campagne de 1814 et de la restauration de la monarchie, par Alph. de Beauchamp. 1815, 2 vol. in-8, dem.-rel.   6 »

1401. Dictionnaire des girouettes, ou nos contemporains peints d'après eux-mêmes (par le comte de Proisy d'Eppe). 1815, in-8, fig. coloriée.   3 »

1402. Mémoires de Fauche-Borel. *Paris*, 1828, 4 vol. in-8, br.   8 »

1403. Revue chronologique de l'histoire de France, depuis 1787 jusqu'en 1818. *Paris*, 1823, in-8, dem.-rel. non rog.   6 »

1404. Mémoires, lettres et pièces authentiques touchant la vie et la mort de M. le duc de Berry, par le vicomte de Chateaubriand. 1820, in-8, cart. non rog.   3 »

1405. Histoire de France depuis la Restauration, par Lacretelle. *Paris*, 1859, 2 vol. in-8, br.   4 »

1406. Mémoires du duc de Raguse, de 1792 à 1832, imprimés sur le manuscrit original de l'auteur. *Paris*, 1857, 9 vol. in-8, br.   30 »

1407. Souvenirs historiques sur la révolution de 1830,

par Bérard député de S.-et-O. 1834, in-8, dem.-rel. toile non rog. 3 »

1408. Les Cancans de Bérard. 49 broch. en 1 vol. in-8, dem.-rel. non rog. 6 »

1409. Examen de la procédure criminelle instruite à Saint-Leu, à Pontoise et à Paris, sur les causes de la mort du prince de Condé. 1832, in-8, br. 3 »

1410. Lettres sur l'Angleterre et sur la France (d'avril à nov. 1845), par Nougarède de Fayet. *Paris*, 1846, 4 vol. in-8, br. 12 »

1411. Revue rétrospective ou archives secrètes du dernier gouvernement (par Taschereau). *Mars*, 1848, gr. in-8, dem.-rel. 31 num. (*Rare.*) 30 »

E. GÉOGRAPHIE, STATISTIQUE, ANTIQUITÉS, MONUMENTS.

1412. Description générale et particulière de la France (publiée par de Laborde, Guettard, Beguillet, etc.) *Paris*, 1781-1796, 12 vol. gr. in-fol. veau écaille, fil. tr. dor. 300 »

Très-bel exemplaire en reliure pleine, dos en maroquin rouge. Cet ouvrage contient un très-grand nombre de vues de villes.

1413. Description historique et géographique de la France ancienne et moderne, par l'abbé de Longuerue. 1719, 2 tom. en 1 vol. in-fol. mar. cit. avec cartes. 20 »

Edition originale avec l'épitre au Roy.

1414. Nouvelle description de la France, villes, maisons royales, châteaux et monuments les plus remarquables, par Piganiol de la Force. *Amst.*, 1719, 6 vol. in-12, fig., brochés. 10 »

1415. Géographie ancienne historique et comparée des Gaules, suivie de l'analyse des itinéraires anciens, par Walckenaer. 1839, 3 vol. in-8, et atlas in-4, demi-rel. v. f. 15 »

1416. Notice sur l'ancienne Gaule, tirée des monuments romains, par Danville. 1760, in-4, br., avec carte. 12 »

1417. Notice de l'ancienne Gaule, par d'Anville. 1760, in-4, v. (*sans carte*). 8 »

1418. Julii Cæsaris rerum ab se gestarum commentarii de bello Gallico etc., pictura totius Galliæ, Avarici, Alexiæ, Uxelloduni, Massiliæ per jucundum veronensem ex descriptione Cæsaris, veterum Galliæ locorum, populorum, urbium, etc. *Vascosan*, 1543, in-fol. fig. v. m. 10 »

1419. Théâtre géographique de la France, contenant les cartes particulières des provinces. *Paris, Leclerc*, 1622, in-fol. v., cond. méd. 10 »

1420. Atlas géographique et militaire de la France, par Julien. 1751, in-fol. demi-rel. 6 »

<small>La seconde partie nous donne dans des médaillons, les plans et descriptions de nos places fortes et les armoiries de la ville.</small>

1421. Cartes générales et particulières de toutes les côtes de France, tant de la mer océane que méditerranée, par le sieur Tassin. 1634, gr. in-fol. oblong vélin. 8 »

<small>Où sont marquées toutes les îles, golfes, ports, bancs, écueils et rochers, avec les ancrages et profondeurs nécessaires.</small>

1422. Ozanne. Collection de vues des ports de mer de France. 58 planches montées, in-fol. 30 »

1423. Mérian. Topographia Galliæ. *Amst.*, 1660, 4 vol. in-fol. 70 »

<small>Ouvrage remarquable qui contient environ 300 vues de villes de France, dont 75 environ sur Paris.</small>

1424. Dissertation sur l'ancienne jonction de l'Angleterre à la France, par Desmarets. *Amiens*, 1753, in-12, avec cartes, v. m. 2 50

1425. Histoire des grandes forêts de la Gaule et de l'ancienne France, par Alf. Maury. 1850, in-8, br. 3 50

1426. Histoire des grands chemins de l'Empire romain, par Nic. Bergier. *Bruxelles*, 1728, 2 vol. in-4, avec cartes et fig. v. m., bel ex. 30 »

<small>Avec la carte de Peutinger et son explication.</small>

1427. Le voyage de France dressé pour la commodité des Français et étrangers, avec une description des chemins pour aller et venir par tout le monde, par du Verdier. 1655, in-8, v. br. 5 »

1428. Nouveau voyage de France avec un itinéraire et des cartes (par Piganiol). 1724, 2 vol. in-12, v, br. 3 »

1429. Les antiquitez et recherches des villes, chasteaux et places plus remarquables de toute la France, par And. Duchesne. 1629, pet. in-8, demi-rel. v. f.   12 »

Bel exemplaire.

1430. Les antiquités des villes, chasteaux, etc., par du Chesne. 1647, in-8, vél. (*Ex. fatigué.*)   6 »

1431. Voyage dans les départements du midi de la France, par Millin. 1807, 5 vol. in-8, et atlas in-4.   20 »

1432. La clef du grand pouillé de France, par J. Doujat. 1671, pet. in-12, v. br.   6 »

Très-curieux volume devenu rare et important; c'est le seul ouvrage qui constate quel était à sa date en France l'état général des archevechez, evechez, abbayes, couvents, monastères, prieurez saintes chapelles, etc., avec les provinces et diocèses où ils sont situez.

1433. Les Coutumes et statutz particuliers de la pluspart des bailliages, seneschaussées et prevotez royaulx du royaume de France. *On les vend à Paris en la boutique de Galiot du Pré*, 1535, 2 tom. en 1 vol. in-fol. *gothique*, 385 feuillets.   30 »

L'exemplaire, quoique en assez bon état d'apparence, a un assez grand nombre de piqûres de vers, mais qui ne choquent point la vue.

1434. La Conférence des coutumes tant générales que locales et particulières de France, par P. Guenoys d'Issoudun. 1596, in-fol. v.   10 »

Cet exemplaire porte la signature de Thaumas de la Thaumassière.

1435. Mémoires de l'Académie celtique, 1807-1812, 5 vol. in-8. — Mém. de la Société des antiquaires de France. 1817, et ann. suiv., 19 vol. in-8, demi-rel. avec planches.
   150 »

1436. Dissertations et mémoires sur différents sujets d'antiquité et d'histoire, mis en ordre et publiés d'après les man. de Pasumot, par Grivaud. 1810 à 1813, in-8, v. avec planches.   5 »

Mémoire sur les voies romaines de la ville d'Auxerre. — Sur le siège de Gergovia. — Camp romain sur l'Armançon. — Sur les antiquités d'Autun. — Antiquités de Beaune. — Monuments antiques du Mont-d'Or. — Sur le lieu où s'est donnée la bataille de Fontenoy en 841, etc.

1437. Mélanges d'antiquités gauloises, par Pierquin de Gembloux. 7 br. in-8.   3 »

Histoire de Quarrée-les-Tombes chez les Eduens fédérés. — Lettre sur la prétendue maison de Louis XI à Bourges. — Lettre sur le tombeau de Déols. — Histoire de la Motte Feuilly. — Les croiseries du Berry. — Attila sous le rapport iconographique. — Sur les antiquités de Gap.

1438. Mélanges. 34 br. gr. in-8, la plupart avec pl. 12 »

Notice sur un dyptique d'ivoire représentant le baptême de Clovis, 1832. — Cession du cabinet Callois à la ville de Nevers, 1847. — Découverte des ruines romaines de la station de Brivodurum à Ouzouer-sur-Trézée (Loiret), par Marchand, 1857. — Ruines romaines de Champlieu, 3 br., par Peigné-Delacourt et Marchal. — Supplément aux recherches sur l'emplacement de Noviodunum et autres lieux du Soissonnais, par Peigné-Delacourt, 1859. — Voie romaine qui traversait Besançon. — Monuments antiques de la ville d'Orange, par Caristie, in-4. — La tour Sainte-Waudru à Mons. — Essai sur les noms de lieux, 1842. — Fouilles de Jublains (Mayenne), par Verger, 1840. — Objets gallo-romains trouvés dans les fondations du nouveau palais de justice de Tours, par Boileau, 1840. — Almanach de l'archéologue français, 1866, etc., etc.

1439. Musée des monuments français, par Lenoir, 1803, 6 vol. gr. in-8, fig. cart. non rogné. 20 »

1. PARIS.

1440. Recherches statistiques sur la ville de Paris et le dép. de la Seine. *Paris*, 1821, in-8, mar. bleu fil. rel. de Purgold. 5 »

1441. Nouvel atlas de la généralité de Paris divisé en ses 22 élections. *Paris, Desnos.* 1762, in-fol. oblong. 4 »

1442. La topographie de Paris, ou plan détaillé de la ville et des faubourgs, par Maire. 1808, in-8, cart. avec plans. 4 50

1443. Plan de Paris, de Turgot, gravé par Bretez. *Paris*, 1740, gr. in-fol. v. br. aux armes de la ville, reliure fatiguée. 40 »

1444. Etudes archéologiques sur les anciens plans de Paris des XVIe, XVIIe et XVIIIe siècles par Bonnardot. 1851, gr. in-4, br. 20 »

Tiré à 200 exemplaires et très-rare.

1445. Vues de Paris par Mérian, 1660, in-fol. dem.-rel. v. 25 »

Contenant 76 vues.

1446. Marot (Jean). Recueil de plans, profils et élévations de plusieurs palais, châteaux, églises et hôtels bâtis dans Paris, et aux environs. 109 planches en 1 vol. gr. in-4, dem.-rel. 30 »

Légèrement piqué dans la marge du fond.

1447. Perelle. Vues de Paris, Versailles, Saint-Cloud, Chantilly, Liancourt, Fontainebleau, Meudon, Maisons-le-Raincy, Richelieu, Saint-Germain, Sceaux, etc. 95 feuilles en 1 vol. in-fol. oblong, dem.-rel. v. 60 »

Belles épreuves avec les adresses de Langlois et Poilly, quelques-unes avant la lettre.

1448. Perelle. Recueil des plus belles vues des maisons royales de France, et de la ville de Paris. Chez *de Poilly*. *S. d.*, in-fol. v. m. 65 »

Contient environ 130 pièces.

1449. Aveline et Perelle. Recueil des plus belles vues des maisons royales de France et de la VILLE DE PARIS. 150 planches in-fol. rel. en veau, br. 65 »

1450. Planches de l'ouvrage de Félibien, in-fol. 36 planches. 18 »

Manquent les nos 8, 21 et 33.

1451. Rigaud. Vues de Paris (vers 1760), 121 planches en 1 vol. gr. in-fol. dem.-rel. mar. 90 »

1452. Vues de Paris ancien et moderne, représentant tous les monuments. *Paris, s. d.* (vers 1800), gr. in-4, dem.-rel. 30 »

Contenant près de 300 planches à la manière noire, c'est l'atlas de l'ouvrage de Demarlès.

1453. Chapuy et Janinet. Vues de Paris et des plus beaux édifices (vers 1800). 88 planches en 1 vol. in-fol. oblong dem.-rel. 25 »

1454. Picturesque Views of public edifices in Paris, by Segard and Testard. *London*, 1814, gr. in-4, cart. non rog. 8 »

Orné de planches à l'aqua-tinte.

1455. Soixante vues des plus beaux palais, monuments et églises de Paris, gravées par Couché avec explications par Vaugelas. *S. d.* (vers 1820), in-8, cart. 4 50

1456. Singularités historiques contenant ce que l'histoire

de Paris et de ses environs offre de plus piquant et extraordinaire, par Dulaure. 1825, in-8, fig. br. 3 »

1457. Nouvelles annales de Paris, jusqu'au règne de Hugues Capet; on y a joint le poëme d'Abbon sur le fameux siége de Paris par les Normans en 885 et 886, avec des notes par dom Toussaint du Plessis, 1753, in-4, v. 12 »

1458. Abrégé des antiquitez de la ville de Paris contenant les choses les plus remarquables tant anciennes que modernes (par Colletet). *Paris, Guignard*, 1664, pet. in-12, v. br. 10 »

<small>Première édition très-rare, l'exemplaire est mouillé et de reliure fatiguée, mais grand de marges; on peut en faire un bel exemplaire.</small>

1459. Histoire et recherches des antiquités de la ville de Paris, par Sauval. 1724, 3 vol. in-fol. v. m. 70 »

<small>Exemplaire contenant les amours des Rois, partie qui manque très-souvent.</small>

1460. Le théâtre des antiquitez de Paris, par le R. P. Jacques du Breul, Parisien. 1639, in-4, v. 15 »

<small>Augmenté en cette édition d'un supplément, contenant le nombre des monastères, églises, l'agrandissement de la ville et faubourgs depuis 1610.
Notre exemplaire grand de marges a une 40e de feuillets légèrement piqués des vers.</small>

1461. Histoire de la ville de Paris par dom Félibien, augmentée et mise au jour par dom Lobineau. *Paris*, 1725, 5 vol. in-fol. v. m., nombreuses planches. 60 »

1462. Description historique de la ville de Paris et de ses environs par Piganiol de la Force. 1765, 10 vol. in-12, fig. v. 15 »

<small>Un des plus intéressants ouvrages sur Paris.</small>

1463. Dictionnaire historique de la ville de Paris et de ses environs, par Hurtaut. 1779, 4 vol. in-8, v., bel exemplaire. 15 »

1464. Dictionnaire historique de la ville de Paris et de ses environs, par Hurtaut. 1779, 4 vol. in-8, condit. méd. 10 »

1465. Voyage pittoresque de Paris, par Dargenville. 1770, in-12, fig. v. m. 4 »

<small>Description de tout ce qu'il y a de plus beau dans cette ville en peinture, sculpture et architecture.</small>

1466. Description de Paris, et de ses édifices, par Legrand et Landon. 1806, 2 vol. in-8, v. m. 7 »

Ouvrage enrichi de plus de 100 planches.

1467. Tableau historique et pittoresque de Paris depuis les Gaulois jusqu'à nos jours par de Saint-Victor. 1808, 3 vol. très-grand in-4, cart. non rogné. 60 »

Nombreuses planches, bel exemplaire.

1468. Paris ancien et moderne par de Marlès. 1837, 3 vol. in-4, et atlas de 300 figures br. 30 »

C'est une réimpression de l'ouvrage précédent, mais beaucoup moins estimée.

1469. Histoire physique, civile et morale de Paris depuis les premiers temps historiques jusqu'à nos jours, par Dulaure. *Paris*, 1821, 7 vol. in-8, cartes et fig. dem.-rel. veau. 15 »

1470. Paris, diverses pièces extraites du Merc. de France, non rel. 10 »

Règlement sur les boues, 1609. — Établissement de trois hospices, 1612. — Les carmélites bastiz au faubourg Saint-Germain, 1613. — La statue d'Henry le Grand envoyée par le grand duc de Toscane et mise sur le Pont-Neuf. — Les premiers fondements du Pont-Marie. — Les îles Notre-Dame acquestées par le Roy, 1614. — Incendie de la grande salle du Palais, 1618. — Nouveau bâtiment du Louvre commencé, 1624. — Fondation de l'Eglise Notre-Dame-des-Victoires, 1630. — Incendie du toict et clocher de la Sainte-Chapelle, 1630. — Closture et adjonction à la ville, des faubourgs Saint-Honoré, Montmartre et Villeneuve, 1634, etc.

1471. Notices sur l'hôtel de Cluny et sur le palais des Thermes, avec des notes sur la culture des arts principalement aux XVe et XVIe siècles. *Paris*, 1834, in-8, br. 3 50

1472. L'hôtel de Cluny au moyen âge, par Mme de Saint-Surin. *Paris, Techener*, 1835, in-8, dem.-rel. non rogné. 10 »

Exemplaire en grand papier de Hollande.

1473. Histoire de l'abbaye royale de Saint-Germain des Préz, par dom Bouillart. 1724, in-fol. fig. v. br. 25 »

1474. Vatout. Histoire du Palais-Royal. *Paris, s. d.*, gr. in-fol. dem.-rel. nombreuses planches lithographiées. 20 »

1475. Description des fêtes données par la ville de Paris à l'occasion du mariage de Mme Élisabeth de France et de

dom Philippe infant d'Espagne les 29 et 30 août 1739. *Paris*, 1740, gr. in-fol. mar. rouge, dent. tr. dor. 30 »
Aux armes de la ville de Paris, reliure déboîtée.

1476. Mémoires de la Bastille sous Louis XIV, Louis XV et Louis XVI. *Londres*, 1784, in-12, cart., non rog. 2 50

477. Mémoires sur la Bastille, par Linguet. *Londres*, 1783, in-8, fig., br. 3 »

1478. Observations sur l'histoire de la Bastille publiée par Linguet. *Londres*, 1783, in-8. 2 »

1479. Remarques historiques sur la Bastille, sa démolition, et Révolutions de Paris en juillet 1789. *Londres*, 1789, in-8, 200 pag. avec plan, dem.-rel. v. 3 50

1480. Remarques historiques et anecdotes sur le château de la Bastille. *Paris*, 1789, br. in-8, avec plan. 2 »

1481. Mémoires historiques et authentiques de la Bastille dans une suite de près de 300 emprisonnements détaillés, etc. (publiés par Carra). *Paris*, 1789, 3 vol. in-8, cart. 12 »
Reproduisant les registres originaux d'écrou de la prison d'Etat, avec les noms des prisonniers et en partie les motifs qui les y ont fait enfermer. — On y remarque beaucoup d'écrivains, des imprimeurs, des libraires, arrêtés pour avoir publié ou colporté des pamphlets. Il y a là de curieuses révélations pour l'histoire littéraire des XVIIe et XVIIIe siècles.

1482. Mémoires de Linguet sur la Bastille, et de Dusaulx sur le 14 juill. *Paris*, 1821, in-8, cart. 3 »

1483. L'inquisition française, ou l'histoire de la Bastille, par Constantin de Renneville. *Amst.*, 1724, 5 vol. in-12, fig., v. m. (*Un titre enlevé*). 15 »

1484. Histoire de l'hôtel royal des Invalides depuis sa fondation jusqu'à nos jours. *Blois*, 1845. 2 vol. in-8, port. dem.-rel. mar. 6 »

1485. Promenades pittoresques aux cimetières du Père-Lachaise, de Montmartre, du Mont-Parnasse et autres, ou choix des principaux monumens, par Lassalle et Rousseau. *Paris*, 1835, in-fol. dem.-rel. mar. 76 planches. 20 »

1486. Rapport sur les exhumations du cimetière et de l'Eglise des Saints-Innocents, par Thouret. 1789, in-12, non rel. 2 »

1487. Histoire critique de Nicolas Flamel et de Pernelle sa

femme, recueillie d'actes anciens. 1761, in-12, v. m. fig.
5 »

Un avantage particulier que l'on peut retirer de cet ouvrage, est la connaissance assez curieuse de quelques quartiers de Paris tels qu'ils étaient il y a plus de 400 ans; divers titres formant pièces justificatives répandront beaucoup de lumière sur ce sujet. On y verra aussi les mœurs et usages des temps où a vécu Flamel.

1488. Variétés philosophiques et littéraires. *Londres*, 1762, in-12, mar. r. tr. dor. 4 »

On y trouve d'intéressants articles intitulés : Paris tel qu'il fut, ou sur les monuments historiques qu'on y trouve. — Paris futur ou tel qu'on souhaite qu'il devienne.

1489. Recueil de pièces en vers et en prose par l'auteur de Semiramis. *Amst.*, 1750, in-12, v. m. 3 »

Contient un chapitre intitulé : des embellissements de Paris.

1490. Quinze ans à Paris (1832 à 1848). Paris et les Parisiens, par Ch. de Forster. *Paris*, 1848, 2 vol. in-8, br.
6 »

1491. Dictionnaire administratif et historique des rues de Paris et de ses monuments, par les frères Lazare. 1844. gr. in-8, à 2 col. dem.-rel. 5 »

1492. Dict. des rues de Paris, par Lazare, 2e édition. 1855, in-4 à 2 col., dem.-rel. 10 »

Exemplaire d'envoi accompagné d'une lettre autographe, 4 grandes pages.

1493. Almanach général du département de Paris pour 1791. 1 vol. in-12, v. 3 »

Dédié à M. Bailly, maire.

1494. Etudes sur l'administration de la ville de Paris par Hor. Say. *Paris*, 1846, in-8, br. 5 »

1495. Histoire de la police de Paris, 1667-1844, par Hor. Raisson. *Paris*, 1844, in-8, br. 3 »

1496. Registre criminel du Chatelet de Paris, du 6 sept. 1389 au 18 mai 1392. *Paris*, 1864, 2 vol. gr. in-8, br.
20 »

Publié par la Société des Bibliophiles français, et très-curieux pour ses détails intéressants et précis sur l'état des mœurs et l'aspect de la ville de Paris au XIVe siècle. — Meurtriers, larrons, joueurs de dez, taverniers, sorcières et filles de vie y jouent un grand rôle.

1497. Des classes dangereuses de la population dans les grandes villes et des moyens de les rendre meilleures, par Frégier. *Paris*, 1840, 2 vol. in-8, br. 10 »

2. ILE-DE-FRANCE.

1498. Histoire de l'abbaye royale de Saint-Denis en France, par dom Félibien. 1706, in-fol. fig. v. br. 25 »

1499. Promenade de Sceaux-Penthièvre, ses dépendances et environs. 1778, in-12, dem.-rel. v. f. Petit. 3 50

1500. Les divertissemens de Sceaux. *Trévoux*, 1712, in-12, v. 4 »

1501. Relatione di cio ch'e seguito nell' andata da Parigi a Versaglie, e nella comparsa alla corte di Francia del Doge e quattro Senatori di Geneva, delle visite fatte da loro, e della forma, con cui sono stati trattadi e ricevuti. *Bologna*, 1685, in-4, 2 feuillets br., pièce rare. 4 »

1502. Recueil des statues, groupes, fontaines, vases et autres magnifiques ornements du château et parc de Versailles, gravés par Thomassin. *Paris*, 1694, pet. in-4, port. v. br. 20 »

Bel exemplaire de la première édition; cet ouvrage contient 220 planches.

1503. Recueil des statues et groupes de Versailles, par Thomassin. *Lahaye*, 1723, in-4, vél., bel ex. 15 »

1504. Labyrinthe de Versailles. *Amst. S. d.*, in-4, fig. dem.-rel., mar. non rog. 10 »

1505. Mantes et Meulan. Cahier de l'ordre de la noblesse, remis au Mis de Gayon le 23 mars 1789. — Discours destiné à être prononcé à l'assemblée des trois ordres, par Leblond. — Discours prononcé au parlement le 27 sept. 1788, par Levrier, lieut. du bailliage de Meulan. 3 br. in-8. 2 50

1506. Brie, par Tassin. 16 pl. in-4, obl. 4 »

Plans ou vues de Melun, Meaux, Provins, Sézanne, Rozoy, Montmirel, Château-Thierry.

1507. Histoire de l'église de Meaux, par dom Toussaints Duplessis. 1731, 2 vol. in-4, cart. non rog. 20 »

1508. Histoire de Melun contenant plusieurs raretez notables, la vie de Bourchard, comte de Melun, sous Hugues Capet, la vie de Jacq. Amyot, évêque d'Auxerre, et le catalogue des seigneurs et dames illustres de la maison de Melun, par Seb. Rouilliard. 1628, in-4, vél. 20 »

1509. Le voyage de Fontainebleau (par le S. de Préchac). 1678, in-12, v. br. 4 50

3. PICARDIE, ARTOIS ET FLANDRE.

1510. Picardie et Arras. Recueil extrait du Mercure de France, environ 200 pag. in-8, non rel. 7 »

Ce qui s'est passé entre le duc de Longueville et ceux de la citadelle d'Amiens au Pont-Dolent ; un des faubourgs de Ham, brûlé du feu du ciel ; le prince de Condé se retire à Clermont ; assemblée des princes à Coucy ; le mar. d'Ancre vu en Picardie, 1615. — La Capelle assiégée et prise ; le comte de Soissons entre en Picardie ; prise du Catelet ; siège de Corbie ; Roye assiégée et prise ; siège de Corbie par l'armée du Roy ; reddition de Corbie, 1636. — Entreprise du comte de Fuensaldagne sur le Cateau-Cambresis, 1639. — Hesdin investy et pris, 1639. — Arras assiégé, 1640.

1511. Picardie, par Tassin, 45 pl. in-4, obl. 7 »

Vues, plans ou cartes de Calais, Boulogne, Abbeville, Montreuil, Amiens, Saint-Quentin, Ham, etc.

1512. Histoire du palais de Compiègne : Chronique des séjours des souverains dans ce palais, écrite d'après les ordres de l'Empereur, par Pellassy de l'Ousle. *Paris, imprimerie impériale,* 1862, gr. in-4, cart. 60 »

Ce beau volume a figuré avantageusement à l'exposition de Londres, en 1862. Il est enrichi de 77 illustrations dues au talent de MM. Viollet-le-Duc, Guillemot et autres ; les exemplaires mis dans le commerce se vendent 120 fr. (Voy. Brunet.)

1513. Senlis. 5 br. in-8. 2 50

Procès-verbal et cahier de la noblesse, 1789. — Procès-verbal de l'assemblée. — Particularités sur l'assemblée. — Lettre du vicomte d'Ermenonville. — Relation de l'horrible événement arrivé à Senlis, 1789.

1514. Les coutumes des duchez, comtez et chastellenies du bailliage de Senlis, du comte de Clermont, et duché de Valloys. *On les vend à Paris en la boutique de Langelier.* 1544, in-8, gothique, mar. bl. fil. tr. dor. (*Petit*). 60 »

1515. Histoire de l'abbaye royale de Notre-Dame de Soissons (par Michel Germain). 1675, in-4, v. br. rel. fat.
12 »

1516. Histoire de la ville et des seigneurs de Coucy, avec des notes et dissertations, par dom Toussaint du Plessis. *Paris,* 1727, in-4, fig. v. 15 »

1517. Etudes saint-quentinoises, par Ch. Gomart. *Saint-Quentin*, in-8, br. gravures et plans (tome 3e). 7 50

Contenant une étude sur les sceaux du Vermandois ; les prisonsonniers du fort de Ham ; Jeanne d'Arc au château de Beaurevoir (44 pages), le siége de Laféro en 1595 ; monuments du Vermandois du IVe au IXe siècle ; le siége de Soissons en 1617, etc., etc.

1518. Coutumes générales de la sénéchaussée de Ponthieu et celles locales d'Abbeville, avec notes de Duchesne. *Amiens*, 1766, 2 vol. in-12, v. m. 3 »

1519. Vérité de l'hist. de l'église de St-Omer et son antériorité sur l'abbaye de St-Bertin. 1754, in-4, dem.-rel. 8 »

1520. Histoire de la ville et cité de Tournay, premier siége de la monarchie française (par Poutrain). *Lahaye*, 1750, 2 vol. in-4, fig. v. 20 »

1521. Histoire généalogique des Pays-Bas, ou histoire de Cambray et du Cambrésis, par Jean le Carpentier. *Leide*, 1664, 2 vol. in-4, v. m. armoiries. 70 »

Bon exemplaire avec la carte et la planche de la tenue des Estats.

4. BEAUCE, ORLÉANAIS, BLAISOIS.

1522. Beauce, par Tassin. 18 pl. in-4, obl. 4 »

Plans ou vues de Chartres, Etampes, Corbeil, Montargis, Saint-Mathurin, Gallardon, etc.

1523. Histoire des brigands, chauffeurs et assassins d'Orgères, par Leclair. *Chartres*, an VIII, in-12, demi-rel.v. f. non rog. (*Petit*). 12 »

1524. Almanach du Loiret, par Jacob l'aîné, imp. libraire. *Orléans*, 1792, pet. in-12, mar. vert. 3 »

1525. Vergniaud Romagnési. Divers opuscules sur les antiquités de l'Orléanais. 20 broch. in-8, la plupart avec planches. 15 »

Abbaye de Saint-Euverte. — Sur l'ancien monastère de Fleury-Saint-Benoît. — Antiquités découvertes à Orléans, en 1846. — Mémoires sur l'ancienne porte Saint-Laurent. — Diverses enceintes. — Entrée de Charles-Quint à Orléans. — Mém. sur l'abbaye Saint-Mesnin de Mici. — Mém. sur les monuments élevés en l'honneur de Jeanne d'Arc. — Anciens vitraux de l'Eglise de Cléry. — Sculptures antiques trouvées à Orléans, quai de la Tour-Neuve. — Charte d'Agius, évêq. d'Orléans en 854. — Notice sur le château de Chambord, etc., etc.

1526. Histoire et antiquitez de la ville et duché d'Orléans, avec les généalogies des nobles, illustres et doctes Orléanais, par Fr. Lemaire. *Orléans*, 1648, in-fol. bas. fil. 35 »

Bel exemplaire reliure moderne.

1527. Essais historiques sur Orléans (par Beauvais de Préau). *Orléans*, 1778, in-8, v. m. 3 »

Avec plan et un très-joli portrait de Jeanne d'Arc.

1528. Orléans. 6 br. in-8. 4 »

Cahier de l'ordre de la noblesse, 1789. — Statuts et règlements de la société des amis de la Constitution, 1790. — Punition miraculeuse d'un chef de séditieux et le récit sanglant de ce qui s'est passé à Orléans les 12, 13 et 14 sept. 1789. — Exposé des faits relatifs à l'assassinat commis à Orléans le 16 mars 1793 par Bourdon.

1529. Blois. 2 br. in-8. 3 »

Tableau des prisons de Blois, anecdotes et noms des principaux terroristes du dép. de Loir-et-Cher. — Lettre de l'évêque de Blois aux électeurs du département.

1530. Lettre d'un bénédictin à Mgr l'évêque de Blois, touchant le discernement des anciennes reliques, au sujet d'une diss. de M. Thiers contre la sainte Larme de Vendôme. 1700, in-8, fig. v. br. 6 »

1531. Instructions et cahier du hameau de Madon, par Dinocheau, député de Blois. *Blois*, 1789, 2 part. en 1 vol. in-8. 2 »

1532. La feste d'Erbaud, du 8 oct. 1868, descripte par Peliçon. *S. l. n. d.*, pet. in-12, br. 3 »

Erbaud est à trois lieues de Chambord ; relation imaginaire.

5. NORMANDIE, BRETAGNE, VENDÉE.

1533. Normandie, par Tassin. 27 pl. in-4, obl. 7 »

Vues, plans ou cartes de Rouen, le Havre, Dieppe, Quillebœuf, Evreux, Lisieux, Pont-de-l'Arche, le Mont-Saint-Michel, Mortagne, Meulan, etc.

1534. Normandie. Pièces extraites du Merc. de Fr., pet. in-8, non rel. 4 »

Plaidoyez sur le privilége de la fierte Saint-Romain, 1607. — Arrêt et plaidoyez contre la table chronologique de Tanquerel, 1630. — Punition des habitants et du Parlement de Rouen par le chancelier, 1640.

1535. Voyage du roy en Normandie. 1620. 100 feuil. pet. in-8, non rel. Ext. du Mercure de France. 8 »

Le roy part de Paris. — Etat de la ville et chasteau de Caen. — Le duc de Longueville se retire de Rouen. — Le marquis de Praslin va au secours de Caen. — Arrivée du Roy à Rouen. — Arrivée du Roy à Dives. — Arrivée du Roy à Caen. — Ce qui s'est passé dans Caen.

1536. L'Ystoire de li Normant et la chronique de Robert Viscart, par Aimé, moine du Mont-Cassin, publiées d'après un ms. du XIII° siècle par Champollion Figeac. 1835, gr. in-8, br. 6 »

De la Société de l'Histoire de France.

1537. Journal de la comtesse de Sauzay. Intérieur d'un château normand au XVI° siècle, par le comte de La Ferrière Percy. 1855, gr. in-8, br. 2 »

1538. Histoire de la ville de Rouen (par Servin). *Rouen*, 1775, 2 vol. in-12, v. m. 4 »

1539. Tombeaux de la cathédrale de Rouen, par Deville. *Rouen*, 1833, in-8, fig., dem.-rel. 6 »

1540. Mémoires chronologiques pour servir à l'histoire de Dieppe et à celle de la navigation française (par Desmarquets). 1785, 2 vol. in-12, v. 6 »

1541. Histoire civile et ecclésiastique du comté d'Evreux (par Le Brasseur). 1722, in-4, v. br. 15 »

1542. Extrait du mémoire de la généralité de Caen, dressé par M. Foucault, intendant, par ordre de Mgr le duc de Bourgogne, 1698, in-fol. br. 6 »

Manuscrit sur papier.

1543. Histoire de la ville de Carentan et de ses notables, d'après les monuments paléographiques, par M. de Pontaumont. *Paris*, 1846, in-8, br. — Histoire de l'ancienne élection de Carentan, pour faire suite, etc. 1866, br. in-8. 2 50

1544. Histoire de l'ancienne élection de Carentan, par de Pontaumont. 1866, br. in-8. 1 25

Supplément au volume précédent.

1545. Pouillés des doyennés de la Hague et de Carentan, au diocèse de Coutances, manuscrits des XIII° et XIV° siècles, collationnés et traduits par de Pontaumont. *Carentan*, 1872, in-8, br. 1 25

1546. Documents pour servir à l'histoire des ville et château de Cherbourg, par de Pontaumont. 1867, br. in 8.
» 75

1547. Histoire anecdotique du vieux Cherbourg et de ses environs, par de Pontaumont, 1867, in-8, br. 1 50

1548. La Prinse du Mont St-Michel, de Jan de Vitel, poëte avranchois, publiée par de Beaurepaire. *Avranches*, 1861, in-8, br. 2 50

 Tiré à 200 exemplaires seulement, un de ceux sur *papier vergé*.

1549. Bretagne. 17 br. in-8, dans un carton. 7 »

 Acte d'accusation contre le comité révolutionnaire de Nantes. — Dénonciation des crimes et attentats commis à Nantes pendant la mission de Carrier. — Rapport sur le jugement du tribunal révolutionnaire concernant le comité révolutionnaire de Nantes. — Inventaire des pièces relatives à l'examen de la conduite de Carrier. — Le mot d'un cosmopolite sur les démêlés entre la noblesse de Bretagne et le tiers état. — Adresse aux Bretons. — Relation de ce qui s'est passé à Rennes à l'occasion du renvoi de M. Necker. — Lettre de l'abbé Lecoz, principal du collége de Quimper, sur son procès contre l'Eglise. — Déclaration de l'évêque de Quimper sur la nouvelle constitution du clergé, etc., etc.

1550. Coutumes de Bretagne, nouvellement réformées et publiées en la ville de Nantes, en 1539, avec les usances locales, les arretz et cotations en marges. *Imprimé à Rennes, par Thomas Mestrard* (1546), in-8, gothique, vél. 60 »

 Bel exemplaire de ce rare coutumier, mais auquel il manque deux feuillets de la table, et les ff. 30 à 35.
 Comme l'exemplaire décrit dans le catalogue de la Biblioth. de Nantes, il contient les cinq pièces suivantes avec titres spéciaux et pagination séparée, caractères gothiques.
 1º Ordonn. royaux sur le faict de plaider par escript, 88 ff. — 2º Ordonnances sur les criées et ventes.... 16 ff. — 3º Ordonnances sur le faict de la justice.... 8 ff. — 4º Extraits de certains arrêts, 2 ff. — 5º Ordonnances faictes au parlement tenu à Kempercorentin l'an 1546, 12 ff. plus 4 ff. de table.
 Signalons en passant que l'article 3º porte la marque de Georges Cleray, libraire à Rennes, tandis que M. Silvestre dans ses marques typographiques le donne comme habitant Vannes, et que les 4 ff. de table du dernier article ne se trouvent pas annoncés dans l'ex. de la Biblioth. de Nantes.
 On a ajouté à ce volume : les Edicts du Roy touchant les matières civiles dont n'y a appel du Parlement de Bretagne. — Ordonnance du Roy sur le fait, perception des droitz de traite foraine et de haut passage sur les marchandises transportées hors du royaume de France, au païs de Bretaigne. *On les vend à Rennes par Phil. Bourgoingnon, et furent achevées d'imprimer à Poitiers le vᵉ de may* 1553 *par Enguilbert de Marnef* avec marque d'imprimeur, que M. Sil-

vestre attribué à Claude Gautier, libraire à Paris, de 1570 à 1582 (voir n° 447 des marques typographiques.)

1551. Voyage du roy et de la reyne en Bretagne. 1626, pet. in-8, non rel. Extr. du Mercure de Fr. 8 »

Le roy et la reyne s'acheminent à Angers. — Le mareschal de Themines pourvu du gouvernement de Bretagne. — Le roy part de Blois pour aller en Bretagne. — Ouverture des Estats. — De la Bretagne et du droit des roys de France sur icelle. — Arrivée de Mesd. de Guise et de Montpensier à Nantes. — Le roy et la reyne reviennent de Bretagne.

1552. Histoire critique de l'établissement des Bretons dans les Gaules, par l'abbé de Vertot. 1730, 2 vol. in-12, v. 4 «

Travail intéressant, curieux, dirigé contre d'Argentré, Lobineau et autres écrivains bretons tous passionnés pour l'individualité de leur province.

1553. Vendée. 2 br. in-8. 3 »

Réponse de Philippeaux à tous les défenseurs officieux des bourreaux de nos frères dans la Vendée, avec l'acte solennel d'accusation le 18 nivôse an III. — La mort du jeune Barra ou une journée de la Vendée, drame historique, par le cit. Briois. *Paris, an* II.

1554. Guerre de la Vendée et des Chouans, par Lequinio, dép. du Morbihan. *Paris, an* III, in-8, port., br. 3 »

1555. Correspondance secrète de Charette, Stoflet, Puisaye, Cormartin, d'Autichamp, Bernier, Frotté, Scepeaux, Botherel, du Prétendant et d'autres Vendéens, Chouans et émigrés français, imprimés sur pièces originales. *Paris, an* VII, 2 vol. in-8, br. 3 »

1556. Beauchamp (Alph. de). Histoire de la guerre de la Vendée et des Chouans, depuis son origine jusqu'à sa pacification. *Paris*, 1806, 3 vol. in-8, cart. 6 »

1557. Mémoires pour servir à l'histoire de la guerre de la Vendée (par le comte de Vauban). *Paris*, 1806, in-8, br.
 4 »

1558. Mémoires pour servir à l'histoire de la guerre de la Vendée, par le gén. Turreau. 1824, in-8, br. 2 »

De la collection Baudouin.

1559. Mémoires sur la Vendée, comprenant les mém. inédits d'un ancien administrateur militaire des armées républicaines, et ceux de Mme de Sapinaud. 1823, in-8, br. 3 »

Exemplaire avec soulignures et annotations manuscrites.

1560. Mémoires de la marquise de Larochejaquelin, écrits par elle-même. *Paris*, 1816, in-8, port. et cartes dem.-rel. 5 »

1561. Mém. de la marquise de Larochejaquelin. 1817, in-8, port. et cartes, dem.-rel. 5 »

6. ANJOU, TOURAINE, POITOU, AUNIS.

1562. Centurie de Nostradamus déterrée par un savant antiquaire du club d'Alençon, et présentée par un comité de dames citoyennes, à très-gros et très-puissant Fessier, évêque de l'Orne, le jour de son installation. 1792, br. in-8. 3 »

1563. Angers. Différend entre M. Charles Miron, évêque, et le chapitre de l'église St-Maurice. 1624, pet. in-8, 130 pages, non rel. Extrait du Merc. de Fr. 3 »

1564. Mouvement provincial en 1789, et biographie des députés de l'Anjou, par Bougler. *Paris*, 1865, 2 vol. in-8, br. 6 »

1565. Le Coustumier et Stilles du bailliage et duché de Touraine, ensemble les ordonnances royaux. *Imprimées à Tours par Mathieu Chercele, pour Jean Richart.* 1536, 3 part. en 1 vol. pet. in-8, gothique, rel. en vélin. 65 »

Très-bel exemplaire.

1566. Défense des priviléges de la noble et insigne église de St-Martin de Tours sujete sans moyen au St-Siége apostolique, contre l'appel comme d'abus interjetté par Mathieu Gerbault, archevêque de Tours. *Paris*, 1708, in-fol. rel. 20 »

Dans le même vol. : 5 autres pièces mém. des pièces et actes servant à faire voir que le chapitre de Saint-Gatien n'avait aucune prétention d'immédiation au Saint-Siége avant 1336. — Pièces justificatives produites au procès, etc.

1567. Poitou, par Tassin. 26 planches in-4, obl. 4 »

Plans ou vues de la Rochelle, Saint-Martin de Ré, Saint-Jean-d'Angély, Saintes, Angoulême, Poitiers, etc.

1568. Poitou. Recueil extrait du Mercure de France, in-8, non rel. 6 »

La prise, défaite et punition des Guilleris, 1608. — Ce qui s'est passé à Saint-Jean-d'Angély, 1612. — Tumulte de Poitiers, 1614. — La terre de Richelieu érigée en Duché-Pairie, 1631. — Établissement de la Cour des grands jours à Poitiers, 1634.

1569. Apologie de M. Henry Chasteigner de Larochepozay, évêque de Poitiers, contre ceux qui disent qu'il est défendu aux ecclésiastiques d'avoir recours aux armes en cas de nécessité (par l'abbé de St-Cyran). *S. l.*, 1615, in-8, vél. 8 »

1570. Thibeaudeau. Histoire du terrorisme dans le département de la Vienne. *Paris, de l'imprimerie des femmes. S. d.*, in-8, br. 5 »

1571. Le magnifique chasteau de Richelieu en général et en particulier, plans, élévations et profils, gravé par Jean Marot. *S. l. n. d.*, in-fol. oblong, demi-rel. 30 »

On y a joint une vue de la ville, par Israël.

1572. Le chasteau de Richelieu, par M. Vignier. *Saumur*, 1676, pet. in-8, v. br. 5 »

1573. La Rochelle. Recueil factice extrait du Mercure de France. Environ 800 pages in-8, non relié. 10 »

Tumulte de La Rochelle, 1612. — Assemblée générale à la Rochelle de ceux de la religion réformée, 1621. — Différens survenus entre le sieur Arnould, gouverneur du fort Louys et les Rochelois, 1623. Combats en l'île de Ré, 1625. — Les Rochelois prennent les armes et se joignent aux Anglois contre leur Roy : relation de ce qui s'est passé en l'île de Ré de juillet à novembre, 1627. — Siége de la Rochelle, 1628. — Discours au Roy sur la naissance, ancien estat, progrez et accroissements de la ville de la Rochelle.

1574. Histoire de la ville de La Rochelle et du pays d'Aunis, par Arcère. *La Rochelle*, 1756, 2 vol. in-4, v. m. avec plans. 20 »

1575. Histoire de Rochefort contenant l'établissement de cette ville, et les antiquitez de son château. 1743, in-4, demi-rel. 10 »

7. BOURBONNAIS ET BERRY.

1576. Les Coutumes du pays et duché de Bourbonnoys. *Imprimées à Paris par Pierre Vidoue pour Galliot du Pré, libraire. S. d.*, in-4. GOTHIQUE, de 8 et 77 feuillets chiffrés rel. en basane.

Exemplaire imprimé sur PEAU DE VÉLIN. Nous ignorons si c'est le même coutumier que M. Brunet indique avec la date de 1521 in-8 :

celui-ci est bien in-4. Il y manque malheureusement un morceau du titre que nous n'avons pu faire reproduire, n'ayant pu découvrir un second exemplaire, même à la Bibliothèque nationale. — Nous serions le très-obligé de l'amateur qui, possédant cette même édition (au besoin sur papier), voudrait bien la mettre à notre disposition.

1577. Le Coustumier du pays et duché de Bourbonnois. *A Moulins, chez la veuve Pierre Vernoy*, 1637, in-16, vél.
4 »

1578. Description du Berry et diocèse de Bourges au XVIe siècle, par Nic. de Nicolay, Dauphinois, valet de chambre de Charles IX, publié par V. Advielle. 1865, in-8, br.
1 50

1579. Histoire du Berry, par Thaumas de la Thaumassière. *Bourges*, 1691, in-fol. port., rel. mod. en vélin. 70 »
Exemplaire fatigué.

1580. Nouvelle histoire du Berry contenant son origine et ses antiquités les plus reculées, sa division en différentes parties, sa géographie, son gouvernement, ses souverains, etc., par Pallet. *Bourges*, 1783, 5 vol. in-8, dem.-rel. mouillé.
10 »
Avec les histoires héraldiques et généalogiques des maisons nobles.

1581. Histoire du Berry depuis les temps les plus reculés jusqu'en 1789, par L. Raynal. *Bourges*, 1845, 4 vol. in-8, dem.-rel.
18 »

1582. Histoire du Berry, par Thaumas de la Thaumassière. Nouvelle édition publié par le Chev. de Saint-Amand. *Bourges*, 1865, gr. in-8, br.
8 »
Tome 1er et pages 1 à 144 du tome 2.

1583. Etrennes curieuses et utiles de la province de Berry. *Bourges*, 1787, in-24, br.
2 »

1584. Annuaire du Berry (dép. du Cher et de l'Indre). 1re année 1840 à 1845. 6 vol. in-12, dem.-rel. non rogné.
12 »

1585. Comptes rendus des travaux de la Société du Berry, 1re année, 1853 à 1859, sixième année. 5 vol. gr. in-8, fig. br. (*manq. la 2e année*).
10 »

1586. Mémoires de la Commission historique du Cher. 1857, 1860 et 1864, 3 vol. gr. in-8, fig. br.
12 »
Description du trésor de Jean de Berry par Hiver de Beauvoir; Monuments funéraires gallo-romains de Berry, par Baugy; Crypte

de Dun le Roy, par Moreau ; notes historiques sur les archers et arbalestriers de Bourges, par Boyer ; Cimetière gallo-romain du faub. Charlet, par la Chaussée ; Généalogies du Berry, par de Maussabrée ; Observ. sur la ville de Sancerre, par Chavaudret ; Notice sur les pierres sépulcrales du cim. des Capucins de Bourges, par Hiver de Beauvoir ; les Papiers des Pot de Rhodes (1529 à 1648), par le président Hiver, etc., etc.

1587. Revue du Berry. Années 1864 et 1865, 2 vol. gr. in-8, br. 6 »

1588. Conseil général du Cher. Procès-verbal. Session de 1866 et 1867. 2 vol. gr. in-8, br. 4 »

1589. Mémoires de la Société des antiquaires du Centre. 1867. 1er vol. *Bourges*, 1868, in-8, fig. br. 3 »

1590. Consuetudines Bituricenses. — Aurelianenses. — Turonenses. *Parisiis*, 1543, in-fol. à 2 col. vél. 10 »

Bel exemplaire quoique taché d'eau intérieurement.

1591. Nouveau commentaire sur la coutume de Berry, par Jean Mauduit avec les notes de Ch. Dumoulin. 1624, in-8, vél. 3 »

1592. Coutumes générales de Berry, avec les commentaires de Thaumas de la Thaumassière. *Bourges*, 1691, in-4, v. br. 8 »

1593. Maximes de droit coutumier pour servir à l'explication et reformation de la nouvelle coutume de Berry, par Thaumas de la Thaumassière. — Questions et réponses sur les coutumes de Berry, par le même. — Migeonis liber singularis defensorum quæstionum in leges Biturigum municipales. *Bourges, Toubeau*, 1691, 3 ouvrages en 1 vol. in-4, v. br. (le dernier mouillé). 6 »

1594. Notice sur les murs d'enceinte de la ville de Bourges, par de Barral. *Bourges*, 1852, gr. in-8, nomb. fig. br. 2 »

1595. Relation de l'ordre de la triomphante et magnifique monstre du mystère des actes des Apôtres, par Arnould et Simon Gréban ; suivie de l'inventaire de la Sainte-Chapelle de Bourges ; d'un recueil de faits historiques de la ville de Bourges, etc., etc. *Bourges*, 1836, gr. in-8, dem.-rel. toile non rog. 8 »

1596. Description historique et monumentale de l'église patriarcale, primatiale et métropolitaine de Bourges, par le chanoine Romelot, *Bourges*, 1824, in-8, fig., dem.-rel. non rog. 4 »

1597. Vitraux de la Cathédrale de Bourges. 100 feuilles dans un carton gr. in-fol. in-plano (1 mètre sur 80 cent.).

Ce sont des DESSINS ORIGINAUX pris sur les vitraux mêmes; et de GRANDEUR NATURELLE, ils sont exécutés et coloriés avec le plus grand soin, et parfaitement dans le genre antique convenant à ces magnifiques verrières. — Les fragments qui manquaient autrefois sont restés en blanc.

Ces dessins ont servi pour l'œuvre réparatrice des chapelles de Saint-Laurent, Saint-Vincent, Saint-Étienne et de la Nouvelle-Alliance. Ils portent la marque de M. Thevenot, habile manufacturier, en vitraux d'église à Clermont-Ferrand, qui fut chargé du travail.

Un pareil album devrait être conservé précieusement aux archives de la ville, pour perpétuer la constatation des lacunes causées par la tourmente révolutionnaire de 93.

1598. Éloge historique de Phelypeaux d'Herbault, archevêque de Bourges, par Blin de Sainmore. 1788, in-8.
2 »

1599. Procès-verbal des séances de l'assemblée provinciale du Berry, tenue à Bourges, dans les mois de sept. et d'oct. 1780. *Bourges*, 1781. — *Id.* tenue à Bourges en oct. et nov. 1783. *Bourges*, 1787. — *Id.* tenue à Bourges, en oct. 1786. *Bourges*, 1787, 3 part. en 1 vol. in-4, dem.-rel. v. non rog. 10 »

La seconde partie tachée dans sa marge.

1600. Journal de Jean Glumeau, Bourges, 1541-1562, publié pour la première fois avec introd. et notes par le président Hiver. *Bourges*, 1867, in-8, pap. de Holl., br.
3 50

1601. Bourges. Mélanges. 40 br. 8 »

Notice sur l'ancien clergé du diocèse de Bourges, par le B. de Clamecy, 1841. — Mém. sur les dyptiques de la cathéd. de Bourges, par Dumoutet. — Fouilles des caves du Palais de Jean de Berry, par le même. — Les commentateurs de la coutume de Berry, par de Beaurepaire. — César chez les Bituriges, par Boyer. — Église de Neuvy-Saint-Sépulcre, par l'abbé Caillaud. — Antiquités de la ville de Bourges, par Corbin Mangoux. — Établissements militaires à Bourges, par Duplan. — Étude sur Guy-de-Fontenay, poëte berruyer, par Pérémé, etc., etc.

1602. Catherinot (Nicolas). Recueil de ses opuscules relatifs à la province de Berry et à divers objets. *Imprimés à Bourges de 1660 à 1689.* 43 pièces, in-4. 40 »

Très-rare. Ce recueil contient les opuscules suivants : Les alliances de Berry. — Annales ecclésiastiques. — Annales typographiques de

Bourges. — Antiquités romaines du Berry. — Les archevêques de Bourges. — Priviléges accordés aux maires et échevins. — L'art d'imprimer. — Les avocats du Roy, conseillers. — Les axiomes. — Bourges souterrain. — Le Bullaire de Berry. — Le Calvinisme de Berry. — Antediluviani. — Castigationes ad hymnos Ecclesiæ. — Codex testamentorum. — Gratianus recensitus. — Imperium romanum. — Jurisconsulti exotici. — Chronographie de Berry. — Les diocèses de Bourges. — Le Diplomataire de Berry. — Diss. que le parquet de Bourges est du corps de l'université. — Diss. du droit français. — Les dominateurs de Berry. — Doublets de la langue. — Le droit de Berry. — Escu d'alliance. — Les fondateurs de Berry Fori Bitur. inscriptio.—La Gaule grecque.—Généalogie des Dorsannes. — Les illustres de Berry. — Nécrologie de Berry. — Patronages de Berry. — La Plaideuse. — Que les coutumes ne sont point de droit étroit. — Les recherches de Berry. — La régale universelle. — Remarques sur le testament de Cujas. — Repotia Catharinica. — Traité de l'artillerie. — Vie de Mlle Cujas. — Le vrai Avaric.

1603. Esquisses biographiques du dép. de l'Indre, par Grillon des Chapelles. *Paris*, 1862, 3 vol. in-12, br.
4 50

1604. La Thaumassière, sa vie ses relations et ses œuvres, par de Robillard de Beaurepaire. *Bourges*, 1868, in-8, br.
2 »

1605. Histoire des imprimeurs et libraires de Bourges, suivie d'une notice sur ses bibliothèques, par Boyer. *Bourges*, 1854, in-8, br.
3 »

1606. Un ménage littéraire en Berry au XVIe siècle (Jacques Thiboust et Jeanne de la Font), par Boyer. *Bourges*, 1859, br. gr. in-8.
1 50

1607. Le Berry aux salons de Peinture et les artistes en Berry depuis trente ans, par Richard Desaix. 1863-64, 2 br. gr. in-8.
2 50

1608. Rêveries sur les bords du Cher, poésies, par Mme Agathe Baudouin. 1841, in-8, br.
2 50

1609. Prise de la ville et château de Vatan en Berry, 1612. — Conversion à la foy catholique de plus de 60 familles de Saint-Amand en Berry. 1628, 2 pièces extr. du Merc. de France.
3 »

1610. Recherches historiques sur Saint-Amand Montrond, par le chev. de Saint-Amand. *Bourges*, 1845, in-8, br.
1 50

1611. Aménagement des bois de la maîtrise particulière de Chateauroux et des gruries de La Chatre et du Châtelet dépendant de l'apanage de Mgr comte d'Artois, fait par Jacquemain, arpenteur du roy. 1785, in-fol., veau marb. fil. AUX ARMES DU COMTE D'ARTOIS. 20 »

Manuscrit exécuté avec le plus grand soin, véritable chef-d'œuvre; il contient 28 cartes également manuscrites.

8. CHAMPAGNE, BOURGOGNE, FRANCHE-COMTÉ.

1612. **Champagne et Brie.** Recueil de 73 planches, par Mérian. 1660, in-fol. dem.-rel. 15 »

Vues de Ay, Châlons, Charleville, Chatillon, Chaumont, Clermont, Ancy-le-Franc, Coulommiers, Dampierre, Saint-Dizier, Dormans, Donchery, Epernay, Jametz, Irrois, Langres, Marsal, Maubert-Fontaine, Melun, Meaux, Méry, Metz, Montceaux, Montereau, Monteclair, Montigny, Mouzon, Sainte-Menehould, Nogent-sur-Seine, Montmirail, Pont-en-Champagne, Passy, Reims, Rocroy, Sedan, Toul, Sens, Tanlay, Tonnerre, Troyes, Verdun, Vic, Villefranche, Vitry-le-François.

1613. **Champagne**, par Tassin. 52 pl. in-4, obl. 6 »

Vues ou plans de Châlons, Troyes, Reims, Sainte-Menehould, Verdun, Mezières, Charleville, Mouzon, Langres, Saint-Dizier, Maubert-Fontaine, Rocroy, Montigny, Vitry, Ay, Epernay, Rethel, Nogent-sur-Seine, Mery-sur-Seine, Dormans, etc.

1614. **Mémoires historiques et critiques pour l'histoire de Troyes** (par Grosley). 1774, in-8, dem.-rel. 4 »

1615. **La prise et capitulation de Méry-sur-Seine**, avec la défaite du s. de Poitraincourt. 1616, in-8. 1 25

Réimpression moderne, papier de couleur.

1616. **La Champagne désolée par l'armée d'Erlach**, avec les cruautez exercées par icelle. 1649, in-4 de 4 feuill. rare. 4 »

1617. **Journal des États tenus à Vitry-le-François, en 1744.** Documents curieux et inédits sur l'histoire et la noblesse de Champagne, publiés par Aug. Nicaise. *Châlons-sur-Marne*, 1864, in-12, br. 1 50

1618. **Discours sur le proverbe : 99 moutons et un Champenois**, par Herluison. 1810, br. in-8. 1 50

1619. **Bourgogne**, par Mérian. 1660, in-fol. dem.-rel. 15 »

Vues ou plans d'Alize, Autun, Auxonne, Beaune, la Charité, Dijon, Flavigny, Saint-Jean-de-Losne, Château de Marconssis, Mâcon, Tournus, Montbar, Moulins, Engilbert, Nevers etc.

1620. **Bourgogne**, par Tassin. 22 pl. in-4, obl. 4 »

Vues ou plans de Dijon, Châlons, Beaune, Autun, Mâscon, Tournus, Moulins-Engilbert, etc.

1621. Le grand coustumier de Bourgogne, de Barth. Chasseneux. *Paris, Fr. Regnault*, 1534, in-4, rel. fat. 10 »

1622. Le Parlement de Bourgogne, origine, établissement, progrès, par Paillot. 1649, in-fol. vél. 30 »

> Exemplaire auquel le titre imprimé manque ainsi que la préface, de plus, quelques raccommodages. Cet ouvrage est rempli de blasons.

1623. Sauvegarde du ciel pour la ville de Dijon, ou remarques historiques sur la saincte et miraculeuse hostie, par Phil. Boulier, chanoine de la chapelle du roy à Dijon. *Dijon, P. Pailliot*, 1643, in-8, vél. 10 »

> Grand de marges mais légèrement mouillé; V. cat. Peignot, n° 3092, page 373, une note intéressante.

1624. Le réveil de Chyndonax, prince des vacies, druides celtiques dijonnois, avec la sainteté, religion et diversité des cérémonies observées aux anciennes sépultures, par Guénébault. *Dijon*, 1621, in-4, vélin, avec la planche. 12 »

1625. Châlons-sur-Saône. Diverses pièces in-4. 3 »

> Les adieux qu'a laissés, en mourant, M. Berthelot chanoine. — Oraison funèbre de Henry de Rochefort d'Ailly, évêque, 1772. — Réjouissances à l'occasion de la naissance du Dauphin, 1729. — Oraison funèbre de François de Madot, évêque, 1754, plus 3 mandements.

1626. Histoire de la ville d'Autun, l'ancienne Bibracte, capitale des Eduens, par Jos. Rosny. *Autun*, 1802, in-4, fig. br. 6 »

1627. Essai historique sur l'abbaye de Saint-Martin d'Autun, par Gab. Bulliot. *Autun*, 1849, 2 vol. gr. in-8, fig. br. 9 »

1628. Autun. 7 broch. in-8. 2 50

> Précis de la vie du prélat d'Autun, digne ministre de la fédération, 1790. — L'abbé Gouttes réfuté par lui-même. — Doutes proposés à M. Gouttes, etc., etc.

1629. Les châteaux d'Ancy-le-Franc, de Saint-Fargeau, de Chastellux et de Tanlay, par le baron Chaillou des Barres. 1845, gr. in-4, figures. 8 »

1630. L'abbaye de Pontigny, par le baron Chaillou des Barres. 1844, gr. in-8, fig. br. 5 »

> Ouvrages que recommandent également l'intérêt du sujet, la conscience de l'écrivain, et le mérite de l'exécution typographique. Les figures, qui pourraient n'être que l'ornement du texte, en sont aussi le complément. Ce sont des blasons, des fac-simile de lettres autographes et des vues exactement litographiées par Victor Petit. LEBER.

1631. Franche-Comté. 26 planches in-4, obl. non rel.
6 »

Vues et cartes de Besançon, Dôle, Salins, Arbois, Saint-Laurent-de-la-Roche, fort de Joux, Pignerol, Casal, gravées par Perelle, d'après Beaulieu.

1632. Histoire des Sequannois, des Bourguignons et du premier royaume de Bourgogne, de l'Eglise de Besançon et des abbayes nobles depuis leur fondation, par Dunod. A *Dijon*, 1735, 2 vol. in-4, v. 20 »

1633. Chiffetii Vesontio civitas imperialis libera, Sequanorum metropolis, etc. *Lugduni*, 1618, in-4, vél. 15 »

Bel exemplaire avec les planches.

1634. Franche-Comté. 8 br. in-8. 3 »

Arrêté du parlement, 27 janv. 1789. — Crime affreux commis au château de Quincé, près Vesoul, 1789. — Extrait des registres du Parlement. — Lettre au roi. — Mém. justificatif pour M. de Mesmay, etc.

9. Lyonnais, Dauphiné et Savoie.

1635. L'entrée du roy et de la reyne en la ville de Lyon, ensemble un sommaire de ce qui s'est passé de plus remarquable en ladite entrée faite le 11 déc. 1622. *Lyon, Jullieron*, 1624, in-fol. vélin. 18 »

Dans le même volume : Réception de très-chrestien monarque Louis XIII, premier comte et chanoine de l'Eglise de Lyon. *Jacques Roussin*, 1623.

Ce curieux livre orné d'un certain nombre de planches est malheureusement très-piqué des vers.

1636. Lyon. Relation de la peste, 1628. — Tumulte et sédition, 1633. 2 pièces extraites du Mercure de France.
3 »

1637. Lyon. 18 broch. in-8, dans un carton. 6 »

Dont : adresse à la Convention par Chalier. — Avertiss. de l'archev. de Lyon. — Discours prononcé à la barre de l'As. nat. le 10 sept. 1791, par l'orateur de la députation du canton de Chasselay, et pétition du comité central des 31 sociétés populaires des Amis de la Constitution, établies à Lyon. — Lettre d'un curé du Lyonnais.— Question sur les affaires présentes de l'Eglise et trois autres pièces de Charrier de Laroche. — La révolution du Lyonnais, etc.

1638. Tableau des prisons de Lyon pendant la tyrannie de 1792 à 1793, par Delandine, anc. biblioth., l'un des prisonniers. *Lyon*, 1797, in-8, fig. v. rac. fil. 6 »

1639. **Histoire de la Révolution française dans la ville de Lyon** (depuis 1789 jusqu'en 1796). par l'abbé Guillon. *Paris,* 1797, 2 vol. in-8, br., *rare.* 6 »

1640. **Mémoires pour servir à l'histoire de la ville de Lyon pendant la révolution**, par l'abbé Guillon. 1824, 2 vol. in-8, br. 8 »

De la coll. Baudouin.

1641. **Dauphiné**, par Tassin. 40 pl. in-4, obl. 6 »

Plans ou vues de Lyon, Vienne, Grenoble, Embrun, Gap, Quirieu, Suze, Montmelian, Miolans, Pignerol, Turin, Genève, etc.

1642. **Dauphiné.** 8 br. in-8. 3 50

Observations sur les principes de la Constitution des Etats du Dauphiné. — Procès-verbaux de l'Assemblée nationale des Allobroges, 1792. — Petit colloque élémentaire sur les abus, les droits, les États généraux, etc., par un vieux jurisconsulte allobroge. 1788. — Aux Dauphinois par Mounier. — Délibération des citoyens de la ville de Grenoble, 15 juillet 1789. — Les curés de Dauphiné à leurs confrères les recteurs de Bretagne, 1789, etc., etc.

1643. **Mémoires pour servir à l'histoire de Dauphiné sous les dauphins de la maison de La Tour du Pin**, par Valbonnais. 1711, in-fol. v. 30 »

1644. **Mort du duc de Lesdiguières et pompes funèbres faites à Grenoble, 1626.** — Du géant Theutobocus et de ses prétendus ossements. 1613. 2 pièces extraites du Merc. de Fr. 3 50

1645. **Histoire de Villefranche, capitale du Beaujolois,** par P. Louvet. *Lyon,* 1671, pet. in-8, v. br. 25 »

Avec la liste des Eschevins depuis 300 ans.

1646. **Sabaudorum ducum principumq. historiæ gentilitiæ,** aut. Lamb. Vanderburchio. *Ex officina Plantiniana,* 1599, in-4, vél., *armoiries.* 12 »

Ouvrage rare et curieux se rattachant à l'histoire du Dauphiné, de la Bresse et du Bugey, il est enrichi d'un grand nombre de blasons.

1647. **Savoie et Piedmont. Recueil important extrait du Mercure de France.** Environ 1200 pag. in-8. 15 »

Contenant la guerre de Montferrat, entre les ducs de Savoie et de Mantoue, 1613 et 1614. — Siége de Versel, 1617. — Guerre contre les Genois; prise de Capriata Novi; la Piève forcée et prise d'assaut; reddition d'Albengua, Villeneuve, etc.; prise d'Oncille, reddition de Ventimil, le siége de Verrue, 1625. — Voyage de Piedmont par le Roy Louis XIII; prise de Suze; Cazal délivré, 1629. — Relation de ce qui s'est passé à la prise de Mantoue; prise de Montmelian; Pignerol fortifié; prise de Saluces; combat de Carignan, 1630. — Traité fait à Querasque, 1631. — Siége de Turin, 1640.

1648. Analyse des Eaux thermales d'Aix en Savoye, par Jos. Daquin. *Chambéry*, 1773. in-8. 2 »

10. GUYENNE ET GASCOGNE.

1649. Guyenne, par Tassin. 23 pl. in-4, obl. 4 »
    Vues de Bordeaux, Royan, Cordouan, Cahors.

1650. Guyenne (leurs majestez partent en), pour accomplir les mariages, 1615-1616. Recueil extrait du Mercure de France, pet. in-8, environ 400 pag. 10 »
    Le Roy part de Poitiers; entrée à Angoulesme; préparatifs en l'Eglise Saint-André de Bordeaux pour les espousailles; feux de joye; des fiançailles en la galerie de l'archevêché; voyage de Madame à Bayonne; la Royne regnante s'achemine à Bordeaux; de l'entrée faite au Roy et à la Reyne dans Bordeaux; exploits de ceux de la religion reformée en Guyenne (180 pag.). — Retour du Roy à Poitiers; le Roy et les Roynes arrivent à Tours; adventures du retour; réception que les Parisiens firent au Roy et à la Reyne à leur arrivée à Paris (160 pag.). — Combat naval entre le sieur de Barrault-Vif, admiral en Guyenne et les pirates qui tenoient l'embouchure de la Gironde, 1617.

1651. Le château de Pau, souvenirs historiques, son histoire et sa description, par Bascle de Lagrèze. 1857, in-12, br. 1 50

1652. Languedoc. Extrait du Mercurius Wranckryk. 22 pl. in-4, obl. 3 »
    Narbonne, Montpellier, Alez, Pezenas, Privas, Toulon, etc.

1653. Languedoc, par Tassin. 46 pl. in-4, oblong. 4 »
    Vues de Montpellier, Privas, le Pont-Saint-Esprit, Narbonne, Pezenas.

1654. Annales de la ville de Toulouse. *Paris*, 1771, 4 vol. in-4, br. 16 »

1655. Languedoc. Recueil extrait du Mercure de France. Environ 1000 pag. pet. in-8, non relié. 15 »
    Ce qui s'est passé en Languedoc pendant les trois premiers mois de l'année 1625; le sieur de Soubize prend les armes; campagne du duc de Rohan, du maréchal de Themines et du duc de Montmorency; rebellion de Pamiez; surprise de Sommières; Saint-Paul assiégé forcé et pillé; entrée de M. Soubise en la rivière de Bordeaux avec 74 voiles et sa descente au pays de Medoc; descente du Verger Malaquet avec 15 voiles au pays d'Embez, 1625. — Entreprise du sieur de Rohan sur Castres; prise de Castelnau; entreprise sur Montpellier; défaite de la cavalerie de Rohan aux portes de Nîmes; siége

de Pamiez, Realmont, Mazamet, Saint-Amand et autres villes; dégats aux environs de Nimes, d'Uzez et d'Alez par le duc de Montmorency, 1628. — Des rebelles du haut et bas Languedoc; Montauban, Caussade, Millaut, Gallarde, Rocquecourbe, 1628. — Assemblée générale des rebelles en la ville de Nismes; description des Cevennes; siéges de Privas et Alez; paix générale; entrée du Roy à Uzez et à Nimes; ceux de Montauban ne veulent condescendre à la paix; entrée du card. de Richelieu à Montauban, 1629. — Démolition de la citadelle de Lunel; le Roy s'achemine de Valence au Pont-Saint-Esprit; réduction de Beziers à l'obéissance du Roy; le Roy va à Nimes à Montpellier et à Beziers; razement du fort de Brescon, de la citadelle de Beziers et de plusieurs châteaux; le Roy et la Royne vont de Narbonne à Carcassonne et à Castelnaudary; arrivée à Tolose; départ du Roy et de la Royne et retour à Paris, 1632. — Tenue des Etats généraux de Languedoc, 1633.

1656. Traité de la noblesse des Capitouls de Toulouse, par La Faille. *Toulouse*, 1673, in-4, dem.-rel. v.   12 »

Quelques notes marginales intéressantes.

1657. Tableau chronologique des Capitouls de Toulouse depuis 1147 jusqu'à 1294, par Durozoy, et depuis 1295 jusqu'en 1786, par Abel et Froidefont. *Toulouse*, 1786, gr. in-8, dem.-rel. non rog.   12 »

1658. Toulouse. 18 br. in-8.   8 »

Accapareur trouvé dans une armoire, 9 août 1789. — Lettre de Toulouse, 2 juill. 93. — Vérité sur l'insurrection du département de la Haute-Garonne, par Hinard, nivôse an VIII. — Relation des horreurs commises au château de Buzet, appartenant au marquis de Clarac dans la nuit du 8 au 9 janv. 1791. — Lettre d'une dévote de Gascogne, suivie de la naissance, la vie et la mort du grand bailliage de Toulouse. — Arrêts, remonstrances et supplications du parlement, etc., etc.

1659. Montauban. 8 br., fig. ajoutée.   5 »

Détails du combat sanglant entre une troupe d'aristocrates déguisés en femmes et la garde nationale. — Lettre à mes compatriotes montalban. — Manifeste de la municipalité. — Lettres aux off. mun. de Montalbanais, par Guignaud. — Rapport fait le 22 juillet 1790 sur les troubles, par Vieillard. — Remontrances de la cour des aides de M. au roi. — La cause des troubles de Montauban manifestée. — Réponse de Cérutti à la lettre de Dillon, suivie d'un rapport circonstancié envoyé par la garde nationale au comité des rapports.

1660. Montpellier. 2 br. in-8.   3 »

Mémoire historique sur la horde des brigands qui se fait sacrilégement appeler le pouvoir exécutif; et sur les excès et les crimes qu'elle a commis, 1791. — Narré succinct de ce qui s'est passé du 9 au 12 oct. 1791.

1661. Histoire civile, ecclésiastique et littéraire de la ville de Nimes, par Ménard. *Paris*, 1750, tom. 1 et 2 in-4, v. m.   15 »

1662. Nismes. 11 broch. in-8, dans 1 carton. 10 »

Adresse et nouvelle adresse présentée à l'Assemblée nationale, par la veuve Gas et ses six enfants, contenant une relation exacte du pillage de la maison du sieur Gas, de son affreux assassinat et des excès commis envers sa famille. — Détails circonstanciés des massacres commis à Nismes, les 13 juin 1790 et suiv. — M Dumouchel soi-disant évêque du Gard convaincu de schisme et d'ignorance,— Le massacre de la Saint-Antoine de Padoue à Nismes. — Pétition à l'Ass. nat. au nom des veuves des citoyens massacrés à Nismes, le 13 juin 1790. — Précis historique des massacres commis par les protestants sur les catholiques de Nismes les 13, 14 et 15 juin 1790. — Rapport de l'affaire de Nismes par Alquier, etc.

1663. Les plans et profils des principales villes de la Catalogne et du Roussillon, par le chev. de Beaulieu. In-4, v. m. 6 »

Plus de 100 feuilles, la plupart gravées par Perelle.

1664. La prise et la bataille de Leucate. 1637, pet. in-8, non rel. Extrait du Merc. de France. 3 »

11. PROVENCE. COMTAT-VENAISSIN. ORANGE.

1665. Provence, par Tassin. 17 pl. in-4, obl. 3 »

Plans et vues de Marseille, fort de Brigançon, les Martigues, Aix, etc.

1666. Nouveau commentaire sur les Statuts de Provence, par Julien. *Aix*, 1778, 2 vol. in-4, br. 6 »

1667. Pascalis. Etude sur la fin de la constitution provençale. 1787-1790, par Charles de Ribbe. 1854, gr. in-8, br. 3 »

Pascalis fut pendu à Aix par le peuple, dans une émeute populaire, le 11 déc. 1790.

1668. Histoire générale de Provence, par Papon. *Paris*, 1777, 4 vol. in-4, v. m., bel exemplaire. 35 »

1669. Essai sur l'histoire de Provence, suivi d'une notice des Provençaux célèbres (par Bouche). *Marseille*, 1785, 2 vol. in-4, v. m. fil. 15 »

1670. Histoire héroïque et universelle de la noblesse de Provence, par Artefeuil. *Avignon*, 1776, 2 vol. in-4, v. m., planches d'armoiries. 50 »

1671. Remonstrances de la noblesse de Provence au roy, pour la révocation des arrêts de son conseil, portant réunion à son domaine des terres aliénées et inféodées par les comtes de Provence, par Noël Gailhard. *Aix*, 1669, in-fol. v. br. 15 »

Entre autres pièces que renferment les preuves se trouvent : les testaments du roy Robert, du roy Réné et de Charles d'Anjou; les codicilles de Charles d'Anjou; des édits de François Ier, etc.

1672. Provence. Diverses pièces extraites du Mercure de France, pet. in-8, non rel. 6 »

Conspiration de Mairargues pour vendre Marseille à l'Espagnol, 1605. — Des sauterelles qui s'engendrèrent en la Camargue d'Arles et mangèrent les bleds et herbages. — Tumulte de Nimes contre le sieur Ferrier, 1613. — Description du cabinet du s. Borilly, citoyen d'Aix, 1624. — Remonstrance au prince de Condé à Avignon. — Etats tenus à Tarascon, 1631. — Attaque des îles Sainte-Marguerite, 1636 et 1637.

1673. Histoire admirable de la possession et conversion d'une pénitente séduite par un magicien, la faisant sorcière et princesse des sorciers au pays de Provence, par le P. Michaelis. — Discours des esprits en tant qu'il est besoin pour entendre et resoudre la matière difficile des sorciers, par le même. 1613, 2 part. en 1 vol. pet. in-8.
12 »

1674. Mémoire historique sur la réaction royale et sur les massacres du Midi, par le cit. Fréron. 1824, in-8, br.
4 »

De la collection Baudouin.

1675. Recueil des antiquités et monumens marseillais, par Grosson. *Marseille*, 1783, in-4, fig., rel. fat. 6 »

1676. Marseille. Le noyau de pêche ou découverte inattendue de 30 mille fusils, 17 août. — Observations de la commune de Marseille sur l'état actuel du dép. des Bouches-du-Rhône, par Barbaroux. 1792, 2 br. in-8.
3 »

1677. Toulon. 9 br. in-8, dans un carton. 5 »

Précis de la révolution de Toulon, 7 déc. 89. — Mémoire justificatif du comte Albert de Rions, 1790. — Rapport de Jean-Bon-Saint-André à la Convention sur la trahison de Toulon, 1793, 96 pag. — Rapport de David en mémoire de la prise de Toulon. — La Convention nationale aux Français par Billaud-Varennes, 6 sept. 93. — Précis sur l'affaire de Toulon. — Compte rendu au ministre et opinion de Malouet. — Défense du commandant et des officiers de marine prisonniers à Toulon.

1678. Abrégé chronologique de l'histoire d'Arles, par Le Noble Lalauzières. *Arles*, 1808, in-4, fig., br. 10 »

1679. Labyrinthe royal de l'Hercule gaulois triomphant

sur le sujet des fortunes, batailles, etc., du très-chrestien Henri IV roy de France, représenté à l'entrée triomphante de la royne en la cité d'Avignon, le 19 nov. 1600. *Chez J. Bramereau en Avignon*, gr. in-4, dem.-rel. mar. (*titre remonté et quelques feuilles racc.*). 35; »

1680. Mémoires pour la vie de François Pétrarque. *Amst.*, 1764, 3 vol. gr. in-4; dem.-rel. non rogné. 12 »

Avec notes, dissertations et pièces justificatives par l'abbé de Sades.

1681. Avignon. 9 br. in-8, dans 1 carton. 4 »

Bref du Pape à l'archevêque. — Nouveau bref. — Délibération du bourg de Cucuron. — Opinions de l'abbé Maury; de Malouet; de Français de Nantes; de Clermont Tonnerre sur l'affaire d'Avignon. — Protestation du commissaire de la chambre apostolique de Rome contre toute usurpation du Comtat-Venaissin, etc.

1682. Relation de ce qui s'est passé au rétablissement d'Orange ; ensemble les discours et harangues faites sur ce sujet, par De Chambrun, ministre de la parole de Dieu. *A Orange, Raban*, 1665, in-4, vélin. 20 »

Pièce très-rare, elle est ornée d'un portrait et d'une grande et belle eau-forte de De Wischer, représentant l'ordre et l'appareil du serment de fidélité presté par les villes et communautez d'Orange à Henry de Nassau ; pièce ayant comme rideau, l'ancien et merveilleux pan de muraille du cirque romain.

1683. Recueil de diverses pièces de poésie sur les principaux événemens des dernières campagnes du Prince d'Orange. *Bourg*, 1693, in-12, v. br. 4 »

12. ALSACE ET LORRAINE.

1684. Vues des villes d'Alsace, par Beaulieu. 56 feuilles, in-4, oblong. 10 »

1685. Histoire de la province d'Alsace depuis Jules César jusqu'au mariage de Louis XV, par Laguille, *Strasbourg*, 1727. in-fol. v. m., bel ex. 20 »

1686. Lorraine et Alsace. Recueil extrait du Mercure de France. Environ 600 pag. pet. in-8, non relié. 15 «

Transport et cession faits par François de Lorraine, des duchez de Lorraine et Barois au prince Charles son fils, 1625. — Entrée solennelle du duc Charles à Nancy, festins et ballets ; Laurent de Médicis passe à Nancy, 1626. — Les princes de la ligue se saisissent de Verdun en 1585; incendie au Palais Ducal. — Différend de l'évêque de Verdun, 1628. — Voyage de Monsieur, frère du Roy, en

Lorraine, 1629. — Harangue au roy par ceux de la religion réformée de Metz, 1631. — Le duc de Lorraine va trouver le roy à Metz; traité de Vic, 1632. — Pont-à-Mousson, Sainte-Menehould, Saint-Mihiel remis en l'obéissance du roy. — Haguenau assiégé par les Suédois; voyage du Roy en Lorraine; Nancy investi; siége de Nancy, 1633. — Exploits des Suédois dans la Haute-Alsace, siéges de Befort, Bitche, Guebviller, Lamotte et autres villes; l'Alsace se met en la protection du roy; démolition de plusieurs châteaux en Lorraine, 1634. — Prise de Philipsbourg, 1635. — Siége de Saverne; Voyage du Roy en Lorraine; le duc Charles se retranche à Rambervillers; le bourg Saint-Nicolas pillé et brûlé; les impériaux assiégent Saarbruk, 1635. — Thionville investy par Feuquières; dessein du gén. Piccolomini sur Verdun, il attaque Mouzon; siége, démolition et razement d'Ivoy, 1639. — Siége de Moyen, 1639.

1687. Les prises ou réductions de la très-imp. ville d'Haguenau, et du château d'Aubar (en Allemagne) à l'obéissance du roy, par le mar. de la Force, *Rouen*, 1684, pet. in-8.   8 »

1688. Représentation des fêtes données par la ville de Strasbourg pour la convalescence du roi, à l'arrivée et pendant le séjour de S. M. en cette ville, par Weiss. 1744, gr. in-fol. mar. rouge dent. tr. dor.   60 »

Bel exemplaire relié par Pasdeloup, aux armes du roy.

1689. Lorraine, par Tassin, 27 pl. in-4, obl.   3 »

Plans et vues de Nancy, Toul, Blanmont, Thionville, Lamotte.

1690. Lorraine. 8 br. in-8.   5 »

« Détail circonstancié des entreprises des aristocrates à Metz et victoire remportée par les gardes nationales et le peuple. — Cahiers des pouvoirs et instructions des trois ordres du bailliage de Pont-à-Mousson, 1789. — Lettre au roi sur les événements de Belfort, le 21 oct. 1790. — Opinion de Cazalès dans l'affaire de Nancy. — Observations sur la ville de Saint-Mihiel en Lorraine, 1787, in-8° dem.-rel.

1691. Mémoires pour servir à l'histoire des hommes illustres de Lorraine, par Chevrier. *Bruxelles*, 1754, 2 vol. in-12, br.   5 »

1692. La réduction de la ville et comté de Vaudemont en Lorraine à l'obéissance du roy, avec le furieux combat contre la cav. espagnole sur les frontières de Franche-Comté, plus l'ordre establi dans la ville de Nancy. *Rouen*, 1634, pet. in-8, non rel.   8 »

1693. Histoire ecclésiastique et civile de la ville de Verdun (par le chan. Roussel), 1745, in-4, v. br.   20 »

F. HISTOIRE PRINCIÈRE, AUTORITÉ ROYALE, GOUVERNEMENT, FINANCES.

1694. Genealogicæ franciæ plenior assertio adversus Chiffletium a Dav. Blondello. *Amst.*, 1654, 2 vol. in-fol. v, f. armoiries. 15 »

Ce recueil dans lequel Blondel, réfute les ouvrages de Chifflet intitulés : *Lotharingia masculina, Alsatia vindicata, Stemma austriacam, de Ampulla Remensi disquisitio*, etc., est rare, l'édition entière ayant été détruite dans l'incendie de la librairie de Blaeu, l'éditeur, P. Lacroix.

1695. Recueil des rois de France, leur couronne et maison, par Dutillet. 1618, in-4, fig. rel. (*Une bande blanche enlevée sur le titre*). 15 »

1696. Recueil des rois de France, leur couronne et maison, ensemble le rang des grands de France, par Jean Du Tillet. 1618, in-4, rel. 20 »

Dernière édition de cet important recueil, composé de plusieurs ouvrages qui avaient d'abord été imprimés séparément.

1697. Recueil des rois de France, leur couronne et maison, ensemble le rang des grands de France, par Dutillet. *Paris, J. du Puys.* 1586, in-fol. fig. v. m. bel. ex. 25 »

1698. Notice généalogique et historique sur la maison de France. *Paris*, 1816, in-12, dem.-rel. non rog. 6 »

Curieux pour les appréciations sur Napoléon I*er*.

1699. Les Princes militaires de la maison de France, contenant les états de services et les biographies de près de 300 princes, depuis Robert le Fort jusqu'à la Révol., par Amédée Renée. *Paris, Amyot.* S. d., gr. in-8, br. 10 »

1700. Histoire des inaugurations des rois, empereurs et autres souverains de l'univers, par de Bevy. 1776, in-8, figures v. m. 6 »

1701. Traité historique et chronologique du sacre et couronnement des rois et reines de France, par Menin. 1723, in-12, v. 3 50

1702. Histoire du sacre et du couronnement des rois et reines de France, par Le Noble. *Paris*, 1825, in-8, dem.-rel. v. 3 »

1703. Éducation royale, ou examen de conscience pour

un grand prince, par Fénelon. *Amst., Mazerus*, 1734, gr. in-4, br. *non rogné*. 15 »

Édition originale, rare, elle fut supprimée très-exactement, et il ne s'en est répandu que bien peu d'exemplaires. Celui-ci contient aussi la liste des ouvrages de Fénelon, sa vie, et sa généalogie. Vendu 30 fr. même condition chez Renouard.

1704. Abrégé chronologique des grands fiefs de la couronne de France (par Brunet). 1759, in-8, v. m. 4 »

1705. Des apanages en général, et en particulier de l'apanage d'Orléans, par Dupin. 1827, in-12, br. 1 25

1706. Notices sur les palais et châteaux royaux du domaine de la couronne. 1837, très-gr. in-4, dem.-rel. 8 »

Palais des Tuileries, le Louvre, le Palais-Royal, Versailles. Trianon, Saint-Cloud, Fontainebleau, Compiègne. — Neuilly et Eu, domaines privés du Roi.
Exemplaire grand papier vélin.

1707. Traité des pensions royales, par l'abbé Richard. 1719, in-12, v. 3 »

En tête du livre se trouve un très-beau portrait du marquis d'Argenson, par Desrochers.

1708. Des sépultures nationales et particulièrement de celles des rois de France, par Legrand d'Aussy, suivies des funérailles des rois, etc., par Roquefort. 1824, in-8, dem.-rel. (*taché*). 3 »

1709. Fêtes, cérémonies de baptesme, mariages, ballets de cour, entrées, funérailles, etc. Recueil important extrait du Mercure de France, pet. in-8. 20 »

Baptêmes de l'infant d'Espagne, 1605. — Du Dauphin, 1606. — De trois enfants du duc de Chaulnes, 1625.—Naissance du duc d'Anjou, feu de joye à Dijon, 1640. — Description du ballet à cheval dans la cour du Louvre, 1606. — Ballet à la salle Bourbon dansé par Madame, sœur du Roy, 1615. — Ballet de la Reyne, 1623. — Ballet des voleurs, 1624. — Des danses et ballets qui se firent en Cour, 1626. — Combat à la barrière fait à l'hôtel Bourbon, 1605. — Entrée du prince de Condé à Bordeaux, 1611. — Entrée de l'Empereur à Ratisbonne, 1613. — Entrée de la Reyne mère à Angers, 1619. — Entrée du Roy à Thoulouse, 1621. — Entrée de la reyne à Amiens, 1625. — Entrée du card. Barberin à Lyon, 1625. — Entrée du duc d'Enghien à Bourges, 1626. — Entrée de l'Empereur dans Edimbourg, 1625. — MARIAGES des infantes de Savoye à Turin, 1608. — Du prince de Toscane et de Madeleine d'Autriche, 1608. — Tournoy à Naples pour les alliances de France et d'Espagne, 1612. — Réjouissances de la place Royale à l'occasion du mariage, etc., 1612. — Carrousel à Vienne aux noces de Frédéric et d'Elisabeth de Grande-Bretagne, 1613. — Magnificences faites à Turin au mar. du prince de Piémont, 1619. — Du prince de Parme et de Marguerite de

Médicis, 1628. — Cérémonies du sacre et cour. de la Reyne, prépatifs pour son entrée à Paris, 1610. — Sacre du Roy, son entrée à Reims, 1610. — Couronnement du Roy Mathias comme roy des Romains, magnifique entrée à Nuremberg, 1612. — Voyage du Roy d'Angleterre en Ecosse, son couronnement, 1633. — Mort de la Reyne de la Grande-Bretagne et cérém. fun. 1619. — Funérailles de Maurice d'Orange, 1626. — Mort, obsèques et funérailles de la princesse de Condé, 1629. — Funérailles de Sigismond de Pologne et de sa femme, 1633. — Maladie, mort et enterr. de Philippe III, 1621. — Enterr. de l'arch. Albert à Bruxelles, 1622. — Accouchement, maladie, mort et fun. de la duchesse d'Orléans, 1627, etc., etc.

1710. L'histoire ecclésiastique de la cour, ou les antiquitez et recherches de la chapelle et oratoire du roy de France, depuis Clovis, par Guil. Du Peyrat. 1645, in-fol. v. Rare. 18 «

1711. Leges Francorum salicæ et Ripuariorum, opera et studio Eccardi. *Francof.* 1720, in-fol. v. 12 »

1712. Traité de la loy salique, armes, blasons et devises des François, par Cl. Malingre. 1614, pet. in-8, cart. 6 »

1713. Question royalle et sa décision (par Duvergier de Hauranne). *Paris,* 1609, in-12, dem. rel. v. f., non rog. 5 »

Où est montré en quelle extrémité, *principalement en temps de paix,* le sujet pourrait être obligé de conserver la vie du prince, aux despens de la sienne.

1714. De l'authorité du roy, et crimes de lèze-majesté, qui se commettent par ligues, désignation de successeur, et libelles écrits contre la personne et dignité du prince (par P. de Belloy). *S. L.* 1587, pet. in-8, vél. 5 »

1715. De la souveraineté du roy, et que Sa Majesté ne la peut soumettre à qui que ce soit ni aliéner son domaine, par Savaron. 1620, in-8, vél. 4 »

1716. Traité de l'autorité royale, de la nécessité de l'obéissance dans toutes les sociétez. 1693, in-12, v. br. 6 »

Ce traité est en partie tiré de Saumaise, on y trouve de curieux chapitres.—Que Jésus-Christ a voulu naître sous une monarchie, et a établi l'obéissance due aux souverains par ses préceptes et ses exemples. La rebellion est le dernier des crimes auxquels les chrétiens se sont adonnez quand ils ont dégénéré de la pureté des mœurs de leurs ancêtres. — Tous les animaux qui vivent en société ont un chef.— Les séditions et guerres civiles causent plus de maux que l'injustice des plus méchants princes. — Le gouvernement monarchique a été l'unique remède pour faire cesser les désordres de la république romaine, etc., etc.

1717. Traité de l'autorité des roys touchant l'administration de l'Eglise, par Talon. *Amst.*, 1700, in-12, v. br. 3 »

1718. Suite du traité de l'autorité des rois, touchant l'administration de l'Eglise, par Le Vayer de Boutigny. *Londres*, 1756, in-12, v. m. 3 »

Exemplaire de Voyer d'Argenson, avec armoiries sur le dos de la reliure.

1719. Considérations politiques sur les coups d'Etat, par Gab. Naudé. *Suivant la copie de Rome.* 1712, in-12, v. f. 3 »

1720. Considérations politiques sur les coups d'Etat, par Naudé. *Suivant la copie.* 1723, in-12, br. 3 »

1721. Des lettres de cachet et des prisons d'Etat, ouvrage posthume (de Mirabeau). *Hambourg*, 1782, 2 tom. en 1 vol. in-8, v. éc. fil. tr. dor. 5 »

1722. Capitularia regum Francorum, Stephanus Baluzius aut. 1780 2 vol. in-fol. v. m. fil. bel exemplaire. 30 »

Dernière édition publié par P. de Chiniac.

1723. Les lois, ordonnances et édits des rois de France, et de la cour de Parlement jusques à Henry II. *Paris, l'Angelier*, 1557, in-fol. v. br. 8 »

1724. Le Code du roy Henry III, rédigé en ordre, par Barnabé Brisson, depuis augmenté des édits d'Henry IV, par Charondas le Caron. 1605, in-fol. v. f. 10 »

1725. Recueil général des Estats tenus en France, sous Charles VI, Charles VIII, Charles IX, Henry III et Louis XIII. 1651, in-4, non rel. 6 »

Recueil intéressant nous donnant les noms et surnoms des députés des états de Tours en 1483 et de Blois en 1576.

1726. De gli stati di Francia, et della lor possanza di Zampini da Recanati. *Parigi*, 1578, in-8, vél. 3 »

Livre savant, méthodique, substantiel et *bien fait*, qualité fort rare dans les ouvrages d'érudition de l'époque. LEBER.

1727. Parlements. 120 br. in-8 dans 3 cartons. 15 »

Sentiment d'Henri IV sur l'indissolubilité du Parlement. — L'innovation utile ou la nécessité de détruire les parlements.— Qu'est-ce que les parl. en France. — La messe rouge des P. — Les mânes de la présidente Le Mairat à M. de Lamoignon. — Lettre à Despremesnil. — Lettre d'un vrai patriote à M. Lamoignon.— Les pleurs du parlement et le mouchoir du Chatelet. — Le coup manqué ou le retour de Troyes.—La tête leur tourne. — Les souffrances, le testament, la mort et l'enterrement du Parlement, avec figure.

1728. Dissertation sur l'origine et les fonctions essentielles du Parlement; sur la pairie, etc. (par Mic. Cantalauze, seigneur de la Garde). *Amst.*, 1764, in-12, dem.-rel. 4 50

<small>Dans le même vol. : Les inconvénients des droits féodaux par M. Francaleu. *Londres*, 1776.</small>

1729. Les ouvertures des parlements faictes par les roys de France, tenant leur lict de justice, par Louys d'Orléans. *Lyon*, 1619, in-8, vél., joli portrait. 6 »

<small>De l'habit des Roys de France tenant leurs parlements. — De leur main de justice. — De leur manteau royal. — De leurs sandales. — Du throsne royal. — Des pairs de France, etc.</small>

1730. Remonstrances prononcées en parlement, ès estats de Blois et autres assemblées publiques, par J. de la Guesle. 1611, in-4, vél. (*Manque 2 feuillets de la table.*) 6 »

<small>Sur diverses occurrences des règnes de Henry III et Henry IV.</small>

1731. Les remonstrances faites en la cour de parlement à Paris, par Jacq. Faye, avec un recueil des points principaux des remonstrances de Guy Dufaur de Pibrac. *Lyon, Ben. Rigaud*, 1598, 2 part. en 1 vol. in-16, mar. r. fil. tr. dor., anc. rel. 6 »

1732. Les œuvres de Guillaume Du Vair, garde des sceaux de France. 1625, in-fol. v. f. 15 »

<small>Exemplaire aux armes de Mgr de Levis Ventadour arch. de Bourges.
Cet ouvrage intéresse principalement les Parlements pour les harangues et remontrances depuis la journée des Barricades jusqu'en 1622.</small>

1733. Guillaume Du Vair. Etude d'histoire littéraire, par Cougny. 1857, in-8, br. 1 50

1734. Mémoires sur les priviléges et fonctions des trésoriers généraux de France. *Orléans*, 1745, in-4, v. m. 4 »

1735. Recherches et considérations sur les finances de France, depuis 1595 jusqu'en 1721 (par de Forbonnais). *Liége*, 1758, 6 vol. in-12, v. m. 12 »

1736. Recherches et considérations sur les finances de France, de 1595 à 1721 (par de Forbonnais). *Basle*, 1758, 2 vol. in-4, v. m., *bel exemplaire*. 15 »

1737. Histoire financière de la France, depuis l'origine de la monarchie jusqu'à l'année 1828, par J. Bresson. 1843, 2 vol. in-8, br. 6 »

1738. Bresson. Histoire financière. 1840, 2 vol. in-8, br. 6 »

1739. Histoire des institutions judiciaires de la France, de 1789 à 1848, par M. Hiver, ancien magistrat. 1851, in-8, br.

G. NOBLESSE DE FRANCE.— BLASON.— ARMOIRIES.

1740. Origine de la noblesse française depuis l'étab. de la monarchie (par le vicomte d'Alès de Corbet), 1766, in-12, v. m. 4 »

1741. Essais sur la noblesse de France par de Boulainvilliers. *Amst.*, 1732, pet. in-8. 4 »

1742. Saint-Allais. De l'ancienne France. *Paris*, 1833, 2 vol. in-8, br. 15 »

Contenant l'origine de la royauté et de ses attributs, celle de la nation et de ses diverses classes. — La Pairie, les grands vassaux.— Les offices et emplois de la maison de nos Rois. — Les maréchaux, conseillers et ministres. — L'institution des ordres de chevalerie.— Les titres de noblesse. — Les Parlements et cours souveraines. — Les rangs, honneurs, privilèges. —Des lois somptuaires. — Des mœurs, usages, coutumes, splendeur et décadence de ces diverses classes, etc.

1743. Essai historique sur les noms d'hommes, de peuples et de lieux considérés dans leurs rapports avec la civilisation, par Eus. Salverte. *Paris*, 1824, 2 vol. in-8, dem.-rel. 12 »

1744 Johan. Lomeieri de veterum gentilium lustrationibus syntagma. *Ultrajecti*, 1681, in-4, vél. 4 »

1745. De Ducibus et Comitibus provincialibus Galliæ, aut. Ant. Dadino Alteserra. *Tolosae*, 1643, in-4, vél. 4 »

Double vendu de la Bibl. de Bourges.

1746. Mathæi de nobilitate, de ducibus, de comitibus, baronibus, militibus, equitibus, etc. *Amst.*, 1686, in-4, vél. avec planches. 8 »

1747. Les familles françaises considérées sous le rapport

de leurs prérogatives, ou recherches historiques sur l'origine de la noblesse par De Laigue. 1818, in-8, br.   5 »

1748. Traité de la noblesse et de ses différentes espèces, par De la Roque. *Rouen*, 1710, in-4, v. br.   15 »

1749. Traité de la noblesse et de toutes ses différentes espèces par De la Roque. *Rouen*, 1734, in-4, v.   25 »

> Edition la plus complète, elle contient l'origine des noms et surnoms et le traité du ban et arrière-ban.

1750. La noblesse considérée sous ses divers rapports par Chérin. 1788, in-8, br.   12 »

1751. Histoire de l'esprit révolutionnaire des nobles en France (par Giraud, ancien magistrat). *Paris*, 1848, 2 vol. in-8, dem.-rel.   6 »

1752. Ligue des nobles et des prêtres contre les peuples et les rois, depuis le commencement de l'ère chrétienne (par Giraud, anc. magistrat). *Paris*, 1820, 2 vol. in-8, br.   6 »

1753. Histoire critique de la noblesse où l'on expose ses préjugés, ses brigandages, ses crimes, etc.; par Dulaure. 1790, in-8. Rare.   16 »

> Pièce de procès de l'ancienne monarchie traduite par l'auteur au tribunal de la nouvelle France. Ici, comme dans ses autres dépositions, le plaignant dit la vérité, mais non pas toute la vérité, et rien que la vérité; de pareils témoignages ont pu suffire aux juges de l'époque; mais l'équité les repousse, et le temps les réduira à leur juste valeur, LEBER.

1754. Liste des noms des ci-devant nobles, nobles de race, robins, prélats, financiers et de tous les aspirants à la noblesse, ou escrocs d'icelle (par Dulaure). *Paris*, an II, 3 parties in-8, en 1 vol. rel.   30 »

> Pamphlet rare. Nous le voyons coté 60 francs dans le catalogue d'un de nos confrères.

1755. Liste des noms des ci-devant nobles. *Paris*, an II, 2 part. in-8, br.   10 »

1756. Traicté des droits honorifiques des seigneurs ès églises (par Mathias Mareschal), 1619, in-8, v. m.   1 50

> Des séances, bancs, siéges, tant des seigneurs que des roturiers, des sépulcres, tombeaux, statues et épitaphes, des litres et ceintures funèbres; des pièces d'honneur qu'on appose au-dessus des litres, tombeaux et sépultures, etc.

1757. Les nobles dans les tribunaux, traité de droit enrichi de plusieurs curiositez utiles de l'histoire et du blason par François de Malte. *Liége*, 1680. in-fol. vél. *Bel exemplaire.* 20 »

On y trouve de curieux chapitres sur la chasse, les jeux et gageures, le mariage et les baisers, la préséance, les serviteurs, les chevaux, les carrosses, les châteaux, la sépulture et sépulcres, etc.

1758. Dictionnaire féodal (recherches et anecdotes sur les droits féodaux, les fiefs, les dîmes, etc.), par Collin de Plancy. 1820, 2 vol. in-8, dem.-rel. rare. 12 »

1759. Histoire du gouvernement féodal par Barginet. 1825, in-12, dem.-rel. v. 2 50

1760. Noblesse, priviléges et droits féodaux, 50 br. in-8, dans 2 cartons, recueil intéressant. 15 »

Adresse à l'ordre de la noblesse de la prévôté de Paris, par le marquis de Favras. — Adresse à la noblesse de France, par d'Antraigues. — Appel au devoir. — Avis à la noblesse (par Poursin de Grandchamp). — Cahier de la noblesse du bailliage d'Orléans. — Le *credo* de la noblesse avec les notes du tiers. — Déclaration de Mad. Noblesse sur son projet d'alliance matrimoniale avec tiers-état. — Eclaircissement amiable entre noblesse et tiers-état. — Griefs de Mad. Noblesse contre M. Tiers-Etat. — Mém. au roi. — Sommation de la noblesse au peuple français. — Procès du clergé, de la noblesse et du ministère de France. — Réforme de la noblesse et du clergé. — Rapport de Romme relatif aux emblèmes de la royauté et de la féodalité. — Rapport de Pons sur le brûlement des titres. — Préjugé de la noblesse héréditaire. — Le parchemin en culotte. — Précis méthodique pour le rachat des droits féodaux, par Cicille. — Opinions de Deusy, Dorliac, Louvet, Prouveur en autres.

1761. Traité du ban et arrière-ban, son origine et ses convocations, par De la Roque. 1676, in-12, v. 10 »

La seconde partie qui contient les anciens rolles des bans et arrière-bans au 13e et 14e siècles est fort intéressante pour ses listes qui contiennent quelques milliers de noms.

1761 *bis*. Traité de l'origine des noms et des surnoms, par De la Roque. 1681, in-12, v. br. 8 »

1762. Commentaire sur les enseignes de guerre des principales nations du monde, et particulièrement sur celles des Français, par Beneton. 1742, in-12, v. br. 4 »

1763. Cris de guerre et devises des familles nobles de France et de l'Étranger. 1853, in-12, br. 1 50

1764. Des dignitez temporelles, où il est traité de l'empereur, du roy, des ducs, pairs de France, marquis, etc., par Borjon. 1685, in-12, v. br. 5 »

Peu commun, vendu 10 fr., vente Pressac.

1765. Traictez des premiers officiers de la couronne de France, par And. Favyn. 1613, in-8, vél. 10 »

1766. Histoire des dignitez honoraires de France, et érection de plusieurs maisons nobles en duchez, comtez, pairies, marquisats, etc., par de Saint-Lazare. 1635, pet. in-8, dem.-rel. 6 »

1767. Histoire généalogique des maisons souveraines de l'Europe. 1811, 2 vol. in-8, et atlas br. 8 »

1768. Les souverains du monde, leurs généalogies, blasons, etc. *Lahaye*, 1722. 4 vol. in-12, br. non rogné. 12 »

Nombreux blasons.

1769. Etat des cours de l'Europe, par Poncelin de la Roche-Tilhac. 1783, in-8, dem.-rel. 6 »

Ouvrage qui comprend l'état actuel de chaque gouvernement, le nom des rois, princes, grands officiers, le tableau des ordres de chevalerie, les chapitres nobles, etc., etc.

1770. L'Europe vivante et mourante tableau des princ. cours de l'Europe. *Brux.*, 1759, in-24, v. m. 3 »

1771. Tables généalogiques des illustres maisons d'Autriche et de Lorraine et leurs alliances avec la maison de France, par de Zur Lauben. 1770, in-8, v. m. 4 »

1772. Le palais de l'honneur, contenant les généalogies historiques des illustres maisons de Lorraine et de Savoye et de plusieurs nobles familles de France, par le P. Anselme. 1664, in-4, avec planches, v. br. bel ex. 25 »

Ensemble : les cérémonies qui s'observent en France aux sacrés, des roys et reynes, leurs entrées solennelles, les baptêmes des enfants de France, les pompes funèbres de nos roys.

1772 *bis*. Le Palais de l'honneur, etc. 1664, in-4, v. br., reliure fatiguée. 15 »

1773. Hozier (d'). Armorial général ou registre de la noblesse de France. *Paris, Didot,* 1868, 24 vol. in-fol. brochés non coupés. 250 »

Cette édition, copie exacte de celle de 1738, est imprimée sur beau papier vergé collé, avec une multitude de blasons, vignettes, culs de lampe, sceaux, etc., gravés sur bois et intercalés dans le texte.
Les volumes qui restent à paraître et qui contiennent les filiations jusqu'à nos jours seront livrés gratis à l'acquéreur.

1774. Histoire généalogique et chronologique de la maison royale de France par le P. Anselme. *Amst.*, 1713, gr. in-fol. v. br. 16 »

1775. Histoire de la maison royale de France et des grands officiers, par le P. Anselme. 1674, 2 vol. in-4, v.   12 »

1776. Généalogie royale de la maison de France, amassé par Pierre de Brederode. 1681, in-fol. vél.   40 »

Manuscrit sur papier, 96 feuillets de tableaux généalogiques avec les blasons.

1777. Calendrier des princes et de la noblesse, années 1765, 67, 68 et 69. 4 vol. in-12, rel.   18 »

Année 1768 seule, brochée.   4

1778. Quartiers généalogiques des illustres familles de France, Bourgogne, Lorraine et des dix-sept provinces des Pays-Bas, par Leblond. *Bruxelles* (1773), 2 vol. in-12, br.   4 50

1779. Spenerus illustriores Galliæ stirpes tabulis genealogicis comprehensæ. *Francof.* 1689. — Insignium theoria seu operis heraldici, etc. *Franc.* 1690, 2 part. en 1 vol. in-fol. v.   15 »

Contenant près de 2,000 blasons gravés.

1780. Insignium theoria seu operis heraldici pars généralis et specialis. *Francofurti*, 1717, 2 tom. en 1 vol. in-fol. v.   15 »

Nombreux blasons gravés.

1781. Excellentium familiarum in Gallia genealogiæ, auctore Imhoff. *Norimbergae*, 1687, in-fol. non relié.   12 »

1782. Dictionnaire généalogique heraldique, chronologique et historique, par Lachenaye Desbois. 1757-1761, 6 vol. pet. in-8, v. m.   30 »

1783. Dictionnaire encyclopédique de la noblesse de France par de Saint-Allais. 1816, 2 vol. in-8, dem.-rel. v. non rog.   30 »

Ouvrage rare, contenant l'art héraldique ou la science du blason avec plus de huit mille exemplaires d'armoiries des maisons nobles existantes, les lois et arrêts concernant la noblesse, le cérémonial, les droits et prérogatives, enfin tout ce qu'il importe à la noblesse de connaître sur son ancien état.

1784. Nobiliaire des Pays-Bas et du comté de Bourgogne. *Louvain*, 1760, 2 vol. br. — Suite du nobiliaire, etc. Malines, 1779, 5 tom. en 2 vol. dem.-rel. — Supplément au nobiliaire. *Gand*, 1861, 1 vol. — Nouveau vrai supplément. *Gand*, 1861, 1 vol., ens. 9 vol. in-12.   50 »

Cet exemplaire contient aussi les corrections et additions au vrai supplément, la suite aux additions et corrections, et la feuille d'annotation relative au vrai supp. *Petits opuscules extrêmement rares.*

1785. Mémorial de chronologie généalogique et historique années 1753 et 1755, in-24, v. m. fil., tr. dor. chaque volume. 3 »

1786. Etat de la France où l'on voit tous les princes, ducs, pairs, maréchaux, et autres officiers de la couronne. *Paris*, 1678, 2 vol. in-12, v. br. 15 »

Cet état de la France, aussi bien que ceux qui suivent sont rares et recherchés.

1787. Etat de la France. 1680, 2 vol. in-12, non unif. 12 »

1788. Etat de la France. 1684, 2 vol. in-12, non unif. 12 »

1789. Etat de la France. 1687, 2 vol. in-12, v. 15 «

1790. Etat de la France. 1689, 2 vol. in-12, v. br. 15 »

1791. Etat de la France. 1689, 2 in-12, v. br. rel. non uniforme. 12 »

1792. Etat de la France. 1694, 2 vol. in-12, v. br. 15 »

1793. Etat de la France. 1694, 2 vol. in-12, v. rel. fatiguée. 12 »

1794. Etat de la France. 1699, 3 vol. in-12, v. m. 15 »

1795. Etat de la France. 1712, 3 vol. in-12, v. m. 15 »

1795 *bis*. Etat de la France. 1661, tome 2. — 1663, tome 2. — 1669, tome 2. — 1677, tome 2. — 1683, tome 2. — 1694, tome 1er. — 1698, tome 2. — 1712, tome 1er. — 1722, tomes 3 et 4. — 1727, tomes 2, 3 et 4. — 1736, tomes 2, 3, 4, 2e part. — Chaque volume. 5 »

1796. Cinquième abrégé de la carte générale du militaire de France depuis nov. 1737 jusqu'en déc. 1738, par Lemau de la Jaisse. 1739, in-8, v. m. 3 50

1797. Etat militaire de France pour les années 1761, 72, 74, 75, 78, 79, 80, 81, 82, 83, 86, 87, 89 et 1792, 14 vol. in-12, br. et reliés. 40 »

Chaque année séparée. 5 »

1798. Tableau historique du corps royal de l'artillerie. 1762, in-12, br. 3 »

1799. Etat militaire du corps royal de l'artillerie de France pour 1786, pet. in-12, br. 5 »

Comme lieutenant en 1785, figure M. de Buona-Parté.

1800. Etat de la composition du régiment des gardes Suisses, le 1er janvier 1769. in-16, mar. r. 4 »

1801. Almanach royal. — Calendrier de la cour. — Etrennes mignonnes pour 1770. 3 part. en 4 vol. in-24, mar. r. fil. tr. dor., anc. rel. 4 »

1802. Etrennes de la noblesse. 1778 et 1779, 2 vol. in-12. 8 »

1803. Etat de la noblesse. 1781 à 1784, incl. 7 vol. in-12, rel. et br. 25 »

Nous n'avons pas les 2 vol. de blasons qui accompagnent quelquefois l'année 1782.

1804. Almanach royal. années 1787, 1788, 1789, et 1790. 4 vol. in-8, mar. rouge, dent. tr. dor., aux armes de Joly de Fleury. 20 »

La dernière année est en grand papier, mais de reliure fatiguée.

1805. Annuaire généalogique et historique. 1822, in-18, br. 2 50

1806. Calendrier de la cour pour 1825 et 1828 2 vol. in-24, mar. armoiries. 3 »

1807. Annuaire de la noblesse de France par Borel d'Hauterive. 1855, in-12, br. 3 »

1808. Annuaire de la noblesse de France, par Borel d'Hauterive. *Paris*, 1870, in-12, br. planches. 4 »

1809. Histoire généalogique de la maison de Bragelongne. in-8, v. m. (*manque le titre*). 5 »

1810. Histoire de la maison de Chastillon-sur-Marne, contenant les actions mémorables des comtes de Blois, de Chartres, de Penthevre de Saint-Paul, la vie de Charles de Bloys duc de Bretagne, les principaux faits des seigneurs de Condé, de Dampierre, d'Argenton, etc., par André du Chesne. 1621, in-fol. v. m. 40 »

1811. Généalogie de la maison de Fortia. in-4, 52 pag. 3 »

1812. Généalogie historique et critique de la maison de la Roche-Aymon pour servir de suite à l'histoire de la maison de France et des grands officiers de la couronne. 1776, gr. in-fol. v. m. *aux armes de la maison*. 80 »

Bel exemplaire en grand papier.

1813. Histoire généalogique de la maison de la Trémoille justifiée par chartes, histoires imprimées, etc., par de Sainte-Marthe. 1668, in-12, v. br., bel ex. 25 »

1814. Généalogie de la maison de Lespinasse, in-4, de 46 pages. 3 »

1815. Extrait de la généalogie de la maison de Mailly, avec des titres originaux. 1757, 4 part. en 1 vol. in-4, v. m. quelques taches. 15 »

1816. Vies de plusieurs anciens seigneurs de la maison de Mornay, avec leur généalogie, par Réné de Mornay. *Paris*, 1689, in-4, v. br. 20 »

    Livre très-rare non cité dans Brunet : l'auteur nous promet dans sa préface un 2e volume qui probablement n'a jamais paru.
    Les marges de 3 feuillets ont été en partie supprimées pour atténuer des traces de brûlures.

1817. Généalogie de Riqueti Mirabeau et de Riquet de Caraman, in-4, 34 pages. 3 »

1818. Généalogie de la maison de Tournon. in-4, 36 pag. 3 »

1819. Mercure armorial enseignant les principes du blason et les termes de cette science, par Segoing. 1652, in-4, dem.-rel. mar. 12 »

    Nombreuses figures enluminées avec soin.

1820. Trésor héraldique ou mercure armorial, par Segoing. 1657, in-fol. v. br. 30 »

    Où sont démontrées toutes les choses nécessaires pour acquérir la parfaite connaissance de l'art de blasonner.
    Cet exemplaire donné par M. de Rastignac, archev. de Tours, pour une distribution de prix, a été enluminé avec soin.

1821. Dictionnaire héraldique, par Chevillard. 1722, in-12, v. 35 »

    Recueil entièrement gravé. Très-rare.

1822. Discours de l'origine des armes et des termes de la science héraldique, enrichy de blasons, par le Laboureur. *Imprimé à Lyon*. 1684, in-4, v. m. fil. aux armes de Joyéuse. 30 »

    Le titre sali. — On a relié avec : la marine militaire ou recueils des différents vaisseaux qui servent à la guerre, par Ozanne, 50 planches gravées.

1823. Nouvelle méthode raisonnée du blason réduite en leçons par demandes et par réponses, par le P. Menestrier. *Lyon*, 1718, in-12, v. br. nomb. planches. 6 »

1824. Nouvelle méthode raisonnée du blason par le P.

Ménétrier, mise dans un meilleur ordre et augmentée. *Lyon*, 1770, in-8, rel. 15 »

Cette édition est la plus complète et la plus recherchée.

1825. L'art héraldique, par Playne. 1717. in-12, v. br. nomb. planches. 6 »

1826. L'art du blason justifié, ou les preuves du véritable art du blason par le P. Ménestrier. *Lyon*, 1664, pet. in-12, fig. v. br. 10 »

1827. Traité historique et moral du blason, ouvrage rempli de recherches curieuses, par Dupuy Demportes. 1754, 2 vol. in-12, v. m. 8 »

1828. Traité singulier du blason, par De la Roque. 1681, in-12, v. br. rare. 6 »

1829. C. F. Menestrerii S. J. Philosophia Imaginum, id est sylloge symbolorum amplissima.... e lingua gall. in latin. translata figurisque elegantioribus ac antea ornata. *Amstelodami, Waesberg,* 1695, in-8, fig. br. non rogné.
28 »

Traduction de la *Philosophie des images*, par le P. Menestrier, c'est-à-dire de l'ouvrage traitant des *Devises*, en 2 vol. in-8, qui parurent successivement à Paris en 1682 et 83. — Ce volume dont l'existence ne nous a été révélée que fort tard, est d'une rareté incontestable, et, malgré tout l'intérêt que nous avons mis à recueillir les traités héraldiques de l'auteur, il manque à la collection décrite dans notre *catalogue principal*. — Peu importerait sans doute le concours de cette traduction avec le texte si elle n'était rare, mais les nombreuses figures hollandaises dont elle est ornée, et que nous croyons propres à l'édition, en font un livre à part, qui n'a pas son équivalent dans le texte français, et qui en est par cela même une sorte de complément nécessaire. Leber. suppl. n° 701.

Notre exemplaire, broché entièrement non rogné, peut être considéré comme doublement rare.

1830. Le Blason des couleurs en armes, livrées et devises. *A Paris par Pierre Menier,* 1614, in-8, mar. bleu fil. tr. dor. (*Petit*). 30 »

Bel exemplaire anciennement colorié.

1831. Recherches sur l'origine des armoiries, le symbolisme des couleurs et des pièces employées. pet. in-fol. 50 feuil. non rel. 25 »

Manuscrit sur papier, écriture du milieu du 17e siècle, sous forme de lettre et très-intéressant. Nous le croyons autographe, et d'un auteur gascon : ainsi parmi les nombreux noms dont les armoiries sont décrites comme exemple, nous trouvons celui de Montagne (sic) le seul qui soit accompagné d'une appréciation du caractère de

l'homme. — De plus l'auteur, terminant ainsi son travail, semble
donner encore beaucoup de poids à notre supposition : — «Permets
» que j'ajoute encore à ces armes celles de cet ami si parfait que j'ai
» perdu et que même j'en parle avec éloge, en attendant ceux que je luy
» prépare *en mon Histoire de France que je vais mettre au jour.*
» Pierre d'Auger, sieur de Canoy, GRAND PRÉVOST DE GUYENNE, en-
» seigne au régiment des gardes, il mourut à la bataille de Lens en
1648, n'ayant que 20 ans, il est enterré aux Récollets, à Lens, etc.

H. CHEVALERIE. — COMBATS SINGULIERS.

1832. Mémoires sur l'ancienne chevalerie, par De la Curne
de Sainte-Palaye. 1781, 3 vol. in-12, v.   12 »

Excellent ouvrage peu commun, et le seul publié de ce savant modeste dont Millot et Legrand d'Aussy ont mis à contribution les énormes travaux manuscrits. Cette édition, la seule recherchée, est augmentée d'un 3ᵉ volume contenant des MÉMOIRES HISTORIQUES SUR LA CHASSE dans les différents âges de la monarchie : Le vœu du héron et autres pièces.

1833. Mémoires sur l'ancienne chevalerie, par La Curne
de Sainte-Palaye avec introduction et notes historiques
de Ch. Nodier. 1826, 2 vol. in-8, br.   15 »

1834. La table ronde, poëme. 1829, gr. in-8, dem.-rel. v.,
non rog.   8 »

Exemplaire en grand papier vélin.

1835. Dictionnaire encyclopédique des ordres de chevalerie, par Maigne. 1861, in-12, pap. de Holl. br.   2 »

1836. Origine des chevaliers et ordres militaires, recueillie,
par Aub. Lemire. *Anvers,* 1609, in-8, vél.   4 50

1837. Histoire de tous les ordres militaires ou de chevalerie, avec leurs vêtemens gravés en cuivre, par Schoonebeek. *Amst.,* 1699. 2 tom. en 1 vol. in-8, vél. 30 »

Exemplaire en grand papier.

1838. Histoire de tous les ordres militaires et de chevalerie. *Amst.,* 1699, 2 vol. pet. in-8, v.   18 »

Nombreuses figures par Schoonebeek.

1839. Histoires des ordres militaires ou des chevaliers, des
milices séculières de l'un et l'autre sexe. *Amst., P. Bru-
nel,* 1721, 4 vol. pet. in-8, v. br.   30 »

Exemplaire en grand papier, très-nombreuses figures.

1840. Histoire critique et apologétique de l'ordre des

chevaliers du Temple (par le P. Lejeune), 1789, 2 vol. in-4. 15 »

1841. Monuments historiques relatifs à la condamnation desTempliers et à l'abolition de leur ordre, par Raynouard. *Paris*, 1813, in-8, dem.-rel, v. 4 »

1842. Histoire des trois ordres réguliers et militaires des Templiers, Teutons, hospitaliers ou chev. de Malte (par l'abbé Roux). 1725, 2 tom. en 1 vol. in-12, v. 4 50

1843. Histoire des chevaliers Hospitaliers de Saint-Jean de Jérusalem, aujourd'hui chev. de Malte, par Vertot. 1726, 5 vol. in-12, v. br. 6 »

1844. Essai sur l'histoire de l'ordre Teutonique. *Rheims, chez Cazin*, 1784, 8 vol. in-12, cart. non rogné. 40 »

1845. Statuts de l'ordre du Saint-Esprit au droit désir ou du nœud institué à Naples en 1352, par Louis d'Anjou, roi de Jérusalem, de Naples et de Sicile, manuscrit du XVIe siècle conservé au Louvre dans le Musée des Souverains, avec une notice sur la peinture des miniatures et la description du manuscrit, par le comte Horace de Viel-Castel. *Paris, Engelmann*, 1853, gr. in-fol., dem.-rel. mar. avec coins, tête dorée, non rog. 80 »

Livre de luxe, contenant 17 planches en or et en couleur.

1846. Les statuts et ordonnances de l'ordre du Benoît Saint-Esprit, estably par Henry III. *Paris*, 1629, in-4, vél. 10 »

1847. Mémoires historiques concernant l'ordre royal et militaire de Saint-Louis et l'institution du mérite militaire. *Imp. roy.*, 1785, in-4, v. m. fil. 10 »

1848. Histoire de l'ordre royal et militaire de Saint-Louis, par d'Aspect. *Paris*, 1780, 3 vol. in-8, v. m. 10 »

1849. Recueil des armoiries des chevaliers de Saint-Michel archange. *Monachii, Scokler* (vers 1780), pet. in-8, cart. 111 planches. 6 »

1850. Le vray théâtre d'honneur et de chevalerie où le miroir héroïque de la noblesse, par Vulson de la Colombière. 1648, 2 vol. in-fol. fig. v. br. 140 »

Contenant les combats, tournois, joustes, carrosels, courses de bagues, les cérémonies, et autres magnificences et exercices des anciens nobles pendant la paix. Bel exemplaire bien complet de toutes ses planches. Rare.

1851. Cérémonies des gages de bataille selon l'ordonnance du roi Philippe le Bel, représentées en XI planches. *Paris, Crapelet*, 1830, in-4, cart. 6 »

1852. Le vray et ancien usage des duels, confirmé par l'histoire des plus illustres combats et deffys, par le sieur d'Audiguier. *Paris*, 1647, in-8, vél., bel ex. reliure neuve. 15 »

> Revue imposante de tous les héros du champ clos dont l'histoire nous a transmis les fanfaronnades... ou les prouesses. LEBER.

1853. De duellis Controversia, per J. Rualdum Constantiensem. 1615, in-8, vél. 6 »

1854. De jure gladii Tractatus, aut. Ant. Matheo. *Lugd. Bat.*, 1689, in-4, vél. 6 »

1855. Traité des combats singuliers, par le P. Gerdil. *Turin, imp. roy.* (1759), in-8, v. m. armoiries. 7 »

> Le livre le mieux digéré et le plus complet sur cette matière. LEBER.

1856. Recueil concernant le tribunal de Nosseig, les maréchaux de France; par De Beaufort. 1784, 2 vol. in-8, v. m. 6 »

> Recueil intéressant comme tous ceux qui permettent d'apprécier nos anciennes mœurs aujourd'hui si perdues de vue; il est curieux de voir les efforts tentés pour arrêter la fureur des duels, le tarif des peines et la forme des réparations adoptées par les maréchaux en cas de querelle entre gentilshommes.

1857. La destruction du Duel, par le jugement de MM. les maréchaux de France, sur la protestation de plusieurs gentilshommes de marque, par le R. P. Cyprien. 1651, in-4, cart. 6 »

1858. Histoires tragiques et duels, 1608 à 1634. Recueil extrait du Mercure de France, pet. in-8, non rel. 5 »

> Amour déshonnête de Burdeus et de Violante du Chasteau à Thoulouse, 1609; vie luxurieuse de la d'Escouman, 1611; histoire de Gaufridi; duel des sieurs de Rochefort et de Marcillac, 1615; édits contre les illuminez, 1623; ce qui s'est passé au duel, prise et exécution des sieurs de Bouteville et Des Chapelles, 1627; de la possession des ursulines de Loudun, 1634, etc.

1859. Duel (le) considéré dans ses rapports historiques, moraux et constitutionnels, par Gorguereau, 1791. — Opinion de Brouillet, curé d'Avise, sur les duels, 1790. — Motion avec projet de loi sur le duel, par Nioche, 1791. 3 br. in-8, dans 1 carton. 3 »

I. HISTOIRE LITTÉRAIRE. — BIBLIOGRAPHIE.

1860. Histoire littéraire de la France, par deux religieux bénédictins de la congrég. de Saint-Maur. *Paris*, 1735, 12 vol. in-4, dem.-rel. non rogn. 100 »

Cet ouvrage peut se compléter par les volumes qui ont été réimprimés par la librairie Palmé.

1861. Histoire littéraire du moyen âge (trad. de l'angl. par Boulard). 1789, in-12, br. 1 50

1862. Essai sur les honneurs et sur les monumens accordés aux illustres savants, par Titon du Tillet. 1734, in-12, v. 2 50

1863. Louis et Charles d'Orléans, leur influence sur les arts, la littérature et l'esprit de leur siècle d'après les documents officiels et les peintures des manuscrits, par Champollion Figeac. *Paris*, 1844, in-8, br. 4 »

1864. La France littéraire ou dictionnaire bibliographique des savants, historiens et gens de lettres qui ont écrit en français plus particulièrement pendant les XVIII et XIXe siècles, par Quérard. *Paris*, 1827, 10 vol. in-8, dem.-rel. 80 »

1865. Les Académies d'autrefois, par Alf. Maury. 1864, 2 vol. in-8, br. 8 »

L'ancienne Académie des sciences. —L'anc. Académie des inscriptions et belles lettres.

1866. Suppression de toutes les académies du royaume, comme onéreuses à l'Etat, et nuisibles aux sciences, à la littérature et aux arts (vers 1792). br. in-8. 2 »

Les académies ont été trop longtemps les lanternes sourdes des tyrans.

1867. Grimm et Diderot. Correspondance littéraire, philosophique et critique, édition revue et augmentée de notes et éclaircissements (par M. Taschereau). 1829, 15 vol. — Correspondance inédite (publiée par MM. Chéron et Thory), 1 vol. Les 16 vol. dem.-rel. Condition très-ordinaire. 80 »

1868. Grimm et Diderot. Correspondance littéraire, phi-

losophique et critique. 1813, 17 vol. in-8, veau granit
dent. Bel exemplaire. 60 »

1869. Voltaire et le président De Brosses, correspondance
inédite publiée d'après les autographes avec des notes
par Foisset. 1858, in-8, dem.-rel. mar. non rogné. 6 »
<small>Bel exemplaire d'Armand Baschet, relié par Petit.</small>

1870. Nicéron. Mémoires pour servir à l'histoire des
hommes illustres dans la république des lettres avec des
notices de l'abbé Goujet. *Paris*, 1727-1745, 40 vol.
in-12, v. (*manque* les 4 dern. volumes). 40 »

1871. Bibliothèque française, ou histoire de la littérature
françoise, par l'abbé Goujet. 1741, 18 vol. in-12, v. reliure non uniforme. 25 »

1872. Martyrologe littéraire, ou dictionnaire critique de
700 auteurs vivans, par un ermite qui n'est pas mort.
1816, in-8, br. 2 50

1873. Origines typographicæ Ger. Meerman auctore.
Hayæ comitum, 1765, 2 tom. en 1 vol. in-4, vél. doré.
Bel exemplaire. 15 »
<small>Avec planches fac-similé des premières impressions.</small>

1874. Origines typographicæ Meermann auctore. 1765,
2 vol. in-4, cart. non rog. 10 »

1875. Origine de l'imprimerie d'après les titres authentiques, par Lambinet. 1810, 2 vol. in-8, v. 6 50
<small>Ornée de calques, portraits et écussons.</small>

1876. Notice historique sur l'imprimerie, par Paul Dupont.
1849, in-4, br. 4 50

1877. Marques typographiques monogrammes, chiffres,
emblèmes, devises et fleurons des libraires et imprimeurs
qui ont exercé en France depuis l'introduction de l'imprimerie jusqu'à la fin du XVIe siècle, par Silvestre.
Paris, 1853 à 1868, 16 livraisons gr. in-8, br. 40 »
<small>Exemplaire complet.</small>

1878. Plan d'une bibliothèque universelle, étude des livres
qui peuvent servir à l'hist. philosophique et littéraire du
genre humain. 1837, in-8, br. 5 »

1879. Philobiblion, excellent traité sur l'amour des livres
par Rich. de Bury, trad. de l'anglais par Cocheris. *Paris*,
Aubry, 1856, pet. in-8, cart. en toile non rog. 5 »

1880. La chasse aux bibliographes et antiquaires mal

avisés, par l'abbé Rive. *Londres*, 1788, in-8, v. m.
Rare. 20 »

Bel exemplaire.

1881. De la Bibliomanie. *Lahaye*, 1761, in-12, br. 3 »

Réimpression faite par Jouaust, imp. à Paris et tirée à 200 exemplaires seulement.

1882. Onguent pour la brûlure, ou observations sur un réquisitoire rendu contre les Annales de Linguet. *Londres*, 1778, in-8. 3 »

Avec des réflexions sur l'usage de faire brûler des livres par la main du bourreau.

1883. Mémoires bibliographiques et littéraires, par Delandine. *Paris, Renouard, s. d.*, in-8, br. 5 »

Les anciennes bibliothèques de Lyon. — L'histoire des manuscrits. — L'écriture et le papier chinois. — Un temple des Druides. Les sacrifices sanglants. — Les médailles satyriques. — Les antiquités de Feurs.

1884. Dissertation sur les bibliothèques avec table alphabétique des ouvrages publiés sous ce titre et des catalogues imprimés de plusieurs cabinets de France et de l'étranger. — Table alph. des dictionnaires en toutes sortes de langues. 1758, in-12, v. 4 »

1885. Recherches sur les bibliothèques anciennes et modernes jusqu'à la fondation de la bib. Mazarine, par Petit-Radel. 1819, in-8, br. 5 »

1886. Notices historiques sur les bibliothèques anciennes et modernes, par Bailly. 1828, in-8, br. 3 50

1887. Inventaire ou catalogue des livres de l'ancienne bibliothèque du Louvre fait en 1373, par Gilles Mallet, avec des notes historiques et critiques. *Paris, de Bure*, 1836, gr. in-8, br. 10 »

1888. Bibliographie instructive ou notice de quelques livres rares singuliers, avec des notes pour connaître les diverses éditions, et leur valeur dans le commerce, par de Los Rios, lib. de Lyon. 1777, in-8, dem.-rel. 6 »

Il est curieux de voir les prix qu'on estimait alors les mystères, romans de chevalerie et autres livres aujourd'hui complètement introuvables : ainsi le triomphe des neuf preux imprimé à Abbeville, considéré comme ayant une valeur assez considérable, 72 liv. : les cent histoires de Troyes d'un prix excessif, 13 liv. : le roman de Jason, 10 liv., etc., etc.

1889. Dictionnaire typographique historique et critique

des livres rares singuliers et recherches, par Osmont. 1768, 2 vol. in-8, v. m. 4 »

<small>Exemplaire interfolié.</small>

1890. Dictionnaire portatif de bibliographie, par Fournier. 1805, in-8, br. 3 »

1891. Brunet. Manuel du libraire et de l'amateur de livres, contenant un nouveau dictionnaire bibliographique dans lequel sont décrits les livres rares, précieux, singuliers, etc. *Paris, Didot*, 1860, 6 vol. gr. in-8, à deux colonnes, broché non rogné. 170 »

1892. Brunet. Manuel du libraire. 1860, 6 vol. gr. in-8, relié en veau fauve plein, reliure neuve. 200 »

1892 *bis*. Notice sur deux anciens romans intitulés les Chroniques de Gargantua, par Brunet. 1844, gr. in-8, br. 1 50

1893. Histoire des livres populaires et de la littérature de colportage, par Nisard. 1864, 2 vol. in-12, fig. br. 8 »

1894. Monteil. Traité des matériaux manuscrits de divers genres d'histoire. 1836, 2 vol. in-8, br. 5 »

<small>Histoire de la cour et des courtisans, de la féodalité et des serfs des prisons, hôpitaux, etc., etc.</small>

1895. Bibliothèque historique de la France, contenant le catalogue de tous les ouvrages imprimez ou manuscrits qui traitent de l'histoire de ce royaume, par le Père Lelong. 1719, in-fol. v. 20 »

1896. La bibliothèque françoise de Cl. Sorel. 1667, in-12, v. br. 4 »

1897. Catalogue des livres imprimés sur vélin de la bibliothèque du roi et dans des biblioth. publiques ou particulières, par van Praet. *Paris, imp. de Crapelet*, 1822-1828, 9 vol. in-8, br. 45 »

<small>Exemplaire en papier de Hollande. L'importance et la grande valeur des livres décrits, l'exactitude des descriptions et les anecdotes qui les accompagnent donnent de l'intérêt à cet excellent catalogue. Il a été tiré à 200 exemplaires seulement.</small>

1898. Catalogue des livres imprimés, manuscrits, estampes, dessins et cartes à jouer composant la bibliothèque de M. Leber avec les notes du collecteur. *Paris, Techener*, 1839, 4 vol. in-8, fig. dem.-rel. mar. 32 »

1899. Catalogue Leber. 1852, tome 4, br. 3 50

<small>Ce volume manque a beaucoup d'exemplaires. Il contient le supplément et les tables générales.</small>

1900. Bibliothèque dramatique de M. de Soleinne. Catalogue rédigé par le bibliophile Jacob (Paul Lacroix). 1843, rel. en 3 vol. in-8, dem.-rel. v. ant. 32 »

> Exemplaire bien complet, contenant toutes ses diverses parties, les autographes, les prix imprimés du 1er volume seuls parus, la table générale par Goizet et le catalogue Pont de Vesle.

1901. Examen critique et complément des dictionnaires historiques les plus répandus, par Barbier. 1820. |in-8, br. (*tome Ier seul paru*). 6 »

1902. Lettre sur la profession d'avocat, par Camus. 1777, in-12, v. 3 «

> Avec un catalogue raisonné des livres de Droit qu'il est utile d'acquérir et de connaître.

1903. Nouvelle bibliothèque historique et chronologique des principaux auteurs et interprètes du droit civil canonique et particulier, par Denis Simon. 1692, 2 vol. in-12, v. 3 50

1904. La bibliographie politique du sieur Naudé, contenant les livres et la méthode pour estudier la politique. 1642, in-8, vél. 4 »

1905. De l'usage des romans, où l'on fait voir leur utilité et leurs différens caractères (par l'abbé Lenglet du Fresnoy). *Amst.*, 1734, 2 vol. in-12, v. m. — L'histoire justifiée contre les Romans, par le même. 1735, in-12, v. br. armoiries. 8 »

> Le second volume est entièrement consacré à la Bibliographie des Romans et accompagné de notes intéressantes.

1906. Voyage merveilleux du prince Fan Feredin, dans la Romancie. *Amst. Wetstein*, 1735, pet. in-12, broché non rogné. 5 »

> Critique contre les romans et leurs auteurs. C'est la contre-partie de l'ouvrage précédent.

1907. Histoire critique des journaux (par Camuzat). *Amst.* 1734, 2 tom. en 1 vol. in-12, v. éc. 5 »

1908. Nouveau recueil d'ouvrages anonymes et pseudonymes, par de Manne. 1834, in-8, br. 4 50

> Supplément aux 4 vol. de Barbier.

1909. Mélanges tirés d'une petite bibliothèque, ou variétés littéraires et philosophiques, par Ch. Nodier. 1829, in-8, br. rare. 12 »

1910. Collection de matériaux pour servir à l'histoire de

la Révolution française (par Deschiens). 1829, in-8, br.
6 »

Donnant la liste et une analyse intéressante de tous les journaux parus pendant la Révolution.

1911. Description historique et bibliographique de la collection de feu M. le comte de la Bedoyère. 1862, gr. in-8, br. 8 »

Cette importante collection, toute relative à la Révolution française a été acquise par la Bibliothèque nationale.

1912. Guide de l'amateur de livres à vignettes du XVIIIe siècle avec le détail du nombre de figures, vignettes et culs-de-lampe et les noms des artistes, par Henry Cohen. 1870, in-8, br. 8 »

1913. Catalogue méthodique de la bibliothèque publique de la ville de Bruges, suivi de la table alph. des auteurs et des anonymes, par Laude, biblioth. *Bruges*, 1847, gr. in-8, br. 8 »

Exemplaire en GRAND PAPIER. Cette Bibliothèque possède entre autres, 9 Colard Mansion.

1914. Catalogue méthodique et descriptif *des Manuscrits* de la bibliothèque publique de Bruges, par Laude. 1859, gr. in-8. 6 »

Exemplaire en grand papier.

1915. Catalogue descriptif et raisonné des manuscrits de la bibliothèque de Carpentras, par Lambert, bibliothécaire. 1862. 3 vol. gr. in-8, br. 18 »

Ce catalogue n'a pas été mis dans le commerce.

1916. Catalogue des livres de la bibliothèque publique (d'Orléans) fondée par M. Prousteau, professeur en droit. *Paris*, 1777, in-4, br. 8 »

Ce catalogue enrichi de notes critiques et bibliographiques de Dom Louis Fabre, bénédictin, est suivant Millin (Voy. dans le midi de la France), un des meilleurs ouvrages de ce genre, il possède une table générale des auteurs.

1917. Manuscrits de la bibliothèque d'Orléans, notices sur leur ancienneté, leurs auteurs, les objets qu'on y traite, etc., par Septier. *Orléans*, 1820, in-8, br. 4 »

1918. Catalogue des imprimés de la bibliothèque de Reims avec des notices (par Louis Paris). *Reims*, 1843, 2 vol. in-8, br. 5 »

1919. Bibliotheca Coisliniana, olim Segueriana ; sive manuscriptorum omnium Græcorum, quæ in ea, continentur, accurata descriptio, etc., studio et opera Bern. de Montfaucon. 1715, in-fol. v. br. avec planches. 20 »

1920. Catalogue des livres de M. de M*** (Imbert de Cangé). *Paris*, 1733, in-12, v. m. 6 »

Intéressant catalogue dont la vente n'a jamais eu lieu aux enchères il se compose de 450 pages fort serrées.

On y remarque entre autres une série de Romans de chevalerie contenant environ 160 articles : plus de 50 mystères ou moralités.

Ce qui donne un aperçu de la richesse de cette collection qui coûterait à réunir aujourd'hui quelques millions.

On y a joint à la fin, une table alphabétique manuscrite des auteurs.

1921. Catalogue des livres de la bibliothèque de Bernard Couet, chanoine de Notre-Dame. *Paris*, 1737, in-12, vél. prix man. 3 »

1922. Catalogue des livres de M. Danty d'Isnard. *Paris*, *Gab. Martin*, 1744, in-12, dem.-rel. v. f. 4 »

Ancien professeur royal des plantes au jardin du Roy, particulièrement riche en livres sur l'hist. naturelle et la médecine.

1923. Catalogues de bibliothèques. 1 vol. in-8, rel. 3 »

Du président Hénault, 1771. — Du prés. Roujaut, 1771. — L'abbé Chauvelin, 1770. — De Nassy, 1770. — De mad. la duchesse de Brancas, 1770, etc.

OUVRAGES DE GAB. PEIGNOT.

1924. Essai sur la vie et les ouvrages de Gab. Peignot, par Simonet. 1863, gr. in-8, br. 5 »

1925. Amusements philologiques ou variétés en tous genres. 1808, in-8, dem.-rel. non rog. 10 »

Première édition, rare.

1926. Catalogue d'une partie des livres composant la bibliothèque des ducs de Bourgogne au XV° siècle, *Dijon*, 1841, in-8, dem.-rel. non rog. 8 »

1927. Documents authentiques et détails curieux sur les dépenses de Louis XIV, 1827, in-8, port. br. 10 »

1928. Dictionnaire critique, littéraire et bibliographique

des principaux livres condamnés au feu, supprimés ou censurés. 1806, 2 vol. in-8, dem.-rel. v. f. 35 »

1929. Dict. des livres condamnés, etc. 1800. 2 vol. in-8, dem.-rel. bas. 30 »

1930. Dictionnaire raisonné de bibliologie, contenant l'explication des principaux termes, des notices sur les principales bibliothèques, etc. 1802, 2 vol. in-8, dem.-rel. 12 »

1931. Histoire d'Hélène Gillet, événement extraordinaire et tragique survenu à Dijon dans le XVIIe siècle. *Dijon*, 1829, in-8, br. 4 »

1932. Lettres de Gabriel Peignot à son ami Baulmont, mises en ordre et publiées par Em. Peignot. *Dijon*, 1857, in-8, br. 4 50

1933. Mélanges littéraires, philologiques et bibliographiques. 1818, in-8, dem.-rel. v. f. non rog. 10 »

1934. Précis historique, généalogique et littéraire sur la maison d'Orléans. 1830, in-8, port. br. 8 »

1935. Recherches sur les ouvrages de Voltaire. 1817, in-8, br. 5 »

Réflexions générales sur ses écrits; notice raisonnée des éditions choisies ou complètes de ses œuvres depuis 1732; condamnations juridiques de ses écrits; l'indication des ouvrages où l'on a combattu ses principes dangereux.

1936. Répertoire bibliographique universel. 1812, in-8, non rog. 8 »

1937. Variétés, notices et raretés bibliographiques. 1822, in-8, br. 10 »

J. BIOGRAPHIE

1938. Les vies des hommes illustres de Plutarque trad. du grec, par Amyot, avec des notes de Brotier et Vauvilliers. *Paris, Cussac*, 1801, 25 vol. in-8, bas. 70 »

1939. Biographie universelle classique ou dictionnaire historique portatif par une société de gens de lettres. *Paris*, 1829, 3 vol. in-8, à 2 col. dem.-rel. 12 »

1940. Les portraits des hommes illustres français qui sont peints dans la galerie du palais du cardinal de Richelieu, avec leurs vies, par Vulson de la Colombière. 1667, pet. in-12. 4 »

1942. Le petit almanach de nos grands hommes. 1788, in-12, rel. 4 »

> Cet ouvrage publié d'abord sans nom d'auteur fut avoué par Rivarol quand il vit qu'on l'attribuait à d'autres. Qu'on juge du succès par le scandale, et du mérite par le succès. On ne s'était jamais moqué de tant de gens à la fois, et l'on ne s'en était jamais moqué avec une malice plus impartiale, en même temps que plus amère.
> QUÉRARD.

1943. L'année française, ou vies des hommes qui ont illustré la France pour tous les jours de l'année, par Manuel. 1789. 4 vol. in-12, v. 3 »

1944. Abrégé de la vie des plus fameux peintres avec leurs portraits gravés, leurs principaux ouvrages, et leurs caractères (par d'Argenville). 1745, 3 vol. in-4, v. 35 »

1945. Biographie des députés de la Chambre septennale, de 1824 à 1830. *Paris*, 1826, in-8, br. 2 »

1946. Catalogue historique et descriptif des tableaux appartenant à S. A. R. le duc d'Orléans (par Louis Philippe Ier roy de France). *Paris*, 1823, 4 vol. in-8, dem.-rel. 12 »

> Ce livre publié sous le nom de M. Vatout, paraît être de S. M., ou du moins y a-t-elle eu une grande part : il est certain que ces quatre volumes contiennent plusieurs morceaux de poésies et des NOTICES HISTORIQUES qui ont le Roi pour auteur. Pour appuyer cette opinion nous ajouterons que dans un de ses voyages en France, le Roi l'a donné à l'un de nos plus savants bibliothécaires comme son ouvrage : antérieurement à ce voyage nous avions eu sous les yeux des feuilles de manuscrit longuement annotées de la main propre du Roi. QUÉRARD.

1947. Les vies des saints Pères des déserts et de quelques saintes, par Arnauld d'Andilly. 1757, 3 vol. in-4, v. br. 15 »

1948. Histoire de la vie, mort et miracles de sainte Aldegonde, première fondatrice des dames chanoinesses de la ville de Maubeuge. *Arras. Guil. de la Rivière*, 1623, in-8, lit. gravé vél. 12 »

> Bel exemplaire, mais dans lequel ne se trouve pas l'arbre généalogique.

1949. Eclaircissemens sur la vie de Jean d'Aranthon d'Alex, évêque et prince de Genève. *Chambéry*, 1700, in-8. v. m. 5 »

1950. La vie de P. Arétin, par de Boispréaux. *Lahaye*, 1750, pet. in-12, dem.-rel. 2 50

1951. La vie du cardinal de Bérulle, instituteur de la congrégation de l'Oratoire de Jésus, par Germain Habert, abbé de Cerisy. 1646, in-4, v. br. 8 »

1952. Vie de Jérôme Bignon, avocat général, par l'abbé Pérau. 1757, in-12, v. éc. fil. 2 »

1953. La vie de Henri-Marie Bourdon, grand archidiacre d'Evreux, par Collet. 1762, in-12, port. v. f. fil. tr. dor. (*mouillé*). 4 »

1954. La vie de damoiselle Antoinette Bourignon. *Amst.* 1683, in-8, dem.-rel. non rogné. 15 »

1955. Eloge historique de Callot (par le P. Husson). *Bruxelles*, 1766, in-4, portrait dem.-rel. mar. non rogné. 8 »

1956. Vie de dom Calmet, abbé de Senones, avec un catalogue de tous ses ouvrages imprimés ou manuscrits. *Senones*, 1762, in-8. 6 »

1957. La vie, les grâces et les merveilles de la séraphique vierge sainte Catherine de Sienne, composée par le R. P. Jean de Rechac. *Paris*, 1647, pet. in-12, v. br. 10 »

A la fin se trouve un curieux calendrier qui contient sous la forme d'éphémérides les decez des religieux et religieuses de l'ordre de Saint-Dominique.

1958. Histoire de la vie et des ouvrages de Corneille, par Taschereau. 1829, in-8, br. 4 »

1959. Histoire de la vie et des ouvrages de Fénelon (par Ramsay). *Amst.* 1727, in-12, port. vél. bel ex. 4 »

1960. Vie de la mère Françoise Frémiot, fondatrice de la Visitation de Sainte-Marie, par Henry de Maupas du Tour, évêque du Puy. 1658, in-8, v. br. 5 »

1961. Vie de Gassendi, prévot de l'église de Digne (par le P. Bourgeois, de l'Oratoire). 1737, in-12, v. br. 2 »

1962. La vie de la duchesse de La Vallière. *Cologne, chez Jean de la Vérité*, 1757, pet. in-12, dem.-rel. 3 »

Où l'on voit une relation curieuse de ses amours.

1963. Lettres de mademoiselle la duchesse de La Vallière, avec un abrégé de sa vie pénitente (par l'abbé Lequeux). *Liège*, 1767, in-12, v. m. 2 »

1964. Vie de mademoiselle Legras, fondatrice de la Compagnie des filles de la Charité, par Gobillon, prêtre et docteur de Sorbonne. 1676, in-12, port. v. br. 4 50

1965. Vie de Lenain de Tillemont. *Cologne*, 1711, in-12, vél. 3 »

1966. Mémoires sur la vie de mademoiselle de Lenclos. *Amst.* 1751, in-12, port. v. m. 2 50

1967. La vie de Mahomet, par Prideaux. *Amst.*, 1699, in-12, fig. dem.-rel. v. f. 3 »

1968. La vie de sœur Marguerite du Saint-Sacrement, religieuse carmélite du monastère de Beaune (par le P. Amelotte). 1679, in-8, v. b. 5 »

1969. Vie de Laurent de Médicis surnommé le magnifique, trad. de l'ang. de Roscoe, par Thurot, an VIII. 2 in-8, dem.-rel. 4 »

1970. Vie de mad. de Miramion. 1707, in-12, v. gr. 4 »

1971. Notes historiques sur la vie de Molière, par Bazin, 1851, gr. in-8, dem.-rel. v. non rog. 6 »

Exemplaire en grand papier vélin.

1972. Notice sur madame la vicomtesse de Noailles. *Paris*, 1855, gr. in-8, pap. de Holl. br. 5 »

Signé. S. N. S. de la Soc. des bibliophiles français, hommage de l'auteur à M. Barrière.

1973. Vie de Peiresc, conseiller au parl. de Provence, par Requier. 1770. in-12, v. m. 3 »

1974. Mémoires pour la vie de François Pétrarque tirées de ses œuvres (par l'abbé de Sades). *Amst.* 1764, 3 vol. in-4, v. 15 »

Avec des notes et pièces justificatives.

1975. Abrégé de la vie du bienheureux François Régis de la comp. de Jésus. *Lille*, 1716, in-12, port. rel. fat. 2 50

1976. La vie de M. de Renty, par le P. J. B. Saint-Ivre, 1651, in-4, vél. 6 »

Orné d'un très-beau portrait gravé par Audran d'après Chauveau.

1977. Vie d'Edmond Richer, doc. de Sorbonne, par Ad. Baillet. *Liége*, 1714, in-12, v. 2 »

1978. La vie de la mère Thérèse de Jésus, fondatrice des Carmes deschaussez, par le R. P. de Ribera. *Paris*, 1645, in-8, tit. gr. vél. 7 »

1979. Mémoires de la vie de Jacq. Aug. de Thou. *Amst.* 1714, in-12, v. 3 »

1980. La vie et conduite spirituelle de mademoiselle Vigneron. 1689, in-8, v. br. 6 »
   Née à Senlis 1628.

1981. Vie de Jacques de Vintimille, conseiller au parl. de Bourgogne, par de Vauzelles. *Orléans*, 1865, in-8, port. br. 1 50

1982. La vie du bienheureux père François Xavier, par Horace Turselin, de la Comp. de Jésus. *Douay*, 1668, in-8, port. v. 7 »

IV. HISTOIRE ÉTRANGÈRE.

1. BELGIQUE ET HOLLANDE.

1983. Trophées tant sacrés que prophanes du Brabant, par Butkens. *Anvers*, 1641, 2 part. en 1 vol. in-fol. v. m. 30 »
   Bel exemplaire dont les 471 écussons ont été enluminés avec soin.

1984. Recherche des antiquités de la noblesse de Flandre, par Philippe de l'Espinoy. *Douay*, 1632, in-fol. vél. Bel exemplaire. 55 »
   Contenant de nombreux blasons.

1985. Mémoires généalogiques pour servir à l'histoire des familles des Pays-Bas (par le comte de Saint-Genois). *Amst.*, 1780-1781, 2 vol. gr. in-8, v. m. planches gravées. 35 »

1986. Annales de Hainaut, par Jean Lefèvre, publiées pour la première fois par le marquis de Fortia d'Urban. *Paris*, 1835, 21 vol. in-8, br. 20 »

1987. La joyeuse et magnifique entrée de mgr François de France, duc de Brabant, d'Anjou, etc., en sa très-renommée ville d'Anvers. *Anvers, Plantin*, 1582, in-4, dem.-rel. mar. 15 »

1988. Le roman de la Cour de Bruxelles, advantures des plus braves cavaliers qui furent jamais et des plus belles dames du monde, par Puget de la Serre. *Imprimé à Spa et à Aix en Allemagne, par Jean Tournay.* 1628, in-8, dem.-rel.　　　　　　　　　　　　　　　　　　50 »

> On prétend que l'auteur de ce roman y a fait figurer sous des noms supposés, les principaux personnages de la noblesse belge de l'époque, les duchesses de Croy et d'Ærschot, le prince de Chimay, etc.
>
> L'exemplaire qui se trouvait à la vente de Jonghe à Bruxelles en 1860, s'est vendu 440 fr.
>
> On peut faire un beau volume de celui-ci.

1989. Histoire et discours véritable de ce qui s'est passé au combat faict le 5 febvrier 1600, aux environs de Bois-le-Duc en Brabant, entre le sieur de Breauté gentilhomme françois et vingt-un de ses compagnons au service des Hollandais d'une part, et Gerard Abrahams lieutenant du sieur de Grobbendoncq, cap. de cuirasses au service de LL. AA. SS. aussi avec vingt de ses compagnons d'aultre part. *S. l.*, pet. in-8, non rel.　　　　　　　6 »

1990. Le manifeste de MM. les États des Provinces-unies de Hollande, au reste des villes catholiques sujettes au roy d'Espagne, ensemble ce qui s'est passé à la cour de Bruxelles. 1632, pet. in-8.　　　　　　　　　　4 »

1991. Modèle ou project du feu d'artifice qui se doit faire à la Haye le 16 nov. pour réjouissance du mariage du roy catholique de la ser. archiduchesse fille de l'Empereur. *Bruxelles,* 1649. in-4, non rel.　　　　　4 »

1992. Mémoires pour servir à l'histoire de Hollande, par Louis Aubery, seig. du Maurier. *Imprimé à la Flèche,* 1680, pet. in-8, v. br.　　　　　　　　　　　　4 »

> On y trouve d'intéressantes notices sur les princes d'Orange, Guillaume, Philippe-Maurice et Henry, sur Louise de Coligny, sur Bar-Barnevel, Ærsens et Grotius. — Voir notamment, comment dans sa préface, il explique que MARIE STUART avait été sacrifiée par Henri III à la crainte que lui inspiraient les Guise.

1993. Histoire politique des Provinces-unies des Pays-Bas, ses demelez avec différentes nations. In-fol. cart. 25 »

> Manuscrit sur papier, environ 650 feuillets, il est divisé par puissances, et commence par l'Angleterre de 1630 à 1673. — Espagne, 1675. — Danemark, Suède, Moscovie et Pologne, 1670. — Brandebourg, 1669-1673. — Neubourg, Oostfrise, Oldenbourg, Villes hanséatiques, Munster, Courlande, Palatinat, Portugal et négociations de Cologne en 1673.

1994. Mémoires touchant le négoce et la navigation des Hollandais, dressez à Amsterdam en juin 1699. — Mémoire sur le commerce que font les Européens dans d'Asie, l'Afrique et l'Amérique. In-fol. v. f. 12 »

Une des rares copies de ce travail fait pour l'éducation du duc de Bourgogne.

1995. Les désordres des Pays-Bas causés par la France. *Amst. chez Van Dyck, s. d.* (1681), pet. in-12, v. 5 »

Défence du comté de Chiny ou réfutation du prétendu arrêt rendu à Metz à charge du roy d'Espagne et prétendant que le comté de Chiny a toujours été sous le sauvement du roy de France, et régi de toute ancienneté suivant la loi de Beaumont en Argonne, qu'il est fief-lige, mouvant du duché de Bar, et de tout temps tenu à prendre la loy à Montmédy.

1996. Mémoires de Jean de Wit, grand pensionnaire de Hollande. *Ratisbonne,* 1709, pet. in-8, port. v. br. 2 »

1997. Mémoires du comte de Guiche concernant les Provinces-unies des Pays-Bas. *Londres,* 1744, in-12, v. br.
3 »

Faisant suite à ceux de d'Aubery du Maurier et d'Estrades, 1665, 6 et 7.

1998. Histoire commerciale de la ligue hanséatique, par Emile Worms. 1864, in-8. br. 4 »

Ouvrage couronné par l'Institut de France.

1999. Annuaire de la noblesse et des familles patriciennes des Pays-Bas. *Lahaye,* 1871, in-8, br. armoiries. 8 »

2. ITALIE.

2000. Saint-Non. Voyage pittoresque de Naples et de Sicile. *Paris,* 1781, 5 vol. gr. in-fol. v. m. 160 »

Bel exemplaire en grand papier, on y a joint les 14 planches de médailles et celle des Phallus.

2001. Journal du voyage de Michel de Montaigne en Italie en 1580 et 1581, par de Querlon. *A Rome,* 1774, gr. in-4, port., broché. 12 »

2002. Documenti di Storia italiana da Gius. Molini. *Firenze,* 1836, 2 vol. gr. in-8, dem.-rel. mar. non rog.
12 »

Exemplaire d'Arm. Baschet, relié par Petit.

2003. Histoire de la République de Venise, par Daru. *Paris, Didot,* 1853, 9 vol. gr. in-8, dem.-rel. mar. non rogné. 60 »

Bel exemplaire d'Armand Baschet, relié par Petit.

2004. Relation des ambassadeurs Vénitiens sous Charles-

Quint et Philippe II, par Gachard. *Bruxelles*, 1856, in-8, rel. en vélin blanc. 6 »

2005. Roma. Vestigi delle antichita de Roma, Tivoli, Pozzuolo et altri luochi, par Sadeler. *Praga*, 1606, 50 planches. — Præcipua aliquot Romanæ antiquitatis ruinarum monumenta, vivis prospectibus, ad veri imitationem affare designata per Baptistam Pitonem. 1575. 37 planches. — Palazzi diversi nel' alma cita di Roma, per Giov. Bat. de Rossi. 1638, 22 pl., 1 vol. in-fol. vélin. 50 »

Bel exemplaire auquel on a ajouté 26 planches de décorations théâtrales et fêtes navales données sur l'Arno en 1608, à l'occasion des noces du prince de Toscane : curieuses pièces gravées par Giulio Parigi : la seconde partie de ce recueil a été copiée par du Cerceau et figure dans son œuvre.

2006. Les Merveilles de la ville de Rome, avec le guide des chemins de Rome. *Rome*, 1725, in-8, fig. sur bois. 3 »

2007. Indice istorico del gran prospetto di Roma da Gius. Vasi. *Roma*, 1775, in-12, vél. fig. (*quelq. mouill.*) 2 50

2008. Palais, maisons et autres édifices modernes destinés à Rome. 1798, gr. in-fol. dem.-rel. 100 planches. 20 »

2009. Histoire anecdote de la cour de Rome, la part qu'elle a eue dans l'affaire de la succession d'Espagne. *Cologne*, 1704, in-12, dem.-rel. v. f. 5 »

2010. Histoire civile du royaume de Naples trad. de l'ital. de Giannone avec des notes. *Lahaye*, 1742, 4 vol. in-4, port. v. fauve, *bel exemplaire*. 16 »

2011. Récit véritable du misérable et mémorable accident arrivé en la montagne de Vésuve du 15 au 23 déc. 1631, par le P. Jacq. Milesius. *Lyon*, 1632, pet. in-8. 3 »

2012. Portefeuille secret, contenant un mémoire et une suite de lettres sur la révolution projetée en Italie. 1792, in-8, br. 1 50

3. SUISSE.

2013. Tableaux topographiques, pittoresques, historiques et politiques de la Suisse, par de Zurlauben (publiés par, de La Borde). *Paris*, 1780-1788, 4 vol. gr. in-fol. mar. rouge, fil. tr. dor. 250 »

Très-bel exemplaire en ANCIENNE RELIURE; cet ouvrage contient 278 gravures.

2014. Description de tous les cantons, villes et bourgs de la Suisse, par Tassin. *Paris, chez Melchior Tavernier*, 1635, in-4, oblong vélin, nombreuses vues. 9- »

2015. De Gallorum Cisalpinorum antiquitate, ac origine, Merula auctore. *Lugduni, Gryphius*, 1538, in-8, v. f. fil. 6 »

2016. La République des Suisses, leurs alliances, batailles, victoires conquestes et gestes mémorables depuis l'Empereur Raoul de Habspourg jusqu'à Charles V, par Jos. Simler. *Paris, Jacq. du Puys*, 1598, in-8, vél. 8 »

2017. Exhortation aux Suisses en général pour leur conservation, contre les esmeutes et dangers du temps courant. *S. l.*, 1586, pet. in-8, vél. 10 »

2018. Chronologie historique des comtes de Genevois, par Lévrier. *Orléans*, 1787, 2 vol. in-8, br. 7 »

4. ESPAGNE.

2019. Le fidèle conducteur pour le voyage d'Espagne, monstrant exactement les raretez et choses remarquables de chaque ville, par Coulon. A *Troyes, chez Nic. Oudot*, 1654, in-8, dem.-rel. v. f. Petit. 5 »

2020. Charles Quint. Son abdication, son séjour et sa mort au monastère de Juste, par Mignet. 1854, in-8, dem.-rel, v. f. non rogné. 6 »

    Exemplaire d'Arm. Baschet, relié par Petit.

2021. Histoire d'Elisabeth de Valois, reine d'Espagne (1545-1568), par le marq. du Prat. 1859, gr. in-8, br. 4 »

2022. Antonio Perez. L'art de gouverner, discours adressé à Philippe III (1598), publié pour la première fois en espagnol et en français, par Guardia. 1867, gr. in-8, br. 5 »

2023. Histoire de l'avénement de la maison de Bourbon au trône d'Espagne, par Targe. 1772, 6 vol. in-12, v. m. 5 »

2024. Mémoires de la cour d'Espagne (par Mme d'Aulnoy). *Paris, Cl. Barbin*, 1692, 2 vol. in-12, v. br. rare. 12 »

2025. Genealogia della famiglia Valignana descritta da Isid. Nardi. *Roma*, 1680, gr. in-4, v. br. nombreux portraits. 12 »

2026. Généalogies de familles espagnoles. *Imp. à Madrid.* In-fol. vél. 12 »

Memorial de la calidad y servicios de don Mario Plati, hijo, hermano de los Condes de Carpinano, *Madrid*, 1661. — Id. de Don Alonso Martel i Vargas, 1649. — Don Andrez Felix de Fonseca, 1649. — Don Juan de Saavedra Alvarado Remirez de Arellano, 1651. — Don Joseph Pellicer de Tovar, 1661. — Don Alvarez Osorio. — Don Christoval Porto Carrero i Enriquez de Almansa conde de Montijo. — Lopez de Chaves. — Francisco de Ovando, etc., etc.

2027. Relation historique, de l'assassinat commis en la personne du comte de Florida Blanca, min. d'Espagne, le 18 juin 1790, par Paul Perès, chirurgien français de la province de Bigorre, br. in-8. 1 »

2028. Exposé fidèle des raisons qui déterminèrent le roy Ferdinand VII à se rendre à Bayonne en avril 1808, par don Jean d'Escoquiz, tr. par Raynal. *Bourges*, 1814, in-8. port. br. 2 »

2029. Histoire de Portugal, contenant les entreprises, navigations et gestes mémorables des Portugallois, tant en la conquête des Indes orientales qu'ès guerres d'Afrique, trad. du latin d'Osarius, par Simon Goulart Senlisien. 1587, in-8, v. br. 10 »

5. ALLEMAGNE, AUTRICHE, HONGRIE.

2030. Plans de villes d'Allemagne, Hongrie, Turquie, Asie Mineure, etc. *Antverpiæ, Peeters*, vers 1690, 121 planches en 1 vol. in-fol. oblong, v. br. 15 »

Recueil curieux contenant les portraits équestres de Leopold I.er Emp. des Romains, Mahomet IV, Jean III roy de Pologne, Mustapha, Charles II d'Espagne, Maximilien de Bavière, Charles V de Lorraine, François de Saxe, Fréd. Guillaume de Brandebourg, Tekeli, Ernest Rudiger de Ptarenberg; 10 gravures sur le siége de Vienne par Romain de Hooghe et des vues de Vienne, Neustadt, Presbourg, Bude, Pesth, Belgrade, etc., etc.

2031. Commentariorum in genealogim Austriacam, aut. Wolfgango Lazio. *Basilea*, 1564, in-fol. v. gauf. 6 »
Exemplaire portant l'ex-libris de de Jonghe.

2032. La Transylvanie et ses habitants, par de Gérando. *Paris*, 1845, 2 vol. in-8, fig. br. 5 »

2033. Bohême et Hongrie. Recueil extrait du Mercure de France. Environ 1000 pag. pet. in-8. 12 »

Révolte des évangéliques contre l'empereur Mathias; les jésuistes chassez de Prague; Mansfeld, Dampierre et de Buquoy chefs des armées, prises de ville, mort de l'emp. Mathias, 1618. — Les Etats de Bohême refusent d'obéir au roy Ferdinand; soulèvement des évangéliques en Moravie; Vienne assiégé; exploits du comte de Buquoy; l'électeur palatin élu roy de Bohême; son couronnement et son entrée à Prague, 1619. — confédération entre l'électeur Palatin comme roy de Bohême et Bethlem Gabor prince de Transylvanie; édit de l'empereur Ferdinand contre l'élection et couronnement de l'électeur Palatin; défaite des Bohêmes par le comte de Dampierre; exploits du duc de Bavière et du comte de Buquoy en Bohême; Prague et la garnison remises en l'obéissance de l'empereur, 1620. — Le comte de Buquoy en Moravie; état de la Hongrie et de la Bohême après la bataille de Prague; campagne du marquis de Spinola; mort du comte de Buquoy frappé de treize coups mortels, 1621. — Exploits de Mansfeld dans le Palatinat; exploits du baron de Tilly; Mansfeld ravage l'Alsace et l'évêché de Strasbourg, et se rend maître d'Haguenau; il assiége Saverne, 1621. — L'électeur Palatin mène le restant de ses armées en Alsace; villes et bourgades de l'évêché de Strasbourg brûlées et ruinées par Mansfeld; second siége de Saverne; estat de la basse Alsace; jugements et arrêts contre les seigneurs de Moravie qui s'étoient melez du trouble de Bohême, 1622. — Exploits de Gabriel Bethlem en sa reprise des armes en Hongrie contre l'empereur; le comte de Hohensollern fait prince de l'Empire, 1623.

2034. Seconde lettre envoyée de Badweis en Bohême, contenant ce qui s'est passé du 12 au 15 juin 1619. A *Liége, chez Christ. Ouverx*, 1619, pet. in-8, br. 6 »

2035. Certaines nouvelles du siége de Lipstadt, comme les troupes de l'empereur ont tiré le feu en la ville et y bruslées xv maisons. A *Anvers, chez Verhoeven*, 1623, pet. in-8, br. non rogné. 6 »

Item, étrange nouveauté arrivée en la ville de Bruxelles.

2036. La conquête du bas Palatinat, par le roi de Suède, ensemble, la prise de Mayence, Oppenheim, Worms, etc. 1632, pet. in-8. 4 50

2037. Relation véritable du combat entre le roy de Suède et le duc de Fridlandt à Altemberg en Franconie, le 3 sept. 1632. *Paris*, 1632, pet. in-8, non rel. 5 »

2038. La défaite générale de l'armée de l'empereur par le roy de Suède (près Leipsic), avec la prise de six vingts cornettes, soixante drapeaux et vingt-cinq canons. Ensemble, la prise de Hal et la mort de Tilly. *S. d.*, pet. in-8. 5 »

2039. Lettre envoyée de Vienne, le 8 mars 1634, par Me Henry Chastelain, à MM. les Bourguemaîtres de la noble cité de Liége. *Jouxte la copie imp. à Liége, chez Ouverx* (1634), pet. in-8. 6 »

2040. Nouvelles venant de Vienne, Dantzig, Tressen, Suabe, Francfort, etc., avec la continuation de la deffaite du duc Weymar. *Jouxte la copie imp. à Cologne.* 1634, pet. in-8. 4 50

2041. Ample information de tout ce qui s'est passé à Egger, comment le très-fameux Albert de Fridlandt a reçu dans Egger le digne loyer de sa meurtrière perfidie contre S. M. I. Ensemble, le dessein qu'il avait fait d'envahir traîtreusement la noble ville de Vienne, y mettre tout au massacre, au pillage, au feu, à l'épée, etc. *Jouxte la copie imprimée à Liége*, 1634, pet. in-8, br. non rogné. 8 »

2042. La véritable retraite du roy de Hongrie, et la levée du siége de Ratisbonne, avec la grande défaite de l'armée impériale, par les Suédois. 1634, pet. in-8. 4 50

2043. Vera et real informatione dell'horrenda et spaventevole rebellione del gia Fridlando, et suoi adherenti conspiratori. *Vienna*, 1635, pet. in-4, non rel. 4 »

2044. Mémoires de Montecuculli généralissime des troupes de l'Emp. *Amst.*, 1760, 2 tom. en 1 vol. in-12, port. v. m. 2 50
Relation de la campagne de 1664, en Hongrie.

2045. Mémoires du chevalier de Beaujeu, ses voyages en Pologne, Allemagne et Hongrie, avec des relations particulières des affaires de ces pays-là depuis 1679. *Amst.*, 1700, pet. in-12, dem.-rel. non rogné. 6 »
Rare dans cette condition.

2046. Histoire de la dernière guerre de Bohême (par de Mauvillon). *Amst.*, 1756, 3 vol. in-12, br. non rog. 6 50

2047. Histoire généalogique, politique et militaire de la maison royale de Wurtemberg, par Viton de St-Allais. 1808, 2 vol. in-18, dem.-rel. mar. non rog. 4 »

2048. Mémoires pour servir à l'histoire de Brandebourg, de main de maître. *Imprimé pour la satisfaction du public.* 1750, in-12, v. br. 2 »

2049. Mém. pour servir à l'histoire de Brandebourg. S. l. 1751, in-12, port. v. m. 2 50

2050. Histoire de la guerre de Trente ans, de Schill r traduite de l'allemand, par Langhans. *Colmar*, 1860, gr. in-8, br. 3 50

2051. Histoire de la guerre de Trente ans, par Schiller et de la paix de Westphalie par de Woltmann, tr. de l'allemand, par Mailher de Chassat. *Paris*, 1820, 2 vol in-8, br. 6 »

2052. Mémoires de M. de la Colouie, maréchal de camp des armées de l'électeur de Bavière. *Bruxelles*, 1737, 2 tom. en 1 vol. in-12, v. (*titre fatigué*). 3 50

Evénements de la guerre depuis le siége de Namur, 1692, jusqu'à la bataille de Belgrade, 1717, avec les aventures et combats particuliers de l'auteur.

2053. Mémoires de Frédéric II, roi de Prusse, écrits en français par lui-même, avec des notes et des tables, par Boutaric et Campardon. 1866, 2 vol. in-8, br. 8 »

2054. Mémoires du marquis d'Argens, chambellan de Frédéric le Grand. 1807, in-8, dem.-rel. 4 »

Contenant le récit des aventures de sa jeunesse, des anecdotes sur plusieurs événements du règne de Louis XV.

2055. Histoire secrète de la cour de Berlin. 1789, 2 vol. in-8. 4 »

6. ANGLETERRE.

2056. Histoire d'Angleterre représentée par figures et gravée par David sur les dessins de Lejeune. 1784, 2 vol. in-4, v. f. fil. tr. dor. Bel exemplaire. 18 »

Contenant 96 gravures, belles épreuves.

2057. Essais sur l'histoire d'Angleterre, par lord Macaulay trad. par Guil. Guizot. 1864, in-8, br. 4 »

2058. Lettres de Henry VIII à Anne Boleyn. *Paris, Crapelet*, gr. in-8, port. cart. non rog. 8 »

Exemplaire en grand papier vélin.

2059. De Maria Stuarta, conscripsit P. Ad. Chéruel. *Rotomagi*, 1849, in-8, br. 1 50

2060. Histoire de Marie Stuart avec pièces justificatives et remarques (par Fréron et de Marsy). *Londres*, 1742, 2 vol. in-12, v., joli portrait gravé par Fessard. 5 »

2061. Histoire de Marie Stuart, reine d'Ecosse, décapitée à Londres le 18 fév. 1587, rédigée sur des pièces orig. par Mercier de Comp. 1795, 2 part. en 1 vol. in-18, fig. v. 3 50

2062. Mémoires de Melvil, trad. de l'anglais avec des

addit. considérables. *Edimbourg*, 1745, 2 vol. in-12, v. br. 4 50

<small>Melvil était le ministre et l'ami de la reine d'Ecosse Marie Stuart ; ses mémoires sont le plus précieux monument historique de son règne.</small>

2063. Oraison funèbre et obsèques de très-haute, très-puissante et très-vertueuse princesse, Marie reyne douairière d'Escoce, prononcée à Notre-Dame de Paris le 12 août 1560, par Claude d'Espence. *Paris, Vascosan*, 1561. — Oraison funèbre et obsèques de messire François Olivier chancelier de France, prononcée à Saint-Germain-l'Auxerrois le 20 avril 1560. *Vascosan*, 1561, in-8, dem.-rel. mar. 80 »

<small>Très-beaux exemplaires en GRAND PAPIER.</small>

2064. Discours véritable de diverses conspirations naguères descouvertes contre la propre vie de la très-excellente Majesté de la royne : par assassinemens autant barbares comme sa conservation a été miraculeuse de la main du tout-puissant, opposée aux desseins pernicieux de ses Anglois rebelles et aux violences de ses ennemis étrangers. *A Londres, et à Lahaye*, 1595, in-4. 8 »

2065. Déclaration du Ser. roy Jacques Ier roy de la Grande-Bretagne, pour le droit des roys et indépendance de leurs couronnes. *Jouxte l'Ex. imprimé à Londres*, 1615, pet. in-8, br. 5 »

2066. Nouvelles très-certaines des grands présens faictz en Espaigne au prince d'Angleterre, de la part de S. M. catholique, item le nombre des joyaux, perles, diamants, etc., présentez par le prince de Galles à sa fiancée l'infante d'Espagne. *A Anvers, chez Verhoeven*, 1628, pet. in-8. 5 »

2067. Tragicum theatrum actorum, et casuum tragicorum Londini publice celebratorum. *Amst.*, 1649, pet. in-8, dem.-rel. 7 »

<small>On y trouve de jolis portraits de Charles I, Charles II, Hamilton, Cromwel, Fairfax et autres, et une planche de l'exécution à Whitehall.</small>

2068. Metamorphosis Anglorum, sive mutationes variae, regum, regni, rerumque Angliæ. *S. l.*, 1653, pet. in-12, vél. 3 »

2069. Histoire entière et véritable du procès de Charles Stuard, roi d'Angleterre (1792), in-8, fig. br. 4 »

2070. Essai sur la vie du comte de Strafford, ministre de Charles Ier, par Lally Tolendal. 1814, in-8, rel. 3 »

2071. Boulay (de la Meurthe). Essai sur les causes qui, en 1649, amenèrent en Angleterre l'établissement de la République, et sur celles qui l'y firent périr. *Paris*, an VII, in-8. 2 »

2072 Collection de mémoires relatifs à la Révolution d'Angleterre accompagnée de notices et d'éclairciss. historiques par Guizot. *Paris*, 1823, 25 vol. in-8, br. 15 »

<small>Mém. de Warwick 1 vol. — Le long Parlement, 2 vol. — Mém. de Price, 1 vol. — De Herbert et de Berkley, 1 vol. — De Hollis, Huntington, Fairfax, 4 vol. — De Ludlow, 3 vol. — Procès de Charles Ier, Mém. de Charles II, 1 vol. — Mém. de lord Clarendon, 5 vol. — Hist. de mon temps, 4 vol. — Du duc de Buckingham, 1 vol. — De Jacques II, 4 vol. — De mistriss Hutchinson, 2e vol. — Les derniers ff. d'un volume du Clarendon, pourris.</small>

2073. Histoire de la République d'Angleterre d'après les mémoires de Ludlow, l'un des princ. chefs des républicains anglais. *Paris*, an II, in-8, port. dem.-rel. 3 »

2074. Essais historiques sur la dissolution et le rétablissement de la monarchie anglaise. 1794, in-8, br. 1 50

2075. Le théâtre d'Angleterre, représentant la fuite de Jacques II, son arrivée en Irlande et autres aventures, 20 pl. — Les actions glorieuses de Guillaume III, 20 pl. — Les actions les plus remarquables depuis le comm. de 1690 jusqu'à la campagne de 1691, 20 planches; les 3 parties en 1 vol. in-fol. dem.-rel. vél. 30 »

<small>Figures de Schoonebeck, belles épreuves.</small>

2076. Histoire des révolutions d'Angleterre sous le règne de Jacques II. *Amst.*, 1699, pet. in-12, v. br. 1 50

2077. Mémoires de la princesse Caroline adressés à la princesse Charlotte sa fille, publiés par Ashe, écuyer et trad. de l'ang. 1813, 2 vol. in-8, port. dem.-rel. 4 »

2078. Angleterre. 18 br. in-8, dans 1 carton. 4 »

<small>Lettre d'un Anglais à Paris. — Lettre d'un Français à M. Pitt. — Songe d'un Anglais fidèle à sa patrie et à son roi. — Les vrais intérêts de l'Angleterre. — Coup d'œil sur les conséquences de la guerre actuelle avec la France, par Erskine. — Déclaration de W. Maxwell. Grande révolution arrivée à Londres et emprisonnement du sieur de Calonne pour l'avoir excitée. — Exposé de la conduite de la nation française, envers le peuple anglais, et les motifs qui ont amené la rupture, précédé du rapport de Brissot.</small>

2079. L'Angleterre vue à Londres et dans les provinces,

par le maréchal de camp Pillet. *Paris*, 1815, in-8, dem.-rel. mar. 4 »

Peinture de mœurs fort curieuse.

2080. Londres et les Anglais, par Ferri de Saint-Constant. *Paris*, an XII, 4 vol. in-8, dem.-rel. mar. non rog. 8 »

2081. Quinze jours à Londres à la fin de 1815. — Six mois à Londres en 1816. — Six semaines en hôtel garni à Londres. *Paris*, 1817, 3 ouv. en 2 vol. in-8, dem.-rel. 4 »

Peinture des mœurs.

7. SUÈDE, NORWÉGE, RUSSIE.

2082. Suède. Recueil d'extraits du Mercure de France de 1630 à 1634, environ 1500 pages, in-8, non relié. 8 »

Campagne des Suédois en Allemagne, Alsace et Lorraine, recueil intéressant.

2083. Relacion del viaje de la reyna Christina de Suecia, desde el dia que salio de Brusselas, hasta el que salio de Inspruch en Tyrol. *Brus.*, 1655, pet. in-8, non rel. 3 »

2084. Histoire des intrigues galantes de Christine de Suède et de sa cour. *Amst.*, 1697, in-12, port. vél. 3 »

2085. Mémoires pour servir à l'histoire de Charles XIV, Jean roi de Suède et de Norwége. 1820, 2 tom. en 1 vol. in-8, dem.-rel. non rog. (*mouillures*). 3 »

2086. Histoire de Laponie, sa description, origine, mœurs et manières de vivre des habitans, trad. du latin de Scheffer. 1678, in-4, fig. vél., bel ex. 10 »

2087. Le Nord de la Sibérie, voyage parmi les peuplades de la Russie asiatique et dans la mer glaciale par de Wrangell., trad. par le prince Galitzin. 1843, 2 vol. in-8, fig. dem.-rel. mar. 6 »

2088. La Russie sous Nicolas Ier par Ivan Golovine. *Paris*, 1845, in-8, br. 3 »

2089 Recueil de pièces authentiques concernant l'érection, faite par le pape, de la ville de Mohilow dans la Russie blanche, en archevêché du rite latin, par Bossard. 1792, in-8, br. 1 50

2090. Mémoires de l'impératrice Catherine II écrits par elle-même et précédés d'une préface par Herzen. *Londres*, 1859, in-8, br. 5 »

2091. Histoire des Cosaques, par Lesur. 1814, 2 vol. in-8, br. 6 »

2092. Les voyages de Glantzby dans les mers orientales de la Tartarie. 1729, in-12, v. br. 1 50

8. TURQUIE, PERSE ET ASIE.

2093. Cent estampes qui représentent différentes nations du Levant. *Paris*, 1715, gr. in-fol. v. m. 45 »

<small>Ces costumes, dessinés par ordre de M. de Fériol, ambass. à Constantinople, ont été gravés par Lehay. Exemplaire d'ancien tirage.</small>

2094. De Turcarum origine. Joan. Cuspiniano autore. *Lugd. Bat.*, 1654, pet. in-12, br. 2 »

2095. De Turcarum moribus epitome. Georgieviz Peregrino auctore. *Lugd. Joan. de Tournes*, 1629, in-16, fig. sur bois, vél. 4 »

2096. Relation journalière du voyage du Levant fait et descrit par Henry de Beauveau, baron de Manonville. *Toul. fr. du Boys*, 1608, in-8, v. f. fil. tr. dor. 18 »

<small>Très-bel exemplaire relié par Petit.</small>

2097. Histoire des voyages du marq. de Ville, en Levant et du siége de Candie (1665). *Paris*, 1669, pet. in-12, v. br. 2 »

2098. Relation du voyage du chancelier de Bellerive, d'Espagne à Bender et de son séjour au camp du roy de Suède. 1713, in-12, v. 2 »

2099. La Terre saincte ou description topographique des saints lieux et la terre de promission, par le F. Eug. Roger, miss. de Barbarie. 1646, in-4, fig. v. br. 10 »

2100. Voyages de Tavernier en Turquie, en Perse et aux Indes, 1681, 3 vol. in-4, port. fig. et cartes, v. m. 12 »

2101. La grande bataille donnée entre les Turcs et les Perses, et de l'espée couleur de sang qui s'est vue sur la ville de Constantinople. *Lyon*, 1619, pet. in-8. 3 »

2102. La nouvelle conversion du roy de Perse avec la deffette de deux cens mil Turcs après sa conversion, 1606, pet. in-8. 2 50

2103. Persia seu de regn. Persici statu. *Lugd. Batav. Elzevir*, 1633, in-24, tit. gr. vél. 2 »

2104. Relation de divers voyages curieux qui n'ont point été publiez, par Thevenot. 1666, 3 vol. in-fol. fig. v. br. Bel exemplaire. 50 »

Dans cet exemplaire sont contenues les relations suivantes. — Description des Pyramides. — Relation des Cosaques et Tartares.— De la Colchide. — Du Mogol. — Du royaume de Golconde. — Des antiquités de Persepolis. — Voyage de Bontekoe et la terre australe découverte. — Routier des Indes orientales. — Voyage de Beaulieu aux Indes orientales. — Relation des Philippines. — Du Japon. — De la Chine. — Voyage vers le grand Chan. — Voyage des ambassadeurs de la Comp. hollandaise, route des Hollandais à Pékin. — Description de la Chine, etc.

2105. Voyage de Néarque, des bouches de l'Indus jusqu'à l'Euphrate, ou journal de l'expédition de la flotte d'Alexandre, trad. de l'anglais de Vincent par Billecocq. *Paris, imp. de la rép.*, an VIII, gr. in-4, v. rac. dent. 15 »

Bel exemplaire en grand papier.

2106. Histoire de ce qui s'est passé au royaume de la Chine en 1624 par un père Jésuite. 1629, in-8, dem.-rel., v. f. 5 »

2107. Histoire de ce qui s'est passé au Tibet en l'année 1626, tirée des lettres escrites au R. P. Vitelleschi général de la Comp. de J., par un père de la même Compagnie. 1629, in-8, dem.-rel. v. f. 5 »

2108. Relacion de un milagro del s. Crucifixo del monasterio de sta Monica en la ciudad de Goa. *En Madrid* (1636), pet. in-8, br. 4 »

9. AFRIQUE.

2109. L'Afrique de Marmol, de la trad. de Perrot d'Ablancourt. 1667, 3 vol. in-4, avec cartes, v. m. 18 »

Avec l'histoire des chérifs, traduite de l'espagnol de Diégo Torrès, par le duc d'Angoulesme le père.

2110. Voyages d'Afrique faicts par le commandement du roy. 1632, in-8, vél. 6 »

Où sont contenues les navigations des Français en 1629 et 1630, sous la conduite de M. de Rasilly ès cotés de Fez et de Maroc; le traité de paix fait avec les habitants de Sallé et la délivrance de plusieurs esclaves François.

2111. Relation en forme de journal du voyage pour la rédemption des captifs à Maroc et Alger de 1723 à 1725, par les pères de la Sainte Trinité, dits Mathurins. 1726, in-12, v. br. 4 50

En tête se trouve un très-joli portrait de Marie de Pologne, reine de France, auquel ce livre est dédié.

2112. L'Egypte, les Turcs et les Arabes, par Gisquet. *Paris, Amyot, s. d.*, 2 vol. in-8, dem.-rel. v. 5 »

Avec envoi d'auteur à M. Barrière.

2113. La Décade égyptienne, journal littéraire et d'économie politique. *Au Kaire, de l'imp. nationale*, an VII et VIII. 3 tom. en 1 vol. in-4, dem.-rel. 30 »

Ouvrage rare vendu 58 fr. chez Langlès. Notre exemplaire possède les 20 premières pages d'un 4e volume, non cité jusqu'à présent et peut-être unique, l'ouvrage ayant cessé de paraître par suite de l'évacuation de l'Egypte.

2114. Dissertation sur le Nil, par de Priezac. 1664, in-8, vél. 4

2115. Histoire de ce qui s'est passé au royaume d'Ethiopie ès années 1624, 1625 et 1626, par un père Jésuite. 1629, in-8, dem.-rel. v. f. 6 »

2116. Mémoire sur le pays des Cafres et la terre de Nuyts (par J. P. Purry). *Amst.* 1718, in-12, v. m. 3 »

2117. Journal historique du voyage au cap de Bonne Espérance, par l'abbé de La Caille. 1763, in-12, fig. v. rac. fil. 2 »

2118. Histoire de la grande île de Madagascar, par de Flacourt. 1661, in-4, v. 8 »

10. LES DEUX AMÉRIQUES.

2119. Georgi Horni de Originibus Americanis, lib IV. *Hagæ-Comitis, Wlacq*, 1652, pet. in-8, v. br. 5 »

2120. Recherches philosophiques sur les Américains, par M. de Paw. *Berlin*, 1770. 3 vol. in-8, v. f. fil. bel ex. 6 »

2121. Nova plantarum americanarum genera, auth. Carolo Plumier. 1703, in-4, fig. vél. 6 »

2122. Mœurs des sauvages Américains comparées aux mœurs des premiers temps, par le P. Lafitau. 17 » 2 vol. in-4, fig. v. b. 18 »

2123. Histoire générale de l'Amérique depuis sa découverte, par le R. P. Touron. 1769, 14 vol. in-12, v. m. 15 »

2124. Amérique. Recueil extrait du Mercure de France, 1608 à 1639, environ 500 pag. pet. in-8, non relié. 35 »

Pierre Houtman et Jean de Flessingue enseignent le traffic des Indes à ceux d'Amsterdam ; les Hollandais assiégent Malaca ; des colonies que les Anglois ont menées en la Virginie, 1608. — Voyages faits en la nouvelle France ou Canada, du sieur des Monts, 1604 ; du sieur du Pont-Gravé, 1605 ; de Poitrincourt, 1606 ; de Champdoré et Champlain, 1608 ; — le sieur de Poitrincourt fait baptiser le Sagamo de Canada, 1610. — Des François qui furent en Maragnan avec des Pères Capucins pour convertir des sauvages, 1612. — Retour du sieur de Rasilly en France et des Toupinambous qu'il amena à Paris ; description de l'île Maragnan, 1613, 20 pag. — Des terres australes et des voyages faits pour les découvrir. — Voy. de Isaac le Maire et Guil. Schouten allans chercher un autre détroit que celuy de Magellan. — Requeste présentée au Roy d'Espagne, par le capitaine Ferd. de Quir sur la découverte de la cinquiesme partie du monde ou terre australe, 1607, 35 pag. — Des voyages que font les sieurs de Pont-Gravé et de Champlain au Canada, 1618. — Combat naval entre les Hollandais et les Espagnols devant Lima ; prise de la baye de tous les Saints au Brésil ; trouble arrivé au Mexico, 1624. — Relation des exploits de Jacques l'Hermite Hollandais aux costes du Pérou et de Chili. — La reprise de la baye de tous les Saints par les Espagnols, 1625. — Lettre du P. Charles Lalemant, supérieur de la mission de Canada, 1626, 24 pag. — Nouvelle compagnie pour le commerce du Canada, 1628, 34 pag. — Prise de Pharnambouc ; Mexico innondée ; prodiges arrivez aux Terceres, 1630. — Relation du voyage fait à Canada pour la prise de possession du fort de Quebec par les François, 1632, 20 pag. — Relation de ce qui s'est passé en la nouvelle France ou Canada ; autre relation du voyage du sieur de Champlain, 1633, 100 pag. — Voy. du commandeur de Poincy aux isles de l'Amérique, 1639.

2125. Journal ou description du merveilleux voyage de Guil. Schouten, Hollandais, fait ces années 1615, 1616 et 1617 comme (en circumnaviguant le globe terrestre) il a descouvert vers le sud du destroit de Magellan un nouveau passage jusqu'à la grande mer de Zud. *Amsterdam, Janson*, 1618, in-4, vél. (sans les 8 cartes). 20 »

Bel exemplaire quoique taché d'eau, vendu 100 fr. vte Solar.

2126. Histoire des découvertes et conquêtes des Portugais dans le nouveau monde, par Lafitau. 1733, 2 vol. in-4, fig. v. m. 20 »

2127. Histoire des découvertes et conquêtes des Portugais dans le nouveau monde, par Lafitau, 1734, 4 vol. in-12, fig. et cartes, v. (*quelq. mouillures*). 5 »

2128. Histoire naturelle et morale des Indes, tant Orientales qu'Occidentales, composée en castillan, par Jos. Acosta et trad. en franç. par Robert Regnault, Cauxois. 1606, in-8, v. m. 20 »

2130. Histoire des aventuriers flibustiers qui se sont signalés dans les Indes avec la vie, les mœurs et coutumes des boucaniers et des habitans de Saint-Domingue et de la Tortue, par Oexmelin. *Trévoux*, 1775, 4 vol. in-12, br. 6 »

2131. Hist. des aventuriers flibustiers, etc., *Lyon*, 1774, 4 vol. in-12, v. m. 6 »

2132. Voyage fait par ordre du roi en 1750 et 1751, dans l'Amérique septentrionale, par de Chabert. *Imp. Royale*, 1753, in-4, v. éc. fil. cartes. 8 »

2133. La vie de la vénérable mère Marie de l'Incarnation, première supérieure des ursulines de la Nouvelle-France. 1677, in-4, portrait v. br. 50 - »

Exemplaire très-beau de marges, mais mouillé; ouvrage rare.

2134. Le grand voyage du pays des Hurons, situé en l'Amérique vers la mer douce ès derniers confins du Canada. *Paris*, 1632, in-8, mar. rouge, fil. tr. dor. 200 »

Bel exemplaire relié par Chambolle. Il ne possède pas le Dictionnaire de la langue huronne qu'on y ajoute quelquefois.

2135. Histoire de la conquête de la Floride composée par l'Inca Garcilasso de la Véga et trad. en franç., par P. Richelet. 1709, 2 tom. en 1 vol. in-12, v. 5 »

2136. Histoire de Kentucke, nouvelle colonie à l'ouest de la Virginie, trad. de l'anglais de Filson, par Parraud. 1785, in-8, v. m. carte. 4 »

2137. Description de la Louisiane nouvellement découverte au sud-ouest de la Nouvelle-France, par le R. P. Louis Hennepin. 1688, in-12, v. br. avec carte. 10 »

C'est la première relation publiée sur la Louisiane; l'auteur arrivé à Québec en 1675, parcourut le pays, vécut avec les sauvages et explora pour la première fois le Mississipi pendant les années 1680-1682.

2138. Nouveau voyage aux Indes occidentales, contenant une relation des diff. peuples qui habitent le long du fleuve Saint-Louis appellé vulgairement Mississipi, par Bossu, capit. des troupes de marine, 1768, 2 tom. en 1 vol. in-12, fig. v. m. 6 »

2139. Histoire de la Conquista de Mexico, poblacion, y progressos de la America septentrional conocida por el nombre de Nueva Espana, per don Antonio de Solis. *Madrid,* 1748, in-fol. vélin. 12 »

2140. Historia de la Conquista de Mexico de don Antonio de Solis. *Madrid,* 1763, in-4, v. 10 »

2141. Nouvelle relation des voyages de Thomas Gage dans la nouvelle Espagne, et son retour par la prov. de Nicaragua jusques à la Havane. *Amst.,* 1720, 2 vol. in-12, fig. v. f. fil., bel exemplaire. 6 »

2142. Zodiaco illustre de blasones heroycos, gyrado del sol politico, imagen de principes, etc. Deziphrado en pœticas ideas, y expresado en colores de la pintura que en el festivo aparato de el Triumphal arco en el mas fausto dia dispuso, y erigio al Exmo. Senor Don Joseph Sarmiento Villadares Virrey, Covernador y capitan general de esta Nueva-Espana, etc., descripto por Ramirez de Vargas. *Imprenta en Mexico,* 1696, in-4, vél. 40 »

Très-bel exemplaire.

2143. Requeste remonstrative au roy d'Espagne sur la conversion du nouveau Mexico. *Bruxelles,* 1631, in-8, mar. rouge *(titre refait).* 12 »

2144. Histoire naturelle et civile de la Californie, contenant la description exacte du pays, ses montagnes lacs et rivières et de sa fameuse pêcherie de perles, etc., trad. de l'anglais. 1767, 3 vol. in-12, v. m. avec carte. 6 »

2145. Les avantages qui se rencontrent en l'isle de Saint-Christophe pour ceux qui voudront y voyager et trafiquer. *Au bureau d'adresse,* 1647, pet. in-8. 3 »

2146. Histoire naturelle et morale des iles Antilles de l'Amérique avec un vocabulaire caraïbe, par de Rochefort. *Roterdam.* 1658, in-4 vél., figures. 10 »

2147. Histoire générale des Antilles, par le Père Dutertre. 1667, 4 vol. in-4, cartes et figures, v. br. Rare. 80 »

2148. Histoire générale des Antilles, par le P. Dutertre. 1667, 4 tom. en 3 vol. in-4, rel. fatiguée. 60 »

Les deux premiers volumes très-mouillés.

2149. Description géographique des iles Antilles possédées par les Anglais. *Imp. de Didot,* 1758, in-4, v. éc. fil. cartes. 8 »

2150. Histoire de la Jamaïque trad. de l'anglais. *Londres*, 1751, 2 part. en 1 vol. in-12, v. br. avec planches. 3 »

2151. Description géographique de la Guyane contenant les possessions des Français, Espagnols, Portugais et Hollandais, par Bellin. *Imp. de Didot*, 1763, in-4, v. éc. fil. cartes. 6 »

2152. Voyage de la France équinoxiale en l'isle de Cayenne, entrepris par les Français en l'année 1654, par Ant. Biet, supérieur des prestres qui ont passé dans le pays. *Paris*, 1664, in-4, v. br. 15 »

La dernière partie de ce rare et curieux volume est consacrée à un dictionnaire de la langue des sauvages Galibis, habitant cette contrée.

2153. Essai sur l'histoire naturelle de la France équinoxiale, par Barrère. 1749, in-12, v. m. 4 »

2154. La France équinoxiale, possession de la République sous l'équateur, par Mongrolle. 1802, in-8, br. 2 »

2155. Voyage dans la république de Colombia en 1823, par Mollien. 1825, 2 vol. in-8, fig. br. 3 »

2156. Histoire des Yncas rois du Pérou, par Garcilasso de la Vega, avec l'histoire de la conquête de la Floride. *Amst.*, 1737, 2 vol. in-4, fig. v. 15 »

Exemplaire en grand papier. Dans le second volume se trouve l'histoire de la conquête de la Floride; et la *découverte d'un pays plus grand que l'Europe*, relation du père Hennepin qui a rapport à la Louisiane.

2157. Histoire du Paraguay sous les Jésuites et de la royauté qu'ils y ont exercée pendant un siècle et demi. *Amst.*, 1780, 3 vol. in-8, br. 15 »

2158. Histoire naturelle civile et géographique de l'Orénoque, et des principales rivières qui s'y jettent, par le P. Gumilla de la comp. de Jésus, trad. de l'esp. par M. Eidous. *Avignon*, 1758, 3 vol. in-12, avec carte. 8 »

TABLE DES DIVISIONS

I. HISTOIRE DES RELIGIONS. . . . . Nos 1 et suiv.
II. HISTOIRE ANCIENNE, ARCHÉOLOGIE, NUMISMATIQUE. . . . . 79 —
III. HISTOIRE DE FRANCE.
    A. Origine des Français, Mœurs, Usages. . . . 155 —
    B. Histoire Générale. . . . . 175 —
    C. Collection de Chroniques, Mélanges, etc. . . 192 —
    D. Histoire particulière de chaque règne.
        1. De l'origine jusqu'à Charles VIII. . . . . . 227 —
        2. Louis XII. — François Ier. . . . . 274 —
        3. Henri II. — Charles IX. . . . . 294 —
        4. Henri III. . . . . 326 —
        5. Henri IV. . . . . 349 —
        6. Louis XIII. . . . . 427 —
        7. Louis XIV. . . . . 519 —
        8. Louis XV. . . . . 666 —
        9. Louis XVI. . . . . 763 —
        10. Marie-Antoinette. . . . . 832 —
        11. Révolution. . . . . 893 —
        12. Napoléon. . . . . 1378 —
    E. Géographie, Statistique, Antiquités, Monuments. . . . . 1412 —
        1. Paris. . . . . 1440 —
        2. Ile-de-France . . . . 1498 —
        3. Picardie. . . . . 1510 —
        4. Beauce, Orléanais, Blaisois. . . . . 1522 —
        5. Normandie, Bretagne, Vendée. . . . . . . 1533 —
        6. Anjou, Touraine, Poitou, Aunis. . . . . . 1562 —
        7. Bourbonnais, Berry. . . . . 1576 —
        8. Champagne, Bourgogne, Franche-Comté. 1612 —
        9. Lyonnais, Dauphiné, Savoie . . . . 1635 —

10. Guyenne et Gascogne..	Nos 1649	et suiv.
11. Provence, Comtat-Venaissin, Orange...	1665	—
12. Alsace et Lorraine............	1684	—
F. Histoire princière, Gouvernement, Finances	1694	—
G. Noblesse de France, Blason, Armoiries...	1740	—
H. Chevalerie, Combats singuliers........	1832	—
I. Histoire littéraire, Bibliographie....	1860	—
Ouvrages de Peignot............	1924	—
J. Biographie.................	1938	—

IV. HISTOIRE ÉTRANGÈRE.

1. Belgique et Hollande............	1983	—
2. Italie..................	2000	—
3. Suisse.................	2013	—
4. Espagne.................	2019	—
5. Allemagne, Autriche, Hongrie........	2030	—
6. Angleterre...............	2056	—
7. Suède, Norwége, Russie.........	2082	—
8. Turquie Perse, Asie...........	2093	—
9. Afrique.................	2109	—
10. Amérique.................	2119	à fin.

Paris. — Imprimerie de E. Donnaud, rue Cassette, 9.

ON TROUVE A LA MÊME LIBRAIRIE

BRISEUX. L'art de bâtir les maisons de campagne, leur distribution, construction et décoration. 1761. 2 vol. in-4º. 120 »

FERRARIO. Le costume ancien et moderne de tous les peuples du monde. 1826-1834. 24 vol. in-fol. bas. nombr. planches. 250 »

GALERIE du Musée Napoléon, publiée par Filhol. 1804. 10 vol. grand in-8º, demi-rel. maroquin non rogné. 260 »

LAFOSSE. Recueil de trophées, cartouches, médaillons, flambeaux, fontaines, etc. Amsterdam (vers 1780). in-folio, demi-reliure. 103 planches. 45 »

LAVATER. L'art de connaître les hommes. 1835. 10 vol. grand in-8º br. nombreuses planches. 45 »

LEBRUN, Galerie des peintres flamands, hollandais et allemands. 1792. 201 planches en feuilles, bel exemplaire, mais sans le texte paru plus tard. 250 »

LEVAILLANT. Histoire naturelle des oiseaux d'Afrique. 1824. 6 vol. gr. in-fol. dem. rel. non rogné. Bel exemplaire en grand papier vélin, figures coloriées. 250 »

TABLEAUX de la Bible, par Hoet, Houbraken et Picart. Lahaye 1728. 3 vol. grand in-folio veau. Très bel exemplaire avec texte hollandais. 212 splendides gravures 80 »

SCHEUCHZER. La Physique sacrée ou histoire naturelle de la Bible. Amst. 1732. 8 vol. in-folio. v. m., nombreuses figures. 150 »

CH. BLANC. Histoire des peintres de toutes les Écoles. Paris. Renouard. 550 livraisons in-folio. 380 »

HORATII OPERA. Londini Pickering 1824, in-64 non rogné. Charmante édition imprimée en caractères des plus microscopiques. 5 »

LAFONTAINE. Collection de 276 figures de fables, gravées sur celles d'Oudry, par Punt et Winkeles. in-8º. belles épreuves. 40 »

PLAN DE PARIS de Turgot, gravé par Bretez. 1740 gr. in-fol. mar. rouge aux armes. 100 »

THESAURUS graecæ linguæ ab H. Stephano constructus, post editionem anglicam, novis additamentis auctum, ordineque alphabetico digestum tertio ediderunt Ben. Hase, Guil et Lud. Dindorfii. *Parisiis, Didot,* 1831 et ann. suiv. in-fol. à 2 col. 400 »

Exemplaire bien complet : 2 vol. en livraisons, les autres en demi-reliure.